文物出版社

图书在版编目（CIP）数据

汉代墓葬艺术 / （法）谢阁兰，（法）奥古斯都·吉
尔贝·德·瓦赞，（法）让·拉尔蒂格著；秦臻，李海艳
译 . -- 北京：文物出版社，2020.10

ISBN 978-7-5010-6817-3

Ⅰ . ①汉… Ⅱ . ①谢… ②奥… ③让… ④秦… ⑤李
… Ⅲ . ①墓葬（考古）—研究—中国—汉代 Ⅳ .
① K878.84

中国版本图书馆 CIP 数据核字（2020）第 183953 号

汉代墓葬艺术

著　　者：〔法〕谢阁兰　奥古斯都·吉尔贝·德·瓦赞　让·拉尔蒂格
译　　者：秦　臻　李海艳

责任编辑：张朔婷
封面设计：汪宜康
版式设计：黄炜杰
责任印制：张　丽

出版发行：文物出版社
社　　址：北京市东直门内北小街 2 号楼
邮　　编：100007
网　　址：www.wenwu.com
邮　　箱：web@wenwu.com
经　　销：新华书店
印　　刷：北京京都六环印刷厂
开　　本：787mm×1092mm　1/16
印　　张：23.25
版　　次：2020 年 10 月第 1 版
印　　次：2020 年 10 月第 1 次印刷
书　　号：ISBN 978-7-5010-6817-3
定　　价：136.00 元

漢代墓葬藝術

中华考古记·壹玖壹肆

Mission Archéologique
en Chine 1914

L'ART
FUNÉRAIRE
A L'ÉPOQUE DES HAN

〔法〕
谢阁兰
奥古斯都·吉尔贝·德·瓦赞
让·拉尔蒂格
著

秦　臻
李海艳
译

文物出版社

Victor SEGALEN, GILBERT DE VOISINS & JEAN LARTIGUE

Mission Archéologique en Chine (1914)

I

L'ART FUNÉRAIRE
A L'ÉPOQUE DES HAN

Publié avec le concours de l'Académie des Inscriptions et Belles-Lettres
(Fondation Dourlans)

PARIS

LIBRAIRIE ORIENTALISTE PAUL GEUTHNER

12, RUE VAVIN, VIᵉ

—

MCMXXXV

本书是继 1923 年和 1924 年刊印的两卷图册之后的续篇。

伯希和（*Paul Pelliot, 1878-1945 年* ），法兰西学院（*Institut de France*）院士，亦为法兰西公学 (*Collège de France*) 教授。他在通篇审阅本书手稿的同时补充了相关注释，并对译文内容做了大量且十分关键的修改。伯希和教授专业精深、博洽多闻，为本书的出版提供了宝贵的支持和鼓励。在此谨向他表达由衷的感谢。

让 · 拉尔蒂格

Cet ouvrage fait suite aux deux volumes de planches parus en 1923 et 1924.

M. Paul Pelliot, membre de l'Institut, professeur au Collège de France, a bien voulu en relire entièrement le manuscrit, l'enrichir de notes, et apporter aux traductions des retouches nombreuses et souvent importantes. En étayant cette publication de sa haute autorité, il lui a donné une aide et un encouragement pour lesquels je le prie de trouver ici l'expression de ma vive gratitude.

Jean LARTIGUE.

Contents

Preface 代序

早期中国的汉代墓葬艺术研究

汉代考古和汉代艺术，是中国形成统一的多民族国家之后，第一个令人瞩目的文化高峰时期的遗存。这个时期保存下来的古代墓葬，也是后来中国考古学研究中数量最多、分布范围最广、文化内涵最为丰富的古代遗存。在被称为中国考古学的前身的学科——中国传统金石学当中，对于汉代石刻铭文、碑版文书、地券砖瓦等类别文物的研究，也从来就是构成"金石学"主要研究对象中的"石"之主要部分，具有相当悠久的学术史源流和十分厚重的研究根基。

但是，西方现代考古学传入到中国之初，出于各种历史的原因，考古学关注的重心，主要被引向史前考古和所谓"原史考古"，前者完全没有文字记载，只能依靠考古材料来构建人类历史；后者主要指虽然出现了文献，但文献不足以证，仍需以地下考古发掘出土的实物作为证据的历史阶段，如中国的夏商周三代考古。对于汉代及其以后的考古学研究，很少引起海内外学人的兴趣。其主要原因之一，在于人们一般认为进入到秦汉时代之后，由于已经出现了较为丰富的文献记载，考古学所提供的实物资料的价值已经远远不能和没有文字和文献记载的史前时期相比，至多不过能起到弥补某些文献记载之不足的作用。这种观念直到今天，也还有相当的影响。

今天，当我们回顾中国考古学的学术发展史，我们不能不提到法国著名学者谢阁兰（曾被译为色伽兰）等人撰著的《汉代墓葬艺术》一书，这是有关早期中国汉代墓葬艺术研究的一部重要作品，也是海外学者对于中国汉代考古所做的为数不多的田野考古调查的成果之一。在这部著作中，反映了谢阁兰率领的调查队于 1914 年对中原和四川等地的汉代考古遗存所进行调查的情况，内容涉及帝陵和各个不同等级的汉墓，对陵园、墓丘、神道石刻、石阙、祠堂、碑刻、画像以及随葬器物都有详略不同的描述，大量的黑白照片为我们留下了极为珍贵的 20 世纪初叶各地汉代地面文物保存的现状。此外，通过本书，我们还能读到早年海外学者对中国汉代墓葬所反映的汉代丧葬习俗、汉代艺术风格和特色的基本认识，他们以西方艺术史作为背景和参照，比较了中西方在审美观念、创作手法、功能象征等各个方面的意趣同异，其视觉和眼光也很独特。作为西方学者，当他们介入到中国汉代考古这一领域时，还能够充分地阅读和参考金石学、地方史和其他一些文献材料，注意从中去寻找考古线索，并且将地面和地下发现的文物和文献记载加以比较对照，虽然用今天的眼光来看在对中国古史文献的利用程度上还十分有限，但这种基本的研究方法却也是难能可贵的。

我还特别感兴趣的是，谢阁兰等人在书中十分详细地记载和描述了四川地区汉代考古的几类重要遗存：汉阙、墓前石兽、崖墓、画像砖等。对于这些考古遗存的研究工作，目前仍然是学术界关注的重点领域，谢阁兰等人所从事的早期调查工作，为后世积累了初步的资料，也提供了许多研究线索，可谓功不可没。这里，我想举出两个例子来加以说明。

第一个例子，是四川汉墓前的汉阙和石兽，谢阁兰注意到了这两类文物彼此之间的共存关系，还进一步观察到这些墓前的石兽或以站姿，或以坐姿呈现，认为四川地区"有三种汉代兽形石雕形式"。而在过去很长一段时间，考古调查发现的四川地区汉代石兽并未发现有呈站姿者，正是根据谢阁兰提供的线索，近年来四川省和渠县的文物考古工作者们才在谢阁兰考古队曾经调查过的渠县境内重新发现了可能与石阙共存的一批石人和石兽，其中的一尊石兽和谢阁兰当年用素描手法速写的"蹲坐姿态石兽"可以完全吻合，从残存形态上观察应当是一尊汉晋时期的"神兽"（带翼的狮形兽）。这种类型的汉代石兽过去见诸著录者甚鲜，这一发现不仅丰富了汉代石兽的种类，更为重要的是还提出了一个令人深思的问题，汉代墓前的"神道石刻"究竟是否已经形成了一定的制度？现在从考古调查的实物看来，至少我们已知在被称为"神道"的墓前大道两侧，已有成双的

02

石阙，还有成双的石兽，石兽的种类有的呈行走状，有的呈站立状，有的呈坐姿，可能代表着不同的种类，一些墓前可能出现了石人，一些墓前树立有石碑，它们彼此之间的共存关系、组合配置关系都值得加以深入研究。如果这个问题弄清楚了，后来南朝、唐宋帝陵前的神道石刻的源流演变关系也就可以进一步追根溯源了。

第二个例子，是四川汉代的崖墓。谢阁兰等人详细地记载了四川乐山、江口、绵阳等地发现的几处汉代崖墓的选址、开凿技术、装饰图案等方面的情形，并且还根据洪适《隶释》等文献的记载正确地推测出它们开凿的年代不晚于三国，多在东汉。目前关于四川汉代崖墓的起源问题，我认为还有讨论的空间。很显然，单纯地用东汉土地不足、必须因地制宜地利用山崖上的崖体来解释这种丧葬空间、墓葬形制的转换，理由是不充足的。包括笔者在内的一些学者，认为崖墓这种可以共用享堂祭祀、利于多人合葬的家族墓葬形制，应是受到中原地区东汉"前堂横列式"汉墓的影响而产生。但是，如果从更为宽广的视野上考察，可能四川地区的崖墓还有一些值得关注和讨论的背景。如乐山麻浩、柿子湾崖墓两处墓门上，发现过早期的佛教造像，这应是西来的文化因素；四川崖墓内部构造中的八角形中心立柱、斗四套叠型的藻井形制，也让人联想到佛教石窟寺内的某些建筑元素。谢阁兰是西方学者中最早考察四川汉代崖墓的学者，他们留下来的这份宝贵历史记录，还会继续为这一问题的探索提供重要资料。

和西方同时期进入到中国"考古"、"探险"的队伍一样，谢阁兰和他的考古队也同样经历过一场心灵的考验。如他在书中所言："眼睁睁地看着如此珍贵的古代艺术就这样被遗弃暴露于旷野荒原，外国考古学家可能会产生将其攫取、带回西方博物馆中好好地保存的冲动念头。基于多方面因素的考虑，我们放弃了做出这种举动的想法。"其中一个重要的原因，是他认为："最具有价值的雕塑作品所依附的古迹都是不可能被完整地运走的，若要运走雕塑就需要通过切割而破坏文物本身。即便是将那些在目前的状况下正面临遗失命运的，或者注定会被散落无踪的作品碎片移走是合情合理的，也不能认为借口将文物留在原地会遭受风雨侵蚀的损坏，从而将其切割运走是正确的举动。"从这一点而言，谢阁兰显然要比在我国西域大行盗窃之道的英国人斯坦因、法国人伯希和、德国人勒科克、日本"大谷探险队"、俄国人科兹洛夫之流要值得尊敬。尽管如他所言，这些散落在地表的文物多年来在原地的确遭受到风雨侵蚀、人为破坏和盗取的多重灾难，但它们毕竟最终留在了中国，并且在今天已经得到很好的保护，没有成为西方博物馆中众多中国文物的一部分而让中国人扼腕叹息。

当然，毋庸讳言，在谢阁兰的这部著作中，除了尽可能忠实地记录和描述所见文物的外部形态之外，所进行的综合研究工作并不多，而且其中一些观点在今天看来也已经不尽合理。但是，对于了解和认识早期中国的汉代墓葬艺术研究，以及构建学术研究的历史，我认为它仍然具有时代意义和历史价值，这也是在今天重新翻译出版这部旧作的意义所在。

所以，我们要特别感谢秦臻、李海艳两位学者，他们花了很大的心血来翻译、编辑、校对谢阁兰的这部著作，让我们能够重温 20 世纪初叶在西风东渐的学术背景之下，西方学者对我国汉代墓葬艺术的关注和著录，从而"温故而知新"，在历史中去寻找新的体验。秦臻教授过去曾是我指导的博士生，他的博士论文内容就是论述中国汉代的墓葬石兽。据我所知，秦臻曾经循着谢阁兰当年的调查之路，重新对四川渠县等地的汉阙、石兽作过更加系统、全面的科学考古调查工作，从中获得了不少新的研究资料。他后来赴美国芝加哥大学做访问学者，也将注意力主要集中在汉代文物的调查和资料收集上面，有不少新知新见。我不知道这次他和李海艳合作翻译谢阁兰的这部著作，是否也和他的这份情有独钟的"汉代情结"息息相关。借此机会，也祝愿他们二位在自己所设定的学术道路上不断开拓进取，不断进步！

2019.8.18

引言
Introduction

Introduction 引言

一、汉代墓葬艺术在中国艺术史中的地位

在中国漫长的历史长河中，汉帝国有着非常重要的地位，因为，中华民族正是在此期间完成了伟大的统一，并步入了繁荣辉煌的时代。有赖于历史学家和金石学者们的辛勤耕耘，为我们记录着历史的发展和真相，尤其是近年来，世人更可透过越来越密集的考古调查和发掘，以及不断面世的出土文物，认识中华历史的源远流长及博大精深。

汉帝国创立于与基督纪元大体同一时代，前后跨越了 4 个世纪，由历代刘姓天子统治着这幅员辽阔的泱泱大国。以王莽篡位建立新朝为界，汉代被划分为了两个大体相等的时段，被后世称为西汉和东汉。有汉一代，儒学得以弘扬，儒家思想逐渐成了中国社会的正统思想体系。这一思想系统的雏形，可以上溯到公元前 11 至公元前 3 世纪的周朝时期，但在当时封建割据和内战纷扰之下，并未能建立起相应的政治制度和体系。随后，秦王嬴政在逐个消灭割据诸国之后建立起了庞大的帝国，不仅改变了时代格局，为混乱的国家局势画上了句号，也为中国以后的历史进程烙下了最为深刻的个人印记。在帝国的构建中，这位不同凡响的始皇帝将自己的天才构思用强权手腕付诸实践。然而，由于他一心彻底改变过去的局面以构建全新的未来，从而打破了传统格局，引发了同胞们的不解和怨恨，进而导致了帝国的崩溃。其后，汉朝统治者实施了必要的治理措施：一方面保留了秦帝国所开创的政治体制，并进一步将以攻为守战略的实施扩展到了中亚地区；另一方面又恢复了儒家制定的规章守则，广泛搜寻未被秦始皇焚烧殆尽的古代书籍，将其经典奉为圭臬。这是一个国力强盛、政局稳定的时代，无论是军事、社会、哲学、文化还是艺术活动都达到了空前繁荣。在此盛世之下更是迎来了汉武帝的统治时期。沙

1 Édouard Chavannes（沙畹），
   Les Mémoires historiques de
   Se-ma-Ts'ien（史记），Paris:
   Ernest Leroux, 1893.

2 沙畹在（河南）登封县附近考察
   到的六根石阙应该是属于宗教性
   质的，而非墓葬性质，因为它们
   分别是用来标志三座庙宇入口的。
   但由于这些石阙用以祭祀被神化
   的先祖，所以，根据它们的存在
   可以得出这一结论：汉朝人对亡
   灵与神灵这两个概念全然未作区
   分。从外观上来看，这些石阙并
   无什么奇特之处，上面刻有"神道"
   二字，即"灵魂之道"（或曰"神
   灵之道"），这正是通常用来指
   代墓葬石阙的词语（"神道阙"或
   "神道碑"）。
   Édouard Chavannes，（沙畹），
   La sculpture sur pierre en Chine
   au temps des deux dynasties de
   Han（两汉时期的石刻），Paris, E.
   Leroux, 1893.

畹（Édouard Chavannes，1865-1918 年）在其翻译注释的《史记》（Les Mémoires historiques de Se-ma-Ts'ien）[1] 一书序言中，洋洋洒洒尽情描绘了大汉朝极尽辉煌的壮丽画卷。

虽然，汉代艺术对整个东亚地区艺术发展的影响并不比对政治制度和历史发展的影响少，但是，一直以来世人对汉以前的中国艺术知之甚少，所以无从判断汉代时期究竟是标志着中国艺术发展的巅峰还是起点。在本书中，笔者会尝试在已知汉代艺术普遍知识基础上再增添一些新的内容，并利用谢阁兰考古队所调查和获取的诸多材料进行考证，以期进一步明确汉代艺术的地位。

本书标题为"汉代墓葬艺术"，并非对于内容的限定，而更多出于其描述性目的。事实上，除了寥寥几件礼仪场合所使用的青铜器和玉器之外，我们目前对汉代艺术的了解都无一例外地源自于墓葬空间 [2]。相对于保存完好的墓葬，无论是城市、宫殿、居室还是装饰房屋的各类物件，都在时光流转中消失殆尽，只残留下了只言片语的记载和文字描述。为何会出现这种保存状况的强烈反差呢？可以用三个方面的原因来解释。首先，中国人相信灵魂不灭必须以尸身的久存为前提，而且讲究"事死如事生"，即认为死人也具有和活人相似的需求。虽然中国人的这种想法或许并没有达到埃及人那么绝对的程度，但这种信仰相当广泛，因此，他们将坟墓建造得比活人的住所还要坚固，并将奴仆或其俑像、真实的生活必需品以及金银珠宝等都一并埋入其中。其次，这一信仰还催生了另一影响：那就是毁坏墓地的行为会被视为亵渎罪，法律也制定了相应的条例以保护墓地的安全。虽然，这些法律条文的威慑作用也确实有限，因为地下埋葬的财富是如此诱人，以至于连上天惩罚、牢狱之灾都不足为惧。除上述两方面在中国广泛存在的影响外，还有第三方面的原因，是属于汉代所特有的：墓葬艺术在汉帝国时期达到了前所未有的高度（体积巨大的墓冢便是明显的证据），并且获得了朝野上下广泛的高度重视。当时的政客们甚至将帝国国力亏空的原因之一归咎为连续 4 个世纪以来所流行的在坟丘、地下墓室的建造以及墓室、墓道和祠堂的装饰方面大肆挥霍的奢靡之风。公元 3 世纪初期，有识政治家

针对这种铺张浪费之风颁布了限制奢侈的法令《整齐风俗令》❸，随后的晋朝统治者更是在原有的基础上将该法令变得更为严格。在此背景下，从汉末到南北朝时期两个半世纪期间，中国的墓葬艺术基本上没有留下什么珍贵的作品❹。可以认为，这一断层现象并非是保存不善有关的偶然性因素所导致的，而应该是受到在这段时期内并没有相关的墓葬建造行为所影响。

汉代墓葬艺术之所以举足轻重，不仅仅是因为其作品在我们眼中是独一无二的，更是因为我们确信它在汉代艺术活动中占据着十分关键的地位。

首先，这一艺术形式不全然是封闭性质的。正如沙畹所指出，汉代墓葬在主题呈现上并不强调彼岸世界的概念，而是参照当时活人住所的风格所打造，将其坟墓设计为死者的永久居所。这些墓茔以巨大的石块雕琢、建造而成，尤其是坟墓前的石阙和墓室内的门楣和墙面装饰等等，再现了当时木构建筑的形制和装饰，其精准的结构可以让后人对汉代建筑进行细致的分析。

此外，汉代墓葬存留下来的雕像和浅浮雕作为能够反映汉代雕塑艺术的珍贵材料，尤其是画像石上的图案，可以被大量拓印、传播，从而为我们提供虽然是间接的，但却十分准确的关于当时图像和思想的信息。如果能够结合一些画像中所保留的描述性的文学材料，我们便可以想象和还原当时装饰图画所表现的具体内容。

需要强调的是，即便如此我们也不能轻率地做出如下结论：墓葬艺术在汉帝国时期是如此具有代表性，以至于研究其他艺术都成了多余。当前，尚无人利用系统的科学方法对中华大地进行深入调查和考古发掘，所以这片处女地所蕴含的巨大秘密还尚未被世人所知晓。但是众多线索表明，我们现在能够看到的艺术作品无论其质量如何，在同时代的作品中都应该不属于一流品质。因为，没有哪一个国家的顶级艺术家是聚集在墓葬领域展开工作的。可以想见，如果现在保存下来的希腊雕塑珍品仅仅是碑石和石棺的话，我们对其也不会有如此之高的评价。在中国，随葬物品和墓室陈设的排场与隐藏于其奢华外

3　汉献帝建安十年（205 年）九月，时任冀州牧的曹操认为厚葬之风盛行耗尽国家资源，遂颁布法令整顿风气，革除社会弊习，禁止奢华浪费的厚葬之风以及打造碑石的行为。直至公元 6 世纪梁朝时仍然延续此项禁令，并增加了除嫡亲皇子之外任何人都不得破例的规定。参见 De Groot（高延），Religious system of China（中国宗教体系），t.III, Leyden: E.J. Brill, 1894, p.1158.

4　诚然，我们在四川地区寻访到了一些建于公元 4 世纪初的墓葬石阙，但这些墓阙与汉代的没有什么两样。这种现象是因当地政治、社会条件的滞后性所导致，这些作品应该是汉代风格的墓阙在当时的复制品。

表之下的某种"吝啬气"并不矛盾。因为这里也和古埃及一样,人们通常认为可以通过仿真的物品来满足死人的需求:一匹活生生的骡子或者一沓沓成色上乘的铜钱远不如一套牲畜的俑像或者一些金色纸张所制作的万两银元,他们认为唯其如此才是对死者最有用的馈赠。所以,我们不难想象大汉天子宫殿的石壁应该远比这些墓室的画像石更加壮美,王公贵胄庭院入口两侧的塔楼也远比墓葬神道石阙更为富丽堂皇。

· · ·

本书所描述和研究的主要内容集中于石雕类作品,那么将其纳入到中国自汉以来逐渐形成的整体艺术系统中进行定位、考察就显得颇为重要了。长久以来,中国历代画史、画论均将关注的重点集中于绘画作品和画家身上,而忽视了数量众多的雕塑作品。大多数中国雕塑作品都以匿名方式呈现,这也导致世人认为,在中国从事雕琢工作的艺人都是技艺平平、缺乏创意之辈❺。近年来,考古学者在山东地区发掘出土了一些汉代画像石,其精美绝伦的绘画艺术,表明这些作品应该是先由画家们创作而成,然后再经由雕刻工匠之手使之成为永恒。这些画像的面世,虽然并不足以颠覆人们对中国传统艺术抱有的种种成见,但是我们坚信,随着考察工作的逐步深入,随着对当前已经发掘面世的汉代雕塑作品研究的进展,人们终究会认识到这门艺术的宝贵价值。

汉代雕塑充满了巧妙的构思、非凡的创意,彰显着大汉王朝豪迈奔放、激情浪漫的气质,这种特质其实是游离于中华民族传统美学之外的,

5　长久以来对中国雕刻工匠的这种认识,过于绝对,其实并不准确。在考察中,我们至少通过碑铭了解到了一些雕刻家的姓名,如山东武氏祠石阙上就刻着匠人孟孚和李弟卯的名字,还有雕造祠堂前方石狮的匠人孙宗的名字。
关于中国古代雕刻艺术家的相关信息和研究,可参见 Édouard Chavannes(沙畹),Mission archéologique dans la Chine septentrionale(华北考古图录),vol.1, Hachette Livre‐Bnf, 1909, pp.102-105;另参见 Paul Pelliot(伯希和),Notes sur quelques artistes des Six Dynasties et des T'ang(关于六朝与唐代几个艺术家的笔记),T'oung-Pao(通报),Vol. 22, No.4. 1923, pp.266-283.以及 Paul Pelliot(伯希和),Les Statues en laque sèche dans l'ancien art chinois(中国古代艺术中的干漆雕像),Journal Asiatique(亚细亚学报),Vol.102, 1923, pp.182-208。

更接近西方美学的标准，它的形成与汉帝国时期大开放的格局不无关系。中国美学对艺术等级区分的方式全然不同于我们习惯依据的标准。我们倾向于根据造型艺术的美学高度来划分等级，将建筑置于雕塑之上，又把雕塑置于绘画之上。而中国的传统艺术则是根据它们表达思想内涵的程度来进行评判。如文字符号和文学描述通常被认为是最适合充当思想的工具和载体，书法亦被视为艺术最为重要的形式。紧接着则是绘画，因为它使用与书法同样的工具（相同的毛笔、纸张或绢丝）以及同样的方法。中国绘画所表现的主题和形式仍然是文学性的，它力求将深奥的思想透过意象的画面来呈现，从而使得绘画内容甚至比评论性的文字更加深奥难懂。而雕塑，则因中国文人认为它完全依赖于绘画，被看作与碑刻题铭相似的形式，而位列于绘画之后。他们用绘画的方法，将雕塑转换为平面图案，一丝不苟地拓片、描绘于金石著录中。基于同样的观念，传统的中国音乐并不被视为人类情感的感性表达，如同古代希腊人赋予戏剧、舞蹈同样的功能一样，他们将其视为一种行之有效的道德劝谕手段，其意象结构中充满着心理暗示、形式联想和比喻的内容。建筑在中国被视为艺术，并非因为它对于三维空间的控制和对装饰性图像的有效运用，而是因为其在设计之初便被赋予了种种神奇的结构和功能，使得建筑成为彰显等级尊卑、表现社会地位和相互关系的象征物。所以，中国文人认为一件雕刻作品重要的价值在于画面上所布满的解释性文字和图像，他们更关注拓印在纸片上的图像所表达的意涵，而不关心刻绘着图像的雕塑本身。至于青铜制品和玉器等等，依赖于它们所刻绘的带有象征意义的上古文字符号和各类图像，显示出其自然主义和星宿学说的种种神秘感，被金石学家所看重而得以保存至今。

传统的中国艺术评判标准正是远东地区审美体系的独特性。置身于这种等级体系之中的汉代雕塑艺术，凭借着帝国特殊时代艺术发展的劲风得以提升，雕塑技艺不再是简单的谋生手段，而是创造了如此恢宏作品的伟大艺术。但是，一旦时代的东风不再，它也就将无法幸存 ❻。汉代雕塑匠人凭借着对物像形体和比例的熟练掌握，能够灵活自如地塑造对象。他们"不屑于"使用抽象的语言去诠释作品

6　当然，源于异域传统的中国佛教雕刻艺术除外，它并不包含在本文所说这种情况里。

的意义，"不甘于"固守在难以捉摸的造物规则中去表现那由思想观念衍生出来的千变万化的想象世界，而希望通过作品完全忠实地表现客观对象。它之所以能够在作品中展现出魅力无穷的灵动之气和强大的艺术感染力，正是因为创造力旺盛充沛、超越俗套成规的汉代艺术大框架为其提供了自由发挥的广阔天地。

二、研究方法

沙畹君多年来在中国各地考察所取得的丰硕成果，为我们的调查奠定了良好的基础，其所使用的科学方法亦成了我们直接的灵感之源 **❼**。考察队在出发之前，第一项工作便是整理中文资料，搜集相关信息。这些资料分为如下几种：

1. 一般性的金石学著作，这些文献中会罗列一些知名碑刻信息，以及对这些碑刻的著录和评语。一些碑刻以拓片或描绘的形式被记录下来，一些则简单地记录了标题和文献著录等信息。但是，中国传统金石学著述通常会忽略碑刻的地理位置等重要信息。

2. 省、区和各地方的专志 **❽**，在各地志书中，一些命名为"古迹"、

---

7 本书可以视为系列考古报告集的第三卷，本应紧接着前两卷图录出版后刊行，但是遭遇了一些困难，从而延后了六年时间。谢阁兰（*Victor Segalen, 1878—1919 年*）、奥古斯都·吉尔贝·德·瓦赞（*Augusto Gilbert de Voisins, 1877-1939 年*）和让·拉尔蒂格（*Jean Lartigue, 1886—1940 年*）在图录第一卷的前言部分已对本次考察进行时的社会环境和考察具体工作内容作了详细介绍，可供参考。*Victor Segalen, Augusto Gilbert de Voisins, Jean Lartigue*（谢阁兰等），*Mission archéologique en Chine (1914 et 1917)*（中华考古记：1914-1917 年）：*Atlas, Tomes1et2, Paris, Geuthner, 1923 et 1924.*

8 "志"接在一个地名之后，用来构成著作标题。例如《嘉定府志》便是关于嘉定地区的专志。各省的专志称作"通志"，是多达一百多册的大型全集，在不同时期不断补充而成，编纂工作一直更新到当代。现在，要想找到比较齐全的地方专志越来越困难了，所幸还有一些收藏内容相当广泛的此类书籍得以保留，如上海的《徐汇区志》以及由商务印刷馆出版的关于上海的地方志。现存于巴黎的此类重要文献大多数由沙畹和伯希和所收集，带回法国保存。

"金石"、"墓"、"庙"的特殊章节中会列出一些碑刻和遗迹，也有一些有关古代地理的珍贵说明。尤其是省级专志，它会按照地区划分进行描述，凭借这样的志书，能帮助我们考察、研究工作的顺利展开。

3. 专门金石学著作和考古调查报告。

4. 历代典籍中有关历史、地理、风俗、仪式描写等相关的注释和评述，会提供关于古代遗迹所在地的信息 ❾。

沙畹在其出版的考察报告中，特别介绍了一部重要的金石学著作《金石苑》❿，里面详细著录了四川地区的一些碑刻文字内容，并附有数篇与原铭文几乎等大的拓片图，甚至还有相当完整地记载着雕塑图案的一些复制件。

在大致确定考察路线之后（从河南府出发，经西安府和成都府前往雅州），我们针对各路线的关键地段可能存在的古迹列了一份详细清单 ⓫。这样一来，我们就对考察线路有了准确规划，从而不会遗漏看起来至关重要的任何区域，同时在时间允许的前提下，将那些文物存世可能性较大的区域也尽可能地纳入到路线之中。在一些特殊情况下，我们会采取"兵分两路"的策略，由两名队友带着考察设备、行李走易行的线路，而第三个人则轻装上阵走另一条线路。在几个重要考察地区，我们会驻扎在一个中心点，然后围绕这个中心向四周"辐射"，展开考察工作 ⓬。

尽管在出发前已经做了必要的相应准备，但在考察现场遇到的情况依然比我们预想的要复杂。

首先，最大的困难即是中文资料对地点标注的不准确。这些标注都是以知名地点（通常是一座比较重要的中心城市）为参照点来表示方位和距离，但是传统中国文献中所采用的距离单位"华里"（大约相当于 0.5 公里）并不精确，实际上是一个具有"伸缩"性的概念。而且，以东西南北基点的形式大致标出来的方位偏差很大。一旦遗址地与参照点的距离超出了 10 华里（约 5 公里）以上的距离，就会导致更大的偏差，这种不精确性的记录方式给我们的考察工作带来了很多麻烦；而一旦误差距离达到了 50 华里（约 25 公里）甚至更多，

9 这些注解中的一部分年代十分久远，例如公元 6 世纪时郦道元为《水经》所作的注解。

10 这部作品编写于 1848 年，是清代学者刘喜海所撰系列金石著作之总名。

11 事实上，我们很少能够提前知道文字记载中的相关目标物是否还存在，或者根本只是无法查证的传说而已。有时候，文献中会出现很长的一大篇描述，末了标上简简单单的两个字"今無"，表示"不再存在"。但通常我们都只能满足于推测，只有根据文中记载的经历以及自己在现场的研究调查来勉强评估一件古代文物依然存世的可能性有多大。

12 1914 年的考古线路在附录部分有详细说明。

有的地方官员会真诚地向我们表明他们的"穷乡僻壤之地"不会有汉代墓葬存在，并邀请我们前往图书馆查看。为了说服这样的官员，我们会在其图书馆中查阅地方志，并在他自己的藏书中找出关于所寻之物的记载。我们施展这样的"小伎俩"会激起地方官、其手下的传统文人以及一些上了年纪的家仆们的好胜心理，从而提供给我们更多的信息，其中说不定就会有派得上用场的。但是我们的尝试往往都是无功而返。有一次，我向一名官员出示了《金石苑》的一个段落，他阅读后居然疑惑不解地询问手下的文人"这本书是否为欧洲人所书写"。

就免不了遭受长途跋涉地反复来回折腾。然而，我们所遭受的更严重挫折却是用来标明位置的参照系本身所导致的。绝大部分中国金石学家都是在二手资料的基础上开展工作，甚至还有学者依据"二十手"的资料进行研究。他们满足于"拷贝"前辈学者所记录的内容，只是在上面再一次又一次地增添注释而已。学者们要不原封不动地搬用城市原来的古名，要不就简单地用当时的地名将其替换掉，却不考虑与之相应的地域范围的变化。事实上，地名的变迁往往都会伴随其辖区范围的更改，所以这种做法就不再仅仅是信息不准确的问题，而会导致出现较大的谬误。在最走运的情况下，我们还可以根据现在的地理位置查出先前的地名，这样一来，资料中的错误还显得不是那么可怕，毕竟参照系还是可以间接发挥作用的。

我们在各地考察时都会求助于当地的政府部门，各级官员基本上是有求必应，竭尽全力地满足我们的需要。通常的情况，在目标文物所在地进行调查能够获得不少准确的信息，甚至可以找到指引方向的带路人。然而大多数情况下我们所寻的文物基本无人知晓，无论是达官贵人还是平民百姓都对其一无所知**⑬**。至于乡间的农夫，他们所了解的文物古迹甚少超出 1 华里（大约 0.5 公里）的范围，甚至于所涉及的是一对高达 5 米的石质阙柱。常常在寻访过程中，当我们费尽周折让他们明白了所寻之物是什么的时候，这个东西其实已近在咫尺了。

某些古迹因其保留了一些题刻文字，被历代金石学家所著录和传播，享有盛名之后就会得到政府的妥善保护。而没有文字题铭的遗存通常会被忽略，即便是其雕刻技艺已达到很高的艺术造诣也是如此。与之相反，哪怕是一小块不成形状的"断壁残垣"，如果上面还能依稀辨识出只言片语，就会被小心翼翼地嵌入到专门为其修建的砖石建筑之内，并加盖屋顶以作保护。中国传统金石学所关注的重点集中于碑铭的层面，那些不带文字题记的文物需要临近刻文的遗存才有机会被世人所发现，如果孤立一处的话能被发现就完全凭借运气了。

尤其在四川省这样一个面积比整个法国还要大，又遍布崇山峻岭的地方，考察队除了沿着已经开辟的道路沿途搜寻外，很难另辟蹊径，所以能够偶然发现石刻文物的概率微乎其微。这种情况下，我们只能将新发现的希望寄托在地面以上的部分，而任由未曾面世的珍贵文物继续隐匿于地下。

三、文物古迹描述

千百年来，中国各地对文物古迹的保护都处于放任自由的状态，仅仅依靠地方政府的自觉行为而已。不仅如此，有些古迹已经破损严重，政府也并没有投入力量去将这些遗存的状况以及画面和雕刻忠实地记录下来。各类金石学著作中均附有为数不多的绘图，这些对拓片图像的誊写，尽管画得十分仔细，却呈现出如同漫画一般的风格 ⓮。这样的金石资料，摊在传统文人的案桌上还勉强可用，如果与文物本身的三维形态比较则显得稚拙、怪异。洪适所著《隶释》中所绘制四川省的一根阙柱就是这样的情况，本应位于屋檐之下、由斗栱所支撑的几个力士柱被站立在屋顶边缘形象怪异的小人代替了 ⓯。通过对考察遗存的比对，我们发现这类金石著录中的图画并不是依照其真实对象而是根据一些文字性的描述来绘制的。而这些描述文字又是如此的简单，甚至还常常被严重歪曲、误传。

眼睁睁地看着如此珍贵的古代艺术就这样被遗弃暴露于旷野荒原，外国考古学家可能会产生将其攫取，带回西方博物馆中好好地保存的冲动念头。基于多方面因素的考虑，我们放弃了做出这种举动的想法。试想我们这样做的话，肯定会引起中国政府的不信任并爆发冲突，不仅会影响考察队接下来的行程，还会累及我们国家的声誉。作为远在异国他乡的游子，尤其是身在如此遥远的国度，我们对维护国家声誉负有不可推卸的责任。另一个方面，最具有价值的雕塑作品所依附的古迹都是不可能被完整地运走的，若要运走雕塑就需要通过切割而破坏文物本身。即便是将那些在目前的状况下正面临遗失命运

14 如果将《金石索》所著录图像与沙畹考古报告中所拍摄和描绘的图片进行对比，就会清楚地明白我的看法。

15 王稚子阙。参见本书第五章"王稚子阙"一节内容。

10

这里所说的情况仅涉及汉代作品。从梁朝到唐朝的佛教雕塑则与此截然相反，石刻文字数量众多，包括题词和敕封。所以我们带回的此类拓片在数量上要多很多。

的，或者注定会被散落无踪的作品碎片移走是合情合理的，也不能认为借口将文物留在原地会遭受风雨侵蚀的损坏，从而将其切割运走是正确的举动。

考察结束，我们的返程行李装满了笔记、拓片和绘图，以及大量的摄影图片。除此之外，我们只带走了几小尊陶塑俑像和在四川墓葬中发掘的一件青铜制品。照片不仅能够提供准确的文物信息，也便于长久地保存，所以成了我们最看重的资料形式。在拍摄照片时，我们都会尽可能地获取最为完整的信息内容。尤其是针对汉代的雕塑作品，我们认为已经将工作做到了极致。通常我们会在石质材料状态所允许的前提下复制所有可以被解读的内容细节，如拓片、测绘、素描以及摄影等等。为保护已经风化的石质文物，我们所拓片的图案数目并不多 ❶，它们主要囊括了几乎所有可辨识的文字内容，也就是约十二篇刻在石阙上的铭文以及一篇碑文。至于雕像方面，则包括那些可以被拓制而不损坏文物本身的图像部分。四川地区的画像石不同于山东地区在质地坚硬细腻的石面上以减底浅浮雕结合阴线刻的方式，是用颗粒较大质地疏松的砂岩制作而成，通过大体形态的塑造和打磨强调画面的立体效果。我们在考察中所见到的雕刻并不像武梁祠画像石那样侥幸被埋于地下得以完好保存，而是整整 17 个世纪以来都暴露于荒野之中。正因为如此，其粗糙的表面很不适合进行拓制。沙畹在其考古图集中刊布的石刻复制图反映了这样的状况。一些浮雕表面被岁月侵蚀，变得圆润，那么拓制下来的图案就会变得比原物瘦小，如禽类动物的爪子就成了带有关节的细丝。同时，由于拓片特有的黑白效果也会人为地增强图案的瘦削度，所以，通过摄影，或是在现场细致测量、描绘，然后通过拓片对照可以恢复图画的比例，才能产生具体逼真效果的复制品。我们认为，在今后的考古活动中，可以更多地使用模塑方法来取得雕塑类文物的复制品。

最后，在对照片进行分类时，我们采取了一种很有条理的次序。在考察报告图录第一卷目录的注释部分已对所遵循的次序原则进行了阐述，如同我们在注释里所说的：照片所遵循的排序编号与吉美博物馆（Musée Guimet）考古通告(1921年)第1分卷中出版的完整名单是一致的。

四、先前研究及新获成果

中国的绘画、瓷器和青铜器已得到世人的广泛重视和深入研究。与此形成强烈反差的，则是文物古迹和雕塑艺术的研究长期被西方学术界所忽略。传统的西方汉学家们多将毕生精力耗费在对中国文字的精剖细读与品悟点评中，从而无暇再涉足考古与艺术领域。作为致力于研究东亚文化的大师之一，沙畹认识到了中国各地数量巨大的古代遗存的重要性，先人一步指出这些文物对科学及艺术领域研究的作用和意义。他作为先驱者踏上了这条全新的征途，取得了辉煌的成绩。尽管卜士礼博士（Stephen Wootton Bushell，1844-1908 年）早在 1881 年就在柏林东方学者大会（Congrès des Orientalistes de Berlin）上公布了一些中国汉代的浅浮雕拓片[17]，但是他本人并没有着手对文物古迹进行实地考察。直到沙畹在首次赴华之后出版了其著作，才将中国古代雕塑引入到世界艺术史之中[18]。

在 1907 年，沙畹再次来华考察文物古迹，开展了更加广泛深入的考古工作，足迹遍布华北和华中绝大多数省份。此次考察形成的图录以及随后出版的两卷作品一直以来都被看作该领域奠基性的著作。在学者们后续研究过程中，每年都不断有新的发现问世，从而进一步证实了其著作的可靠性及珍贵价值。

在沙畹两次出版著作期间，劳费尔（Berthold Laufer，1874-1934 年）推出了两部资料翔实、内容丰富且论述精妙的汉代艺术著作，一部是关于陶器的，另一部则关于墓葬雕塑[19]。汉代雕塑艺术概念的"横空出世"也引发了日本学界的浓厚兴趣。建筑史学家关野贞（Sekino Tei，1868-1935 年）随即出版了对山东祠堂和墓阙的研究成果[20]。

自 18 世纪以来，西方社会怀着对异国风情的猎奇心理搜寻各类中国风饰物和陈设。随着学术界对中国文物古迹的介绍和引入，引发了商界和公众对中国古代艺术的普遍关注。自 1907 年开始，来自中

17 这些浅浮雕拓片来自武梁墓葬祠堂的画像石。Édouard Chavannes, Mission archéologique dans la Chine septentrionale, No.75 à 77. 在卜士礼博士所著的《中国美术》中复制了这些拓片中的一部分。蒂扎克（Henri d'Ardenne de Tizac, 1877-1932 年）将这本精美的著作译为了法文。Auteur du texte : Stephen Wootton Bushell（卜士礼著），Traducteur: Henri d'Ardenne de Tizac（蒂扎克译），L'art Chinois（中国艺术），Paris : Libr. Renouard, H. Laurens, 1910.

18 Édouard Chavannes, La sculpture sur pierre en Chine au temps des deux dynasties Han.

19 Berthold Laufer（劳费尔），Chinese pottery of the Han Dynasty（中国汉代陶器）. Publication of the East Asiatic Committee of the American Museum of Natural History. Leyden, 1909; Berthold Laufer（劳费尔），Chinese grave sculptures of the Han period（汉代墓葬雕塑），New York, Leroux, 1911.

20 Sekino Tei 關野貞，支那山東省に於ける漢代墳墓の表飾，東京帝國大學工科大學紀要，第 8 冊第 1 号，東京帝國大學，1916.3 [本文] 附図。

21 即由古董商玛德莲·瓦涅克
（M.Wannieck）从中国带回法国
的那些画像石。

22 赛努奇博物馆（Musée Cernuschi）
成功收集了一些中国古代造像和
陶器精品，并于近期（1920 年）
开放了几个专门的展厅。

23 在 喜 龙 仁 (Osvald Sirén,
1879-1966 年）所撰写关于中国
造像的著作中出版了其中的一只
石狮照片。Osvald Sirén（喜龙
仁），Chinese Sculpture from the
Fifth to the Fourteenth Century
（五至十四世纪的中国雕塑），
London: Ernest Benn, Limited,
1925.

国山东墓室的三块画像石和一根阙柱被运往了欧洲，被柏林的博物馆收藏。一些其他画像石被运往了巴黎，沙畹随即得以见到实物并将之纳入了其出版的著作之中 [21]，其中几件作品通过捐赠或购买的途径进入了巴黎的博物馆收藏系统 [22]。大洋另一端位于芝加哥的富地博物馆（The Field Museum），也成功收藏了大量的中国古代陶器，并于 1911 年组织了一场中国古代石刻拓片展。

· · ·

上述内容为 1914 年之前调查、研究成果简介。直接性研究所涉及的文物古迹如下：

1. 神道石阙，其中三对来自河南，一对来自山东。
2. 保存原地（山东）的两座祠堂。
3. 墓葬祠堂画像石。
4. 一对制作于公元 2 世纪中叶的石狮，由沙畹所发掘 [23]。

所有这些古迹都集中在华东地区，除了来自河南的六根石阙柱之外，其他遗存均位于山东省内。关于中华大地其他地域的情况尚缺乏资料；然而，亨利 · 奥隆（Henri d'Ollone，1868-1945 年）由于在出发考察之前获得了沙畹的详细指点，在雅州附近找寻到了一座公元 3 世纪初的古墓，墓地的一对石阙依然状态完好，此外还保留着一块墓碑以及一对石狮雕像 [24]。

24 迄今为止，与此墓相关的出版内容仅限于一幅墓地石柱的绘图，以及一小张照片，上面是两只老虎雕像中的一只。这张照片由一位传教士所摄，刊布于天主教堂司铎张神父所撰写的一部关于梁朝坟墓的文章中。
译者按：Matthias Tchang（张璜），Tombeau des Liang, famille Siao（萧梁家族墓葬），Variétés sinologiques 33（汉学丛刊 33）. Sien-hsien: Imprimerie Mission Catholique, 1912.

中国东部地区所发现的大部分古迹年代都在公元 2 世纪左右，其中记载的最早年代为 113 年（济宁戴氏享堂）。从技术层面来判断，它们的装饰都属于浅浮雕。1914 年的考古工作在前人的基础上进一步获得了如下成果：

1. 从空间层面看，此次考察穿越了陕西省和四川省，到达了中国汉代疆域的西部边陲。

2. 从时间层面看，此次考古跨越了基督纪元，发掘了一件产于公元前 117 年的雕像，为西汉时期的雕刻艺术提供了一件珍品。

3. 从技术层面看，此次考察发现了大量的深浮雕和圆雕类的艺术作品。

此次考察所涉及新的研究对象包括：渭河流域的古冢、四川省境内多处墓葬以及该省的一些崖墓葬^㉕。尤其在这些崖墓中，我们发现了大量画像石棺、陶棺以及带有各类装饰的画像石、画像砖，具有极高的资料价值。下表汇总目前所知有纪年的汉代雕塑、画像材料，以供研究者参考。

25 在第 8 章中会讲到，在我们到来之前，有一位还居住在成都的传教士陶然士（M. Thomas Torrance, 1871–1959 年）曾对这些坟墓进行过认真的研究。

26 参见 Édouard Chavannes（沙畹），Quatre inscriptions du Yun-nan (Mission du commandant D'ollone)（云南的四种刻石），Journal Asiatique（亚细亚学报），Août 1909, p.11；黄宾虹，邓实编：《神州国光集》第八辑，上海：神州国光社，1909.5–6.

27 Paul pelliot（伯希和）. Reviewed Works:Bildwerke Ost-und Südasiens aus der Sammlung Yi Yuan（逸园收藏的东亚和南亚艺术品）. Artibus Asiae（亚洲艺术），Vol.1, No.2, 1925, p.153.

28 这个日期对应的不是墓室的建造，而是墓室最早的铭文。墓室的建造年代可能要早很多。

29 杜德里（Dudley A. Mills）于 1886 年参观了该墓室。

30 译者按：石柱由菲舍尔购买并收藏于德国柏林国立博物馆，博物馆官网介绍，该石柱来自山东嘉祥武氏家族墓地祠堂，有题记文字："建和元年五月庚辰□□造"。阿道夫·菲舍尔（Adolf Fischer, 1856–1914 年），德国科隆东亚艺术博物馆创始人。本注释由倪克鲁（Lukas Nickel）教授提供，谨此致谢。

31 杜德里早在 1886 年就见到了这些画像石中的一部分。

32 这些画像石中有好几块目前都已经被运出了中国。

表 1: 有明确纪年的考古材料

年代	地点	材料	出处	年份
公元前 117 年	陕西	霍去病墓雕塑	谢阁兰等《中部考古记》	1914
公元 25 年	云南	孟孝琚碑文 [26]	《中国禁地：1906 年至 1909 年的奥隆行记》	1907
公元 28 年	四川	李业阙残片（铭文）	谢阁兰等《中国西部考古记》	1914
102 年（？）	四川	崖墓，带有铭文	陶然士《四川丧葬习俗》	1910
105 年	四川	王稚子阙断片	谢阁兰等《中国西部考古记》	1914
113 年	山东	戴氏享堂 [27]	苏黎世里特贝尔格博物馆（Rietberg Museum）	
118 年	河南	太室阙（保存完好的两根墓阙柱）	沙畹《华北考古图录》	1907
121 年	四川	冯焕阙（保存完好的一根墓阙柱）	谢阁兰等《中国西部考古记》	1914
123 年	河南	启母庙石阙（保存完好的两根墓阙柱）	沙畹《华北考古图录》	1907
123 年	河南	少室阙	同上	1907
129 年 [28]	山东	孝堂山祠堂	同上	1907
147 年	山东	武梁阙（保存完好的两根墓阙柱）	同上	1891
147 年	山东	武梁阙（保存完好的两根墓阙柱）	同上	1891、1907
147 年	山东	武梁祠石狮（破碎了的两尊雕像）	关野贞	1907
147 年	山东	武斑墓碑	沙畹《华北考古图录》	1891、1907
147 年	山东	武梁墓室 [29]	同上	
147 年	山东	带有铭文的柱子（菲舍尔 [30]）	柏林国立美术馆（Staatliche Museen zu Berlin）	1907
167 年	山东	武荣墓碑	沙畹《华北考古图录》	1907
169 年	山东	郭泰墓碑	同上	1907
205 年	四川	樊敏墓石兽（双虎一狮）	谢阁兰等《中部考古记》	1914
205 年	四川	樊敏碑（带有龟趺碑）	同上	1914
209 年	四川	高颐阙		
209 年	四川	高颐碑（碑座带有龙纹）	《中国禁地：1906 年至 1909 年的奥隆行记》	1907
		石兽（两虎雕像）	谢阁兰等《中国西部考古记》	1914
汉代	山东	济宁州孔庙四碑	沙畹《华北考古图录》	1907
公元 2 世纪中叶	山东	来自武梁祠墓室的四十多块画像石 [31]	同上	1907
公元 2 世纪中叶	四川	坐虎雕像一尊 动物雕像残片若干	谢阁兰等《中国西部考古记》	1914
公元 1 世纪 或公元 2 世纪	山东	不同来源的 四十多块画像石 [32]	沙畹《华北考古图录》 劳费尔及他人	1907 1907
公元 2 世纪 中、晚期	四川	沈氏墓阙（2 阙） 渠县无题铭阙（4 阙）	谢阁兰等《中国西部考古记》	1914
公元 2 世纪末？	四川	平杨府君阙（保存完好 2 阙）	同上	
？	四川	绵州地区 2 阙	同上	1914
公元 3 世纪初	四川	杨宗阙（2 阙）	同上	1914
汉代	四川	崖墓	贝德禄《华西旅行考察记》 陶然士《四川丧葬习俗》 谢阁兰等《中国西部考古记》	1886 1910 1914
汉代	四川	拱形砖墓	同上	1914
公元 4 世纪初	四川	绵州地区 2 阙	同上	1914

I

一

第一部分
渭河谷地秦汉时期的墓葬遗址

Tombs of the QinHan
Dynasties in the Weihe Valley

Chapter 1

皇家陵园

骊山陵

汉代帝王有生前为自己营造陵墓的传统，甚至在登基不久就下令开始陵园的地上建筑和地下墓室的施工。在中国，封土的高度与死者的身份尊卑成正比，因此皇帝陵墓自然要比其他人的墓地要高出许多。上古时期，尽管对帝王陵墓的规模设有固定的礼仪规范，但从实际保存情况可以发现，皇陵规模并非严格按照规范所建造，而是有所出入，这种情况反映了君王们在各自统治时期国力的差异。从总体上看来，西汉时期各帝陵显得尤为壮观，在气势上远胜后世各代帝王陆续建造分布于中华大地上的陵墓。但是，仍然没有哪一位西汉帝王陵墓能够超越其前任王朝的统治者，也就是秦帝国始皇帝的陵墓❶。同样，就其历史地位而言，整个大汉朝期间也没有哪代君主能够达到秦始皇的高度和成就。正是他，完成了中华帝国政治统一的千秋伟业。

秦始皇陵堪称最为气势磅礴的中国古代遗迹。西安府通往河南府的驿道步行出发，不到一个小时便可轻松到达皇陵。正在建设中的铁路线从旁边经过，以后搭乘火车经过时即可望见皇陵高大的封土。考察队于 1914 年对秦始皇陵区进行了调查，获得了一些新的"发现"。但在整理本书稿时才发现，相关的考察、描述和测绘图例在很久以前就已有了翻译和评论❷。这一事实也反映出我们对中国考古调查现状了解的滞后性。

1　秦帝国正式登基的皇帝有 3 位。但是后两位的在位时间总共只有 3 年，所以显得十分短暂，更因为夹在秦始皇和后继汉朝统治之间而陷入了被忽略的尴尬。他们的在位只不过是必须的短暂过渡期而已，以便新政权能够在因秦始皇驾崩而骤然导致的乱局中站稳脚跟。

2　最重要的文献即沙畹所翻译《史记》中的记载。以及高延在《中国宗教体系》中通过一些文字记载来获知秦始皇陵区建筑最后消失的时间，高延认为秦始皇陵或许在宋朝时还尚未被摧毁，他也提出了其陵上建筑根本就没有存在过的可能。

003

秦始皇的埋葬时间（公元前 210 年）使得针对皇陵的埋葬内容及其丰富内涵的具体调查成为几乎不可能的任务。在本章中，笔者会结合调查结果讨论秦始皇陵的封土、建筑规划等内容。在中国所有的墓葬建筑中，秦始皇陵规划设计、建造最为完善，如同一枚精美的印章，深深地烙印于上古时代，亦成为中国历史发展的基石。

渭河平原是中国周、秦、西汉、隋和唐等历代王朝都城所在地。位于平原东南端的秦岭余脉逐渐靠近渭河，继而与之平行分布、绵延伸展，在山脉的拐点处形成了悬崖峭壁的地势。山脚下便坐落着被城墙环绕，素以温泉著称于世的临潼城区。距离临潼城区 7 华里（约 3.5 公里）处即是名为"骊山"的山脉，山势蔓延弯曲如拉开之弓，其两端伸出的山梁分支整齐对称。秦始皇陵就坐落于这道天然屏障的前方，并且"恰到好处"地嵌入其怀抱之中，好像后面的山岭都是为它量身打造而成。自北向南，从通向新丰镇的官道前往皇陵将会看见如下景象：皇陵身下的高地犹如宽大无边的台基，通过一条长长的弧线与渭河平原衔接一体，并将陵园稳稳地向上方托起。

陵园外貌是从覆斗形衍生而成的（图 1.1）[3]。从南北宽达 350 米

3　图 1.1 为陵冢外形尺寸图的复制图。配有详细描述文字的陵冢外形尺寸图并曾被发表于《亚细亚学报》。Jean Lartigue, Victor Segalen（让·拉尔蒂格、谢阁兰），Premier exposé des Résultats Archéologiques obtenus dans la Chine Occidentale par la mission Gilbert de Voisins（吉尔贝·德·瓦赞考察团中国西部考察成果首次汇报），Journal Asiatique（亚细亚学报），mai/juin 1916, pp.408~415.

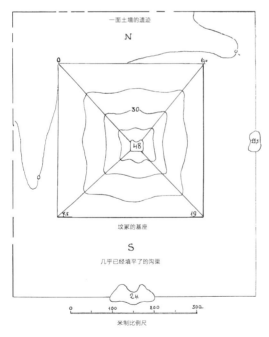

图 1.1　秦始皇陵墓图（公元前 210 年）

汉代墓葬艺术　　**L'ART FUNÉRAIRE A L'ÉPOQUE DES HAN**

4　Victor Segalen, Gilbert de Voisins, Jean Lartigue（谢阁兰等），Mission archéologique en Chine(1914 et 1917)(中华考古记：1914-1917年)：Atlas, tomes I, Paris, Geuthner, 1923, Pl.I, N°3. 译者按：下文从本图册中所录图片，注释均从略，仅用图片序号表示。

5　需要说明的是该复原图过分拉长了陵冢的形状；—— 侧面图（图1.3）与外形尺寸图（图1.1）一样，是根据记录的直接测量数据及通过水准罗盘所测数据制作而成的。

6　译者按：[汉] 司马迁：《史记》卷六《秦始皇本纪第六》，北京：中华书局，1965年，第265页。

7　"始"意味着"第一个"或者"初始"，"皇帝"一词综合采用了历史传说中"三皇"和"五帝"的头衔。"始皇帝"一词既有将远古时代的丰功伟绩尽归己有的意味，又有宣布新皇登基、开创新纪元的涵义。在公元前221年的时候，秦朝开国之君接受了丞相李斯的提议，从此自称为"始皇帝"。

8　Jean Lartigue, Victor Segalen, Premier exposé des Résultats Archéologiques obtenus dans la Chine Occidentale par la mission Gilbert de Voisins, pp.405-408.

9　Jean Lartigue, Victor Segalen, Premier exposé des Résultats Archéologiques obtenus dans la Chine Occidentale par la mission Gilbert de Voisins, pp.401-405.

图1.2　秦始皇郦山陵（北面）　谢阁兰等：《中华考古记》图集一，Pl.I, N°3

的底部观察，过去曾存在于封土四周的平整地面已向下凹陷为大大小小的坑洼。一条硬朗而分明的标志线沿封土与台地的边缘延伸，标示着它们的界限。封土堆先是从底部开始呈现出强劲的凹形上升线条，一路劲升到半腰位置才歇息于一方平台之上，然后，再从这一台肩部位骤然上升形成上方的丘形，并逐渐调整延伸方位，最终在50米高度的位置与截棱锥式的顶台相衔接（图1.2）❹。

考察队在精确测量后绘制复原了整个陵区的原貌（图1.3）❺。虽然平面示意图并不能完全反映出现场封土的巨大规模，但是我们依然可以通过它所绘制呈现的真实状态，体会始皇帝陵建造时 "穿治郦山，及并天下，天下徒送诣七十余万人，穿三泉，下铜而致椁，……"的非凡气势❻。

中国陵寝制度的规范和基本格局在秦以前几个世纪已具雏形，但更为具体细致的规制则始于这位自称"始皇帝"❼的秦国君主的陵墓建设。我们并不知晓秦始皇骊山陵到底是其特立独行的主人的独创，还是依据先前已经存在的建筑形制修正扩展而成。在渭河流域左岸星星点点地散布着一些坟丘，一些学者将其认定为秦国先辈国君的茔址❽，但是，并没有充分证据证实这些封土的主人到底是谁，也无法确定这些据称建于西周时代的坟冢到底是不是其原始状态❾，所以，我们无

图1.3　秦始皇陵侧面图（北面）

005

法做出准确判断。千百年来，历代对秦始皇陵的描述方式、对其用工人数之多的累次提及，都说明其修建在同代人心中产生了巨大的震撼，再经过历代层累叠加的交口相传，令这种震撼效果愈加突出❿。

汉代，帝陵建造者普遍采用的标准形式仍然是底部为正方或长方形的覆斗状。尽管具体的陵墓个体会存在一些细节上的差异，但在整体建造上也一直没有突破秦始皇陵的双层台地状封土的设计。通常情况下，覆斗状封土的顶部并不呈尖状，感觉其顶端是以较大的比例被削截掉，而顶部并不平坦，往往都是呈向内凹陷状或向上隆起凸起状。现存的一些汉代封土可以看到，台基以长方形平面为基础，封土上端呈现出四阿庑殿顶状，在其顶部还有一条垂直于子午线的水平脊梁，表明了其顶部钝面的设计。再者，用以夯筑建造覆斗形封土的黄土是一种可塑性很强的黏性材质，具有高度的均一性。正如所有去过黄土高原的游人所描述的那样，长时间承受激流冲击的黄土，会在河床上形成鬼斧神工般的奇特形状。所以，封土顶部形态并非是因为被侵蚀或地基下陷而将原本硬直的轮廓变形的结果，而是原本建造封土时即是如此。基于这样的认识，我们再回头审视考察队所描绘的汉代陵墓的三维结构图，可以认为，其所反应的顶部平台中向上隆起的"小丘"正是汉代帝陵的装饰元素之一。

10　　参见于雅乐（Imbault-Huart，1857 –1897年）所编写《中国诗歌，十四至十九世纪》，其中收录了袁子才（袁枚）所作关于秦始皇陵修建时的传说故事（《子不语·秦毛人》）。Camille Imbault-Huart（于雅乐），La poésie chinoise du XIV au XIX⁵ siècle（中国诗歌，十四至十九世纪）. Paris: E.Leroux, 1886.

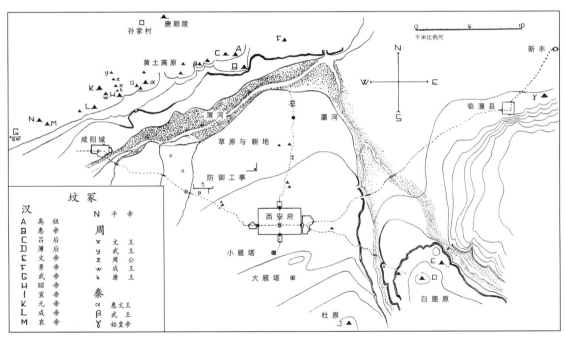

图1.4　西安府周围帝陵的分布情况（编者注：图例中的"I"对应图中的"J"，原图如此，未做改动）

汉代墓葬艺术　　**L'ART FUNÉRAIRE A L'ÉPOQUE DES HAN**

西汉陵寝

　　我们对西安府所在的平原以及临近的高地做了一些调查，基本找到了西汉时期所有帝王以及几位皇后的陵寝所在地（图 1.4）。考察队也寻访了汉长安城如今依然残存的城墙遗址，它们分布在当今西安府西北 10 公里的位置。综合这些调查结果，可以认为本次考察对这些陵墓的归属和位置判断，基本可以确定无误，仅有极少可疑但仍属十分可能的情况[11]。以下列举皇家陵园以及它们相对于汉朝古都长安的地理方位。

1．汉高祖陵墓（崩于公元前 195 年阴历四月）（图 1.5）

长安 N15° E 方位 12 公里处。
墓地名[12]：长陵。
东西向的长方形基座，分别为纵 147、横 123 米。
封土顶部的尖脊现在已经钝化，当初应该是锐利状的；各侧面都基本上是平坦的。陵墓南面前方分布着二十余座墓碑，为清代各时期雕刻竖立，分别按照清王朝历代君王的年代顺序排列[13]。归属判断确凿。

11　一般而言，对于那些根据《陕西通志》的记载以及封土堆基处存在墓碑这两点情况所做的陵墓归属判断，我们会认为是确凿的。此外，还有几例情况依据的仅仅是一些文字记载，但是从现场的布局情况可以看出，其归属判断应该不容置疑。

12　这些墓地都有一个特殊的名字，由一个修饰词及一个表示皇家墓园的"陵"字构成。修饰词往往表示坟墓相对于首都的地理位置（如郊陵、西陵等）。另外，多座相邻的坟墓也可以共用一个墓地名。

13　译者按：原文为"是根据已被太平军推翻的清王朝君王即位顺序雕刻而成"，有误。

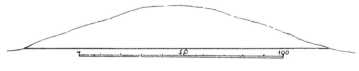

图 1.5　汉高祖陵（南面）

2．汉惠帝陵墓（崩于公元前 187 年阴历八月）

长安 N20° E 方位 11 公里处。

墓地名：安陵。

没有对该墓进行测量，其体积显得比前面的长陵略小一些。

归属判断可能正确。

3．吕皇后陵墓（逝于公元前 180 年阴历七月）

长安 N10° E 方位 12 公里处。

墓葬建在一个与山脉同向的长圆形山顶之上，与长陵近在咫尺。底部为长方形，顶部在距离山脚 140 米高的位置被削平。

虽然不存在墓碑，但根据其相对于汉高祖陵墓的位置分布来判断，几乎确定无疑是吕后之墓。

4．薄太后陵墓（图 1.6）**⓫**（逝于公元前 180 年之后）

长安 S65° E 方位 23 公里处（图 1.7）。

墓地名：南陵。

基座为长方形（纵 170、横 135 米），顶部被削平形成一个纵 30、横 15 米大小的平台。各条棱边之间呈现出略微凹陷的弧形。与其他各地的陵墓分布不同的是，封土是北南向的。入口处似乎位于面积最小的那个侧面，面向的是 S25° W 的方位。归属判断确凿。

图 1.6　薄太后陵墓（公元前 180 年之后）　谢阁兰等：《中华考古记》图集一，*Pl. V, N°15*

汉代墓葬艺术　　**L'ART FUNÉRAIRE A L'ÉPOQUE DES HAN**

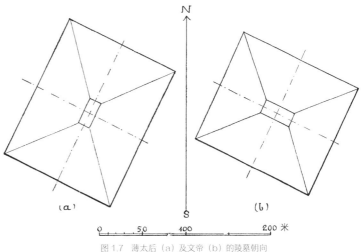

图 1.7　薄太后（a）及文帝（b）的陵墓朝向

15　*Pl.V, N°16.* 汉代陵墓制度帝后合葬不合陵，皇后与皇帝虽然葬在一起，但各立陵冢。

16　译者按：经陕西省考古研究院焦南峰先生介绍，当年谢阁兰考察队所认定为文帝霸陵封土的并不准确，应为孝文窦皇后陵墓。并参见咸阳市文物考古研究所：《西汉帝陵钻探调查报告》，北京：文物出版社，2010 年。

5. 汉文帝陵墓（图 1.8）[15]（崩于公元前 157 年阴历六月）

长安 S70° E 方位 24 公里处。

墓地名：霸陵。

霸陵与南陵相邻，形状也相似，只是长度和体积都更小一些（纵 150、横 135 米）。和南陵一样，霸陵的轴线也是 S25° W 的方位。不同的是，霸陵是根据通常的分布规则建造的，也就是说其走向是与轴线垂直的。归属判断确凿 [16]。

图 1.8　汉文帝陵墓（公元前 157 年）　谢阁兰等：《中华考古记》图集一，*Pl. V, N°16*

009

6．汉景帝陵墓（崩于公元前 141 年阴历一月）

长安 N30° E 方位 15 公里处。

墓地名：阳陵。

虽望见了该墓地，但未实地踏勘。归属判断可能正确。

7．汉武帝陵墓（崩于公元前 87 年阴历二月）

长安 N75° W 方位 23 公里处。

墓地名：茂陵。

茂陵是汉代最大的陵园之一。覆斗状封土顶部的削平幅度很大，而且呈现出十分不规则的形状特征。归属判断确凿。

8．汉昭帝陵墓（图 1.9）[17]（崩于公元前 74 年阴历四月）（图 1.10）

长安 N45° W 方位 11 公里处。

墓地名：平陵。

封土呈正方形，底部边长均为 180 米，四周都有垣墙围绕。在 2/3 高度处的向内收缩的台肩结构十分明显。平陵墓顶部呈现不规则的变化，可能是因为内部的坍塌所导致。如果排除这种凹陷造成的外形变化，它最初的形状应与秦始皇陵十分相似 [18]。归属判断确凿。

图 1.9　汉昭帝陵墓（公元前 73 年）　谢阁兰等：《中华考古记》图集一，*Pl. V, N° 17*

17　*Pl. V, N° 17.*

18　毗邻平陵的地方有一处归属不明的墓地，与其形状相似，但是在本应是"上方丘形"的位置却竖起一道土堤，如今已成锯齿状，中间围着一方沉降地形（图 1.11）。这样看来，该墓顶应该竖有土墙。这道土墙的形成有可能是历史上多次征战过程中出于军事目的而进行的改造，因为，要将整陵变为防御性的小堡垒并不难。或者还有另外一种假设，那就是不同坟墓的外形差异之大超过了我们当前可以看到的情形。在本书的下一章节里，我们将会看到古代对墓地外部的布局设计可以达到何等登峰造极的地步。

9．汉宣帝陵墓（崩于公元前 49 年阴历十二月）

长安 S45°E 方位 19 公里处。

墓地名：杜陵。

坟墓呈覆斗形，底座尺寸为纵 160、横 150 米。归属判断确凿。

杜陵东南有一个形状类似但规模略小一些的坟丘，应该是汉宣帝之妻许皇后之墓，被称为"小陵"。

10．汉元帝陵墓（图 1.12）⑩（崩于公元前 33 年阴历五月）

长安 N50°W 方位 13 公里处。

墓地名：渭陵。

渭陵形状与汉昭帝陵墓形状相同，只是规模略小一些。归属判断确凿。

图 1.10　汉昭帝陵（南面）

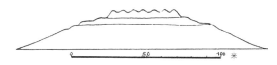

图 1.11　顶部平面呈锯齿形的陵墓（所属不详）

图 1.12　汉元帝陵墓（公元前 32 年）谢阁兰等：《中华考古记》图集一，*Pl.VI, N°18*

11．汉成帝陵墓（图 1.13）[20]（崩于公元前 7 年阴历二月）（图 1.14）

长安 N60° W 方位 13 公里处。

墓地名：延陵。

这座陵墓呈覆斗状，底座为边长 175 米的正方形。顶部的削平幅度很大，形成大小为纵 50、横 50 米的平台。各侧面中间凹陷，在接近棱边的地方逐渐呈尖状突起。归属判断确凿。

12．汉哀帝陵墓（崩于公元前 1 年阴历六月）

长安 N70° W 方位 18.5 公里处。

墓地名：义陵。

这座陵墓的形状与前面延陵相似。归属判断确凿。

13．汉平帝陵墓（崩于公元 5 年阴历十二月）

长安 N70° W 方位约 20 公里处。

墓地名：康陵。

这座陵墓呈覆斗状，底座正方形，顶部的削平幅度很大。归属判断确凿。

图 1.13　汉成帝陵墓（公元前 7 年）　谢阁兰等：《中华考古记》图集一，*Pl. VI. N°19*

上文所列举汉代帝后陵园的分布，以渭河河床以及已扩展为平原的河谷滩涂为界分割为两个群落。渭河北岸的咸阳原上为主要集中地，南面平原是西安府以及汉长安城遗址，古长安城东面则是另一个帝陵聚集区。这两大皇陵群落之间，无论是从外观还是布局上来看，都呈现出巨大的差别。

渭河北岸分布着一片低矮的台塬，在涨潮期间不免遭受河水冲刷，日积月累中形成了一条漫长的、朝内凹陷的曲线，从咸阳县一直延伸至灞水河口。随后便是广袤的黄土覆盖着的咸阳原，黄土地的南面边缘塬岸参差，凭借两个与河域平行分布的台地高高凌驾于河水之上，其海拔平均高出河床达 500 英尺（约 150 余米）。这道黄土高坡之后呈现出轻微的沉降趋势，形成了一道显目的脊线。在阳光明媚的天气里，这道脊线便在北方的山脉之中清晰地显现了出来。微微起伏的原上田畴若织，一眼望去空旷寂寥，林木稀少。偶尔有几株树木，也是存在于陵区已经坍塌的建筑或者附近的墓地祠庙内，最终也避免不了恹恹然干枯的命运。极目远眺，依稀可见一处小镇破败的夯土城墙。一条长达 30 余公里的大道在高原上徐徐向外伸展开去，沿路不规则地分布着大大小小的陵园、墓地和数不胜数的鼹鼠丘。这片高原上，除了汉代的十座帝陵以及王公贵族的封土堆外，还分布着秦帝国建立之前统治"关内地区"的历代秦王的恢宏陵园。此外，还有规模更小一些的五座周代墓地顺次排开。这五座墓地在不久以前依然是当地人拜祭之地，因为埋葬的是周朝的前四位君主及一个等级略低的王公贵族（图 1.15）❹。汉高祖刘邦选择这片靠近西周陵

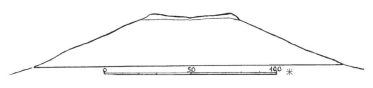

图 1.14　汉成帝陵（南面）

家"毕陵"[22]的灵秀之地作为帝国的陵区，或许一方面是表示对秦始皇独裁专制风格的抵触态度，另一方面也是表达顺接周天子的神灵之气和对这一远古王朝的敬慕之情。

图 1.15 周代君王陵墓区的祭庙 谢阁兰等：《中华考古记》图集一，*PL IV, N°9*

22 沙畹所译《史记》记载，公元前1124年，周武王曾"上祭于毕"。又 据 理 雅 各 (*James Legge, 1815-1897 年*) 翻译《孟子注疏》马融注曰："毕，文王墓地名也。""毕"应该是周文王的墓地。参见 *Édouard Chavannes, Les Mémoires historiques de Se-ma-Ts'ien, I, p.223; Mencius*（孟子），*IV, b.1, James Legge*（理雅各），*The Chinese classics*（中国经典），*HongKong, At the Author's. 1861, p.192.*

在这片象征汉帝国威权的黄土高原上，河道冲刷侵蚀形成了众多的丘陵、沟壑，这些绵延不止的丘陵缓慢起伏，规则而静谧。各帝王陵墓利用天然地势，按照统一的规划布局顺次分布。每一座坟地几乎都是以一个天然高台为基座，精心选址规划，旨在最大程度地强化由远及近从正面角度观望时能够感知到的那种伟岸高耸的视觉效果（图 1.16）。

汉文帝刘恒是唯一远离传统陵区择址下葬的西汉帝王。从诸多史实来看，文帝的选址原因既出于无意让后世关注的淡泊心态，也有其即位前坎坷经历的影响。

文帝霸陵所在的高原位于咸阳原南面渭河对岸，地势更加险峻，从而使得其选址意图更加突出。渭河流域两岸直到西安府以南几公里开外的小雁塔及大雁塔佛寺的位置，地势一直都很平缓，之后就

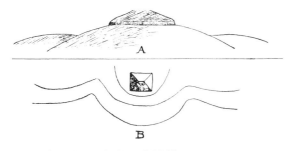

图 1.16　秦园王陵（A. 为立视图，B. 为平面图）

愈来愈急促地向上提升，形成了第一道聚集着众多圆形丘顶的高地分布线，其后便是秦岭北麓终南山。这条河岸在帝都长安城的西南位置被切断了：两道湍流从一座山上奔流而下，将之生生断开，之后又汇合为一体，在平原地势上形成了灞河，可以在万一被破关的情形下充当长安城的最后屏障。第一条湍流浐河以西的土丘陵转角处被命名为杜原，意为"长满杜梨树的原野"❷❸；两条湍流之间形成了一处十分陡峭的尖坡，被称作"白鹿原"，意为"有白鹿出没的原野"❷❹。

　　浐河两岸的岬角高台上面各自升起一处封土，如同镶嵌于戒指上的珠宝一般，在整座高原上格外显目。远远望去，墓地的三角形剪影在秦岭山脉的暗蓝色阴影前被衬托得清晰可见，分别为汉宣帝及薄太后之墓。在两条深沟高渠的紧紧环绕下，坐拥绝妙地势的薄太后墓显得最为巍峨壮观（图 1.17）。而汉文帝陵则隐藏于薄太后陵东北方略低的位置处。史书记载，文帝刘恒是一位谦恭勤俭的君王，他一直表示希望自己的陵墓修建不要造成过度的人力负担及土地浪费，但是，作为一名著名的孝子，在为其母薄太后陵墓的修建花费上，他没有表现出丝毫吝惜。

　　薄太后陵自北朝南的朝向是很不循常规的。从现场情况来看，薄太后陵的朝向选择或许是地势使然。因为没有其他的例证可循，我们无从判断这一例外情况是否属于皇后陵园特有的形制（吕后陵没有标志正面朝向的墓碑，也无法完全确定其朝向）。在咸阳原上的好几座陵墓的南面都立有或卧着清代制作的墓碑，表明流域左岸的坟墓皆是

23　译者按：杜原即杜梨之原。杜，树木名，又称棠梨、杜梨。参见《经诗·有杕之杜》："有杕之杜，生于道左。"程俊英等：《诗经注析》，北京：中华书局，1991 年，第 327 页。又见《说文》："杜，甘棠也。"［汉］许慎：《说文解字》，北京：中华书局，1963 年，第 115 页。按："牡曰棠，牝曰杜。"

24　译者按：原文直译应为"杜梨之源"和"白鹿之源"，应该是作者对中文"原"字的误解。

图 1.17　薄太后陵墓

正面朝南分布的。在碑上所标年号中，最多的是"乾隆年间"，由此可以看出有清一朝对中华传统和古代历史的重视。

　　另外，除了在下章中要讲到的特别重要的例外情况之外，各处陵墓和墓园中皆不存在雕像，这一点在客观上限制了汉代墓地在艺术史层面上的价值。此外我们也知道，在汉朝灭亡后不久，这些帝陵都遭到了大肆侵犯，墓中随葬器物均被洗劫一空[25]，现在我们在遗址周围什么都找不到也是情理之中的事。尽管如此，墓地周遭的紧邻地块中依然显示出了很多不寻常处，从而给我们提供了一些可供分析的线索。

　　我们发现，有一些坟墓的四周有一道明显的圆形外廓环绕，有一些则没有，但显示出封土与地面间清晰的下陷的转折分界线。这似乎表明当初在其封土四周建有坚固的墙垣，或者是在封土表面设有砌面，用以长久以来维持土堆的形状，只是现在已被自然和人力所摧毁。一些陵墓封土基座的周围，有清晰可见的沉陷带，而且显得十分宽广。这条线索（在此应该说是对一些文字记载的证实）表明建成之初在坟墓周围是挖有一条沟渠的，而且从这条沟渠所取的土用来作为夯筑封土所用的材料。有些墓地现场为我们提供了更多的线索，如仍然保留着一段或数段围绕封土的墙垣留下的清晰痕迹。这其中尤其需要提到的是汉成帝延陵，其外墙几乎处于保存完好的状态（图 1.18）。这是用土筑造成的墙体，形成边长为 300 米的正方形，以陵墓为核心规则分布。秦始皇陵周围的垣墙已经不完整了，但是我们在现场依然可以看见断断续续残留的部分墙体，形成一个周长约 2000 米的长方形。这些垣墙应该是紧紧围绕着壕沟的，而且不太可能将皇

25　项羽的军队在推翻了秦朝之后就闯入了秦始皇陵进行大肆破坏和焚烧，唐朝匪首黄巢也曾侵入过秦始皇陵。公元 26 年，"赤眉"军对分布在渭河流域北岸的汉室陵园进行了洗劫。至于分布在西安府南面的霸陵和杜陵，则是在十六国前秦初期大约公元 3-4 世纪时的一场起义中才遭到入侵的。

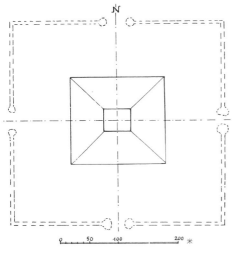

图 1.18 汉成帝陵墓

陵前面分布的祠庙和众多附属建筑都环绕在内。由此可见，墙外应该还设有一方土台，也属于墓地的组成部分，被外面的另一层垣墙保护了起来。

我们在这里还要指出一点：每次在封土堆某一轴线的延伸部位发现一段残垣时，它会沿轴线方向有一个缺口，缺口两边有一些土堆残存。这些土堆比垣墙要高，有时候甚至达到相当巨大的规模（部分达到 10 米之高），这段高大的土堆正是门阙的残存（图 1.19）。在本书第十一章中，我们会针对这些特殊之处对汉墓的整体情况进行介绍和分析。

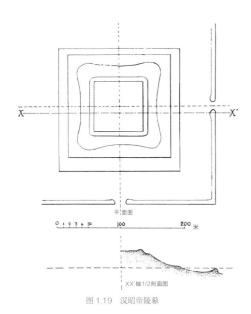

平面图

XX'轴 1/2 剖面图

图 1.19 汉昭帝陵墓

017

汉代墓葬艺术　　L'ART FUNÉRAIRE A L' ÉPOQUE DES HAN

霍去病墓前石刻
（公元前117年）

图 2.1　霍去病墓前石雕：马踏匈奴　谢阁兰等：《中华考古记》图集一，*PI. III, N°7*

　　在乾州（今陕西咸阳乾县）的考察过程中，谢阁兰发现了唐高宗陵园内的一尊用大理石雕刻而成的麒麟石兽。随后，他于 1914 年 3 月 6 日从该地整装出发，朝向东南方向行进，计划沿渭河流域右岸考察遗址，然后再到宝鸡县与考察队友们会合。行至距离乾县 70 华里（约 35 公里）开外的地方，谢阁兰专程前往汉武帝茂陵考察（考察队已于三日前在咸阳县城楼上观望时，观察并记录下了这座渭河右岸最大规模的帝陵的基本方位）。得益于之前的位置观察，谢阁兰便可有的放矢地前往这一陵园，继而找到考察日程中所列的一处目的地：霍去病墓。根据《陕西省志》记载，霍去病墓前设有一些石雕。一眼望去，该陵园的轮廓显得很是奇异。封土顶部竖立着一座小道观，

图 2.2　霍去病墓石雕（右侧面）　　　　图 2.3　霍去病墓石雕（四分之三视角）　　　图 2.4　霍去病墓石雕（正面）

与中华大地随处可见的建于山顶之上的庙宇别无二致。这座道观之所以择址于此，而不是在邻近的其他墓地上，可能是因为霍去病墓前众多石雕的缘故，并非因为与该墓地存在着某种渊源或者对其崇拜的原因。

谢阁兰沿墓地细致观察，在其南面方向寻找到了一大块经过雕刻的花岗岩，很像是一些金石文献所记载之物。剥开厚厚的青苔层之后，他终于看到了石头的真面目，马上意识到"这块巨石是一尊充满悲情色彩且精彩绝伦的艺术品"（图 2.1）❶。

该石雕通高 1.4 米，刻画了一匹傲然屹立的骏马，身下是被掀翻在地、正在竭力挣扎的男子。马匹显得精壮而雄劲，整个身子稳稳地立于矫健有力的四肢之上，同时依靠其后部下垂至地面的尾须提供了牢牢的支撑。而在马腹和四肢之间则被实心的男子雕像所填充（图2.2）。

马首在长期的风化侵蚀作用下遭受了部分损毁：两只耳朵都不见了，头顶部也像是被磨削过一般。尽管凸出的颌骨仅剩下了简化的圆弧形状，却依然展现出遒劲不凡的张力。马鼻和前额同样也遭到了侵蚀，然而厚而突出、呈下垂状的下唇则保留了雕刻艺人用心追求的最初效果❷。一条清晰的分界线将鬃毛与马颈区分开，长而顺

1　*PL.III.* 本章节中的描述部分是从谢阁兰的笔记和绘图中摘录的。在整个考察队中，只有他一人亲眼见过此尊石雕。在 1916 年，他将《首次汇报》发表在了《亚细亚学报》上，其中就提到了这一雕塑。此外，他还着手写作一卷关于中国雕塑艺术的著述，可惜没有最后完成，但我们希望谢阁兰手稿中的多个章节将会对外发表。正是在这一手稿中，他针对上述石雕进行了十分细致的描述。*Jean Lartigue, Victor Segalen, Premier exposé des Résultats Archéologiques obtenus dans la Chine Occidentale par la mission Gilbert de Voisins, pp.369~424.*

2　可以认为，这依然是蒙古草原野性未泯的马匹的代表性特征，在山东地区的一些画像石作品中更是将此特征夸大地表现了出来。

滑的鬃毛一直垂到颈脊后的耆甲部位，便是线条清晰突出的脊梁，顺着脊椎一路延展，继而沿着马尾下垂至地面（图2.3）。马尾在很高的位置就被束扎起来，显得十分茂密，规则的波浪曲线巧妙地修饰着马蹄间的空隙。紧致结实的马腹愈往后愈加精瘦，肋部上规则地刻画着三条平行的条纹，像是意在彰显突出的肋骨。肩胛骨周围刻有一个圈，乍一看去还以为是翅膀的附着点。实则不然，雕刻艺人在这里呈现的是一匹真实的马，而不是类似麒麟或者唐高宗陵前"龙形翼马"之类的形象。马的前胸向前昂起，显得饱满而厚实，远远超出了前肢的排列高度。腿上的双条纹巧妙地彰显了发达的肌肉。

马腹四蹄间的男子仰卧在地，颈背呈现严重的后翻趋势。硕大的头颅填充了腿间整个空间，耳朵的尺寸显得尤为夸大，而马蹄前沿形成的线条正好围住了其耳廓曲线。双眼只剩下两个圆形棱面，面部其余部位均已漫漶，直至嘴部皆是如此。嘴部呈现的是一条裂缝，大大地向两旁张开，显出一副龇牙咧嘴的表情。茂密的长胡须凸显了嘴部特征，将整个下巴遮得严严实实，并在马的前胸部位飘然散开。波浪形的茂盛胡须梳理得井井有条，与脸部线条的粗犷野蛮形成了鲜明的对比，令这个倒悬着的脸部愈加显得神情诡异，给人触目惊心之感（图2.4）。

虽然男子身体被禁锢于马腿之间，但是他的大腿却猛烈用力抬起，用膝部撞击向悬垂的马腹。男子扁平状的脚趾头一个个竭力地张开，在马尾须缝隙间呈僵硬的抽搐状。持弓的左臂短而粗壮，右臂与左臂相似，不过手中持着一支利箭，正奋力插入马肋之间。

这件石雕呈现出一人一马、一动一静的强烈反差画面。以胜利者姿态伫立的马匹岿然不动，却显得气势逼人；被击败倒地者则拼命挣扎，面部狰狞扭曲，歇斯底里地嚎叫着，还不忘阴险地将武器扎向对方。这位战败者，不论是他的脸部线条，还是粗壮身材、肥厚耳廓、宽大脚趾和塌鼻浓须等系列特征，都明显异于典型的中国人形象，与传统史书所描写中亚蛮族的形象一致。结合雕像所守护的陵冢主人是击败匈奴征服西域的英雄霍去病，参照他的历史事迹，这件作品的象征意义便清晰地显现出来。

关于匈奴的历史，司马迁在《史记》中记载了丰富的内容。这些凶猛的西域蛮族是西汉帝国可怕的强邻，是汉人的"世代之敌"，属于突厥人种的游牧民族，是天生剽悍灵敏的骑行军队。从公元前3世纪开始，匈奴各部落逐渐联合并听命于唯一的大首领。在秦始皇统治期间，他们迫于形势不得不向这位强大的专制帝王俯首称臣。然而，由于秦朝覆亡期间中国局势连连动乱，匈奴趁机卷土重来，发起了多次入侵，甚至不断攻入长城以内的中国腹地。

相比于前代君王，汉武帝 ❸ 采取了更加强硬的措施来对付匈奴。他即位后不到五年，即公元前133年（汉武帝元光二年），就在马邑城设下伏兵，试图利诱匈奴人入城然后一举歼灭。匈奴军臣单于险些中计殒命，但在最后时刻察觉到了对方布下的陷阱，从而得以险境抽身。

马邑之围没有歼灭单于，但大大加深了汉匈仇怨，开始了战火连绵的十年。战事在公元前130年、前127年、前124年及前123年皆有发生而且一直无法击败匈奴。公元前121年，汉武帝起用年轻的霍去病率骑兵进击匈奴。他领军穿越了位于今天甘肃张掖西南的焉支山脉，在向西行500余公里后，与匈奴展开了连续七天的浴血奋战。此次交战的对手是由休屠王率领的匈奴部落，这一部落当时占据着当今甘肃省的凉州地区。霍去病斩虏八千多人，大获全胜，并夺走其"祭天金人" ❹ ……同年夏，大军直抵居延，南进祁连山，再次击败匈奴军队…… 公元前119年夏，汉帝再次遣派霍去病深入匈奴境内千余公里，俘获敌将80余人，并"封狼居胥，禅于姑衍，登临翰海" ❺。

西汉一朝，在匈奴人的不断骚扰、侵犯过程中，汉军在训练骑兵和骑射作战等方面不断得以提升，也逐渐掌握了敌人的战术。历史已经无数次地证明，保守被动的防御策略是根本不能保障国土安全的，伴随着

3　汉武帝是汉朝第五代君王，登基年代为公元前140年，也就是在秦始皇去世大约70年之后。

4　沙畹补充了如下内容："中国学者们过分地夸大了这一事件的影响。继颜师古之后，学术界纷纷认为祭天金人应该是一尊佛像，因此佛教应该是在公元前2世纪末就传入了甘肃境内。其实没有更多证据能够证实这样的假设：因为在司马迁原文中根本没有提及这是休屠王造像，从外形特征来看，这尊造像也有可能是其祖上先人的雕像。"从现在的研究成果来看，当时与霍去病交战的匈奴部落已经接触了传入的佛教思想也不是没有可能。西方学术界的最新研究成果，均倾向于证明佛教走出古印度、传入中亚的时间比普遍认为的时间要更早一些，可参考沙畹、伯希和及马伯乐（Henri Maspéro, 1883–1945年）等人的研究。

5　Édouard Chavannes, Les Mémoires historiques de Se-ma-Ts'ien, II, p.67. 译者按：《史记·卫将军骠骑列传》："济弓闾、获屯头王、韩王等三人，将军、相国、当户、都尉八十三人，封狼居胥山，禅于姑衍，登临翰海。"［汉］司马迁：《史记》卷一百一十一《卫将军骠骑列传第五十一》，第2936页。

6　若阿尚·缪拉（*Joachim Murat, 1767-1815 年*），法国军事家，拿破仑一世的元帅（1804 年起）。曾任贝尔格（公国）和克莱沃公爵，后成为那不勒斯国王（1808 年至 1815 年在位）。

7　中国历史上有很多轶事讲的都是此类故事：后宫妃嫔获宠成为皇后，藐视制度约束，滥用权威以满足亲友永无止境的贪欲，最后导致国家的灭亡。然而，需要承认的是汉武帝确实从卫家的擢升中获取了一名帝王在一段男女关系中能够获得的最大好处：霍去病异母的兄弟霍光虽然没有他那么声名远扬，但是其荣耀地位持续时间更为长久。霍光任职光禄大夫，辅佐汉武帝左右直至其离世，并且成为摄政大臣。

国家经济实力的增强，在军事能力和战斗信心得以提升的同时，汉帝国已不再满足于被动的抵抗。终于在汉武帝时期，凭借着相对邻邦更为发达的文明，更加娴熟的战略，汉军对匈奴人发起了强劲的进攻。皇后之弟大将军卫青与霍去病，在战争实践中开创了前线捷报频传的荣耀时代。不仅如此，依赖有效的政策方略，很好地维护了边疆完整，使得汉帝国的声威远播到了遥远的西域各国。

霍去病是私生子出身，因其曾为歌姬的姨母得宠于汉武帝成为皇后，年仅 20 岁即被授予骠骑大将军职务（公元前 121 年）。霍去病的成功即使部分原因归于出身渊源，但更多地则是因为其非凡才能和赫赫战功，其势如雷霆的突袭战术让人联想到了缪拉元帅❻的作战风格❼。

深入认识汉武帝统治时期的特殊政治背景和外交政策，能够更好地理解本章所讨论石雕的意义和重要性。这件作品应该是中国年代最为久远的主题性石质雕塑，诞生年代距今已逾 2000 余年。在它之后，我们所知最早的石雕作品则是两个半世纪之后才出现的武梁祠前的石狮（147 年）。不仅如此，其题材也属罕见，读者可以发现，本书中提及的其他圆雕作品均与之不同，都不外乎是仪式性质的墓前石兽。在汉代艺术中，类似这尊人马相搏的有一定叙事逻辑的主题性历史题材作品极少见于圆雕，仅可在一些浅浮雕类的画像石上找到相似内容。如我们在山东地区的石雕作品中所发现的此类题材内容，但其展示的画面仍然是以文字记载和描述结合图像而进行的简单呈现而已。极少能够找到一件具有此等雕塑表现力、如此栩栩如生、具有无限张力的作品。受命于汉武帝的雕塑艺人（我们在下文会看到，霍去病的葬礼是由皇帝亲自安排执行，相关工事也是由国家负责实施）似乎既

8　或许在此处提及藏于开罗博物馆内的一块提尼斯时代的石板还是挺有趣的，尽管两者时代相隔久远且没有多大的关联性：位于石板下部的画面展现了一头践踏赤裸蛮人的公牛。此处的象征意义很明显，因为公牛对应的是法老的形象。参见 G. Maspéro（马斯伯乐），*Égypte*（论埃及）（collection Ars una, Species mille, *Histoire générale de l'Art*），1912, p.38.

要彰显出汉家铁骑战胜匈奴的象征含义，又有意通过悲壮的画面反映战争的真实面貌 [8]。据谢阁兰笔记分析，雕塑作者的意图应是以伫立的石马寓意军功武威，所以才有射手将箭头扎入马腹的画面。至于没有刻画骑在马背上的将军形象，笔者尝试做出如下假设性的解释：首先，从雕刻技术上来看，早期中国人并没有掌握能够将石质进行镂空塑造的技艺，大型石雕还需要通过整体形态的严格对称来巩固作品的平衡感。可以认为，雕刻一件跨骑马身上的汉家将军一则需要动用尺寸超过现用材几乎好几倍体量的巨石，二则处理人物细节需要的技艺难度让当时的匠人望而却步了。其次，试想马背上如果塑造了正在奋力而战的将军形象，作品的整体叙事性得以加强，整体格调显得完善而充分，并不符合中国古人所崇尚的敦厚质朴的审美品位。再者，雕刻艺人或许出于一种象征意义的考虑，让一匹战马将战败的蛮族踏于蹄下比让一名军人战胜显得更具有蔑视意义。当然，这种假设实际上源于雕塑本身所呈现给观众的一种视觉体验，但是，所谓的视觉呈现与观者体验其实是作为西方现代人的我强加给这位不知名的古代艺术家的想法。我更愿意相信，在创作该作品的那个时代，人们认为将具有高贵身份的人物用石头来塑造是对其身份的贬低，这种物化的表现方法只适合用在奴隶和战败者身上。雕塑艺人之所以没有在马上设置骑士，正是因为他持有这样的观点而为避免亵渎之嫌 [9]。

中国雕塑艺术的研究领域是一片尚待深入的空白地带。期待本文对这一主题的诠释，能有助于读者理解中国雕刻艺术的构思原则和造型观念。这件花岗岩作品遒劲饱满的古风气质，承载着西汉帝国的艺术意志与理想。东汉以后，随着雕刻技艺的成熟和雕刻艺人对所刻画对象的深入理解，动物雕刻作品的形象更为精准，风格更加轻松、自由，但是这个时期艺人们专注于塑造单体兽类雕塑，对

9　我没能从相关的文字记载中找到公元 1 世纪之前以中国人自身形象塑造的雕像作品，但是却发现了几处塑造蛮族（胡人）形象的作品。史书有记载秦始皇命人熔铸的 12 尊青铜造像，后在战火中被焚毁。据传在汉武帝时期（公元前 140– 公元前 87 年）在成都所建的一处祠堂里曾塑造有孔子雕像，然而与该造像相关的系列解释并不能得到任何中国古代文献的支持（*Édouard Chavannes, Mission archéologique dans la Chine septentrionale, vol.I, p.8.*）。至于东汉时期，我所知道的仅有一例，那就是一位达官贵人的造像，原型为永安都督，是"鲁王陵两大石翁仲"之一（*Édouard Chavannes, Mission archéologique dans la Chine septentrionale, vol.I, p.215.*）。然而，因为这一身份关联判断仅出自唯一的一本中国考古著作，所以其可靠性值得商榷。更何况另一名"石翁仲"只是一名把守宫殿大门的士兵，将两名身份地位如此悬殊之人并列或者对称置于一条墓道之上是不太可能的事情。在位于四川省境内的墓阙上，唯一以圆雕手法呈现的雕塑就是兽面人身的托座，总是一些笨重、肥厚、粗壮的大胡子形象，所刻画的应该是蛮族人无疑。

10　　Pl. II, N°6.

11　　译者按：［清］刘于义监修，
沈青崖编纂：《陕西通志》卷
七十，辑入［清］永瑢、纪昀等
纂修：《景印文渊阁四库全书》
第五五五册，台北：台湾商务印
书馆，1983 年，第 227 页。

12　　中国古代文献所记载的此类信息
通常都不精确，将马写成狮子或
者将狮子写成马的情况并不少
见。此外，这样的句子中也完全
看不出来石人和石马究竟是复数
还是单数，也不知道是一尊群雕
还是多座雕塑。

13　　译者按：［清］张埭、顾志雷：《乾
隆兴平县志》卷二十五，辑入《中
国地方志集成·陕西府县志辑》，
南京：凤凰出版社，2007 年，第
226 页。

组合式的形象缺乏更多的表现。另一方面，东汉匠人们虽然在对动物原型的认识和形体把握上取得了很大的进步，他们却放弃了对艺术更高境界的追求。作为早期的作品，霍去病墓前战马在技艺处理上稍显笨拙，但在肋部及颌骨的塑造方法上，显示出工匠在雕刻过程中毅然决然的阳刚之气，在马尾的分布以及支撑体的比例上，又可以看出匠人意在凸显作品结实感的精心巧思，以及某种因对石质材料不甚了解而产生的小心翼翼的谨慎。我们也注意到这是一件中国汉代工匠甚少使用的花岗岩材料，这种石头既沉重又坚硬，难于雕琢，所以，两个世纪之后的东汉石匠们更倾向于选用更利于雕琢成型的砂岩作为雕塑材料。

根据上述对这件人马相搏雕塑造型及其意义的讨论，以及对其制作年代的分析，我们有理由将这一作品置于中国雕刻艺术的开端地位，认为，正是它见证了中国圆雕艺术的初始创作期。在墓前设置石质雕像的习俗起始于汉朝，据此，我们甚至可以产生这样的设想：霍去病墓或许是最早设有雕像的墓地之一。如果这是事实，那霍去病墓就非常幸运地给我们呈现了中国石雕艺术的开山大作。

这件石雕像只是霍去病墓庞大墓冢装饰中的一部分。因为与所有其他墓地不同的是，霍去病的坟墓上并不是秃兀兀的，而是布满了经过打凿的巨大岩石块，其中一部分已经滚落下来了（图 2.5）[10]。在《陕西通志》中有如下描述 [11]：

> 去病元狩六年薨，上发属国元甲军，陈自长安至茂陵，为冢象祁连山。师古曰：在茂陵旁，冢上有竖石，冢前有石人马者是也 [12]。

我们复制了一件中国古籍中对霍去病墓位置分布的示意图（图 2.6）[13]，从中可以看出不同寻常的布局风格给该图的制作者留下了深刻的印象。

示意图显示的内容实在是太过奇异，仿佛是刻意安排的一般，以至于让人怀疑是否真是根据现实情况来描绘的。霍去病墓的形状像是一座奇峻的山峰，被描绘位于半山腰上的建筑实际是在土堆的北面，

025

图 2.5　霍去病墓（公元前 117 年）：坟冢　谢阁兰等：《中华考古记》图集一，PL II, N°6

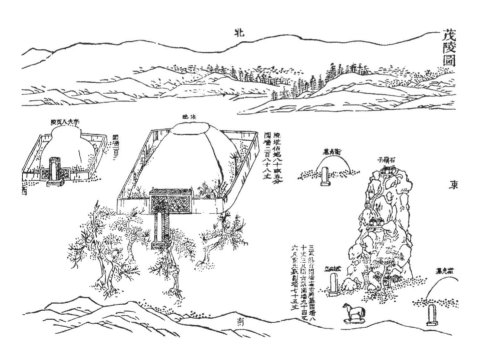

图 2.6　茂陵图

026

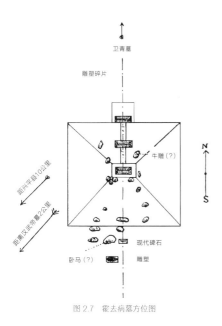

图 2.7 霍去病墓方位图

卫青墓
雕塑碎片
雕塑碎片
牛雕（？）
N
距头字县10公里
S
距离汉武帝墓2公里
卧马（？）
现代碑石
雕塑

14　我们知道有些国家存在一些这样的覆斗状墓冢，上面铺着阶梯状的石质砌面——即使在中国没有，在朝鲜也一定是有的。*Édouard Chavannes, Mission archéologique dans la Chine septentrionale, pl. CCCLXXV a CCCLXXIX.*

15　根据翟理思（*Herbert Allen Giles, 1845—1935 年*）的说法，武帝曾将"景桓侯"的谥号封予霍去病。但是在这块墓碑上没有标明这一封号。
译者按：*Herbert Allen Giles*（翟理思），*A Chinese Biographical Dictionary*（古今姓氏族谱）. London: Bernard Quaritch Ltd. /Shanghai: Kelly & Walsh. 1898, pp.260-261.

而被画成玩具状的马匹方向则与真实情况相反，马背上没有射手。尽管如此，该图还是反映出了茂陵周围坟墓的相对位置以及它们各自的特点。

从墓冢周边的现存状态图（图2.7）上看，封土堆周围的这些石块主要分布于其南面。究其原因，应该是后世在土堆顶上修庙，将北面的石块用作建庙的建材消耗殆尽，仅留下了南面的石块。谢阁兰仔细查看了这些石块，它们和雕像一样也属于花岗岩材质。在观察中还发现了一些石头保留着诸如卧马、牛、鱼头等动物形状。可惜保存状态太过糟糕，所以没法进行详细描述。此外，也没有办法判断其他石头是否经过了规则的打磨，以用于形成彼此之间拼接密合的砌面❶。

在被认定为墓冢的土堆另一面有一个被用作学校的附属建筑，它背靠着墓冢北面的中央位置。在附近农户的指引下，谢阁兰在距离该建筑26步远的地方找到了一个从土中冒出来的马首，看起来应该属于一匹与上文所描述的与匈奴人搏斗的战马大小相当的马。此外我们还注意到，这匹马面朝墓冢南北轴线而立，据此，谢阁兰推断当时在神道的另一侧还存在一个与之对称分布之物。

从本文图2.1和图2.5中可以看到，我们记录了在这匹马的右边位置所发现的一块石碑（pl.II 及 pl.III）。这块现代风格的碑被嵌在一个砖砌房屋里，制作于乾隆年间，上面刻有意为"汉代骠骑将军、大司马、冠军侯❶ 霍公❶ 去病之墓❶"的文字：

漢驃騎將軍大司馬
冠軍侯霍公去病墓

这块墓碑上的文字与《陕西通志》❶ 中的记载完全

027

吻合，从而确凿地印证了墓地主人的身份。除此之外，就目前的情况，
我们并不认为有人能够对雕像的真实性提出很有根据的质疑❶。

16 此处"公"这一称谓仅为礼仪性质，并不与公认的贵族爵位挂钩。在汉朝，这样的称谓就像
    我们现在的"老爷"、"阁下"式的称呼一样常见。然而上文所用到的"侯"则完全不同了，
    这一封号是由皇帝正式授予霍去病的：与之对应的还有封地，与现实待遇是挂钩的。我们也
    知道，除了"王"和"侯"以外，汉朝并没有沿用周朝的其他贵族称号。"王"是指皇子，
    而"侯"应该是专门颁发给那些做出了卓越贡献的功臣们的。

17 此处所用"墓"字用来指王爷或官宦的埋葬地，而"陵"字则是专门指皇家墓冢的。

18 卫青墓位于霍去病墓北面不远处，前方也设有一处墓碑，镌刻   漢大將軍大司馬
    有标明为"汉代大将军、大司马、长平侯卫公青之墓"的文字：   長平侯衛公青墓

19 此处为拉尔蒂格于1931年添加的标注：本章节全是根据谢阁兰的资料和考察笔记来编写的。
    这一章节以及本书的其他内容都是在1920-1921年之间写成的。随后，笔者于1923年再次
    去了陕西，并考察了霍去病墓。将对该墓的重新描述发表在《亚洲艺术》。Jean Lartigue
    （让·拉尔蒂格）. Au Tombeau De Houo K'iu-Ping（霍去病墓）. Artibus Asiae（亚洲
    艺术），Vol. 2, No.2.1925. pp.85-94. 卡尔·亨茨（Karl Hentze）先生在该刊物的第一期
    上发表了文章，将该雕塑的内容与一尊巴比伦人群雕中的蛮人形象联系了起来，因为两者
    之间存在主题和姿势上的相似之处。Karl Hentze（卡尔·亨茨）. Les influences étrangè
    res dans le monument de Houo K'iu-Ping（霍去病墓的外来影响）. Artibus Asiae（亚洲
    艺术），Vol. 1, No. 1.1925. pp.31-36. 随后，这一刊物（1928，I）又发表了由卡尔·毕士博
    (Carl W. Bishop, 1881-1942年）先生撰写的一篇极为精彩的描述文章。Carl W. Bishop（毕
    士博），Notes on the Tomb of Ho Ch'ü-ping（霍去病墓考），Artibus Asiae（亚洲艺术），
    No.1, 1928. pp.34-46. 最近的一期上刊登了一篇约翰·福开森（John C. Ferguson, 1865-
    1945年）先生的评论文章。福开森没有否定雕塑的真实性，而是觉得仅能证明它在公元6世
    纪时存在于霍去病墓前，推测有可能是葬后在更晚一些的年代加上去的。我们在此处不便详
    述关于这一假设的相关讨论意见。John C. Ferguson（福开森），Tomb of Ho Ch'ü-ping
    （霍去病墓），Artibus Asiae（亚洲艺术），Vol. 3, No. 4.1928. pp.228-232

028

墓阙

渠县的墓阙群

（一）

1　参见沙畹的考察报告以及奥隆所著《最后的蛮夷》第八章内容。*Édouard Chavannes, Mission archéologique dans la Chine septentrionale, vol.I, p.21; Henri d'Ollone（亨利·奥隆）, Les derniers Barbares（最后的蛮夷）, Première édition: Pierre Lafitte & Cie, Paris, 1911.*

河南、山东等地的汉阙遗存，以及山东汉代墓室、祠堂的发现，沙畹在相继出版的两部关于汉代石刻的重要著作中，为我们提供了翔实的资料。在记录其 1907 年华北考察的研究报告第一卷中，沙畹表露出对其他省份类似文物古迹的浓厚兴趣，并且提出了在四川省也应存在汉代石质建筑如石阙的可能性。他的这一推测已被高颐阙的发现所证实。沙畹在随后的报告中指出了它的位置：位于雅州府附近。法国探险家奥隆上校在探访中国西部边境的时候，到访了该地并有了一些新的发现 ❶。我们这次考察任务的主要目的之一，即是在整个四川省更大范围内探寻散布于各地的汉代艺术遗存。

我们的足迹几乎遍及文献中提及的所有汉阙、残存的废墟，甚至一些没有任何著录的古代遗址。然而，却始终未能探寻到相关墓室的任何踪影。当地人广为流传在绵州和梓潼之间存在一处石室，而且认为陈塘关道观就是据此命名的。我们到访后发现并不是汉代的遗存，而是一座后人重建的建筑。此外，根据相关的文献记载，文翁石室应该是一处年代久远、充满特色的古代建筑。考察队根据《四川通志》所记位置寻访而去，在成都城区内一所学校的大门上方发现了字迹新鲜的铭文"文翁石室"。当我们询问当地居民时，他们除了只言片语的信息外便是茫然四顾，在中国，这样的建筑往往只余下飘渺的记忆，而能够作为支撑的实物已无踪可寻。

033

四川地区现存汉代墓阙遗存中，除了新都王稚子阙❷之外，其余汉阙附近基本上找不到任何封土和坟头的踪迹，仅可作为曾经存在墓地的坐标。这些封土的消失并不令人感到惊讶，这样一个急需耕地的国家里，每一寸土地都显得弥足珍贵，有些封土仅仅在几个世纪内便被农人们蚕食殆尽❸。在本文接下来的叙述中，有一个典型的例子表明了一方墓地是如何被稻田逐步侵蚀，到最后乡民们干脆将墓室掀翻并大卸八块，取其石料用以筑地甚至建造房屋。在环绕古老墓地的一些村庄里，考察队在房屋的墙壁中发现了一些汉代的砖石残块。在人口稠密的四川省，如果短期内不采取相应的保护措施来应对这种状况，此类遗存将会像撒落于遍布蚂蚁的大路上的面包碎屑那样一一消失。

与河南和山东相比较，四川的汉阙很明显地属于另外一支派别。河南、山东等地的汉阙建筑极为简化且呈现出明显的模式化倾向，表面雕刻的图像厚度只有几毫米。而四川的汉阙则由多样的建筑构件所组成，其模仿木建筑的特征尤为明显。而且，题材丰富、变幻多样的图案装饰以浅浮雕综合类的圆雕形式呈现出来。尽管它们在碑铭层面显得颇为简朴，也没有山东墓室里那样丰富的历史故事或神话传说，但是依然是迄今为止研究中国雕塑艺术最为重要的实物资料。

为了便于更准确地描述四川地区的汉代墓阙，我们依据地理位置对其进行了归纳和整理。根据其建筑布局特征和造型艺术特征，可以将其分为三种类型来讨论。前两种类型主要集中于渠县附近，而后一种则分布于其他地区的墓群。

渠县地区完整地保留至今的墓阙一般是成对分布的。每座阙在其母阙的旁边都有一个相同建造模式、但体积更小的子阙，起着扶垛的功能。这样的建筑模式在四川省和中国东部地区如河南、山东等地的墓阙中均是统一的，但河南和山东的墓阙设计相对保守，子阙被简化成了简单的护墙。

2　王稚子为东汉和帝时人，元兴元年（106 年）卒。其墓在四川新都弥牟镇西北 5 华里（约 2.5 公里）处，墓前立石阙一对。右阙题"汉故先灵侍御史河内县令王君稚子阙"，左阙题"汉故兖州刺史雒阳令王君稚子阙"。皆隶书，字势古朴雄健，向来有名。

3　这种情况也见于南京周边地区的南朝墓葬。南京、丹阳附近的南朝坟冢皆已消失于田地之间，而墓前的石质雕塑却依然存世。

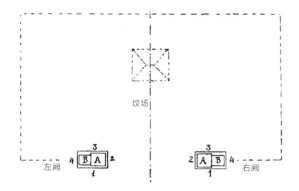

图 3.1 墓阙朝向标示图
A. 主阙　　B. 子阙
1. 前侧　2. 内侧　3. 后侧　4. 外侧

根据以上这个标识着朝向的简图（图3.1），我们可以认为通往坟墓的神道是一条"灵魂之路"。这是中国古代墓地建造者、建筑师有意而为之的结果。墓室均为坐北朝南，于是，其右阙便成了东阙❹。

我们通过建筑学的描述接受了这样一个先设观点，那就是石头建造的墓阙是同时代木制建筑的翻版。因此，墓阙中不同部分的命名是与世俗建筑对应部分相一致的。然而，我们认为把墓阙看作世俗建筑中的主体、把阙顶端看作屋顶的做法不一定完全准确，但是，我们依然保留了"阙身"这一词汇，用以指称墓阙基座和屋顶之间的部分，这部分通常比较朴素，较少装饰，一般由整块石头构成❺。

四川地区的墓阙均由砂岩雕琢而成的。这种石头在当地十分常见，质量也参差不齐。由于石料纹理的致密程度不同，其抗拒空气和湿度侵蚀的能力亦有所差异。其中一些能够承受千年风雨的考验，也有仅仅数年后便遭遇风化，变得残损不堪。如19世纪所建造的诸多石拱门和石碑现已经漫漶。渠县地区的墓阙，多采用一种呈玫瑰色、略带淡紫色的砂岩建造。这种梁山❻出产的岩石，质地细密紧实，以其建造的阙身笔直挺立，其上镌刻有八分体所写成的隶书碑文。而绵州地区的墓阙则采用黄砂岩建造，颗粒较大，表面粗糙不平，但是坚韧性高。经过千年岁月的洗礼，已转化为了层叠状的结构。雅州地区的墓阙所采用的红紫色岩石是四川地区所有墓阙中最为致密细腻的，因此得以把当年所雕花纹的细枝末节都完整地保留了下来。

4　译者按：本书作者汉阙左右的命名应是依据面对汉阙方位区分的，与中国考古学著作中使用背对汉阙区分左右的方式正好相反，所以，本文中的左阙即为国内所称的右阙，反之亦然。

5　译者按：石阙所涉及建筑术语和专词的翻译，经由西南交通大学建筑与设计学院张宇教授参照梁思成著《梁思成全集》"西南建筑图说（一）—四川部分"；刘敦桢著《刘敦桢全集》"川、康之汉阙"；"川、康古建筑调查日记"以及汉宝德著《斗栱的起源与发展》等进行核校、修订，谨此致谢。梁思成：《梁思成全集》第三卷，北京：中国建筑工业出版社，2001年；刘敦桢：《刘敦桢全集》第三卷，北京：中国建筑工业出版社，2007年；汉宝德：《明清建筑二论·斗栱的起源与发展》，北京：生活·读书·新知三联书店，2014年。

6　译者按：梁山位于四川省达州市渠县射洪乡梁山村附近。

035

...

渠县现遗存七座汉代墓阙，分布在岩峰场和土溪场之间的小村落间，坐落于绥定府（今四川达州市）东南方向约70华里（约35公里）的位置❼。《四川通志》内相关记载以及我们在当地查阅的一些文献，足以使我们确信，在东汉时期，在这个现居住人数不多的地区，有一座重要的城市存在，即巴郡宕渠賨城❽。环绕城市遗迹周围，分布着数量众多的墓室（图3.2）。除了墓阙之外，考古队员还发现了一座头部已缺失的虎形神兽石雕、一些其他雕塑的碎片以及不计其数的具有汉代装饰风格的碎石瓦砾。我在同一地点还考察了一座有尖形券顶的地下墓室，是由饰有连续纹样的片砖建成的，与另一座墓室平行而置。两墓的坟头皆已被一片稻田所掩盖，墓室部分则由于经年雨蚀坍塌大半，砖砌的墙壁现已露出墓室。

7   寻找这些墓阙的过程并不容易。它们的位置标注方法颇为随意，一会儿是参照渠县的，一会儿是参照达州县的，一会儿又是参照大竹县的。总之，开篇时我们提到过的所有困难在这次经历中都皆数尝遍了。

8   在渠县的一扇城门上写有"賨城故地"（意为賨城的原址）的字样。但是这一标识显得颇为模棱两可，因为真正的原址其实位于此处30里（约15公里）开外。有可能是渠县在历史上曾经数次迁址造成的。
     译者按：《华阳国志·巴志》"宕渠郡"下载："长老言，宕渠盖为故賨国，今有賨城。"［晋］常璩著，任乃强校注，《华阳国志校补图注》卷一，成都：巴蜀书社，1987年，第49页。

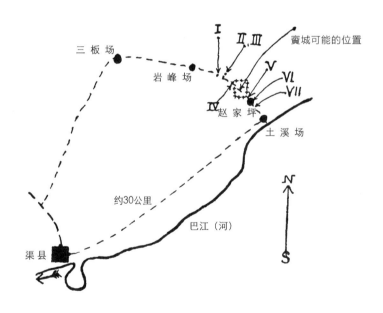

图 3.2 渠县墓阙的位置分布

巴江下游地区在公元前2世纪时
应该十分繁华、人口众多，所以多
次将该地行政管辖下划为两部分
（190年，以及196-219年之间
的建安年间），所覆盖的军事驻地
有四个之多。
译者按：巴江，今称巴河，为渠
河主流。在东汉和帝永元年间（公
元89-105年），析宕渠县之东置
宣汉县（治今达州市），析宕渠
县之北置汉昌县（治今巴中市）。
汉献帝建安二十一年（216年），
刘备又分巴西郡宕渠旧地一部分置
宕渠郡。

据此，我们可以推测出2000年前汉代賨城遗址的边界，其城垣
紧邻如今的赵家坪村，就耸立在该村的西界位置。如图所示Ⅰ、Ⅱ以
及Ⅳ几处墓阙均应该是当年城西门外的墓地所在，而其他几处墓阙则
位于其相反的位置。

这片区域是一处风光旖旎之地，岗峦绵延起伏，堤坝纵横，层层
梯田在微微波动的水平线上以迷人的曲线展开。田地上偶尔裸露出层
层叠叠扭曲延伸的紫色砂岩，土地泛出紫红色的光泽。整个区域恰好
处于渠江顺流而下回转的山地缺口，众多起伏的山丘将山势的形态隐
蔽为一层一层的小突起，这种景象，只有泛舟顺江而下土溪场的途中，
才能窥其究竟。行进在Ⅶ号墓阙（沈府君墓阙）和土溪场之间，需
途经两个防御性建筑，它们皆坐落于砂岩构成的自然高台之上，这样
的建筑结构在四川被称为"寨"或"寨子"，构成了当地独具特色的
风貌。在汉帝国时期，这条隧道应该加筑过防御工事，旨在保护賨城
的东侧❾。

图3.3　冯焕阙（121年）　谢阁兰等：《中华考古记》图集一，*PL XIV, Nº101*　　**037**

冯焕阙（121 年）

冯焕阙是渠县诸阙中唯一可以追溯到确切时代的墓阙（图 3.3）[10]。冯焕为东汉名臣，卒于 121 年，与《四川通志》所记载冯焕墓阙建造时间吻合[11]。因此，它与河南的登封启母阙（118-123 年）应属于同一个年代[12]。现如今，冯焕阙已失去了子阙，唯剩下了一座主墓阙，已经由当地所建的碑亭完好地保护起来，尤其是其阙顶（通常墓阙的阙顶因其出檐的部分，是整座阙最脆弱的地方）仍然保存完好，尤为难得。冯焕阙装饰素静大方，轮廓挺直优雅，比例适度和谐，均使这座墓阙焕发出迷人的光辉。

建筑风貌

自阙基之上开始算起，全高为 4.25 米。

阙基如今已深埋在土里，并未暴露于空气之中[13]。

阙身由整块独石构成，高 2.57 米，横截面为矩形，底部横截面为横 0.96、纵 0.62 米，顶部面积是横 0.87、纵 0.58 米，阙身侧面呈等腰梯形。阙身顶部与上部突起数层相连接的部位是整个阙柱柱身收分最窄处。长度与均宽之间的比率为 1:2.82，扁平率为 34%，倾斜度为 3.5%。

楼部主要的构件斗栱层和枋子层被介石层间隔开，组合而成。斗栱层、枋子层、介石层三部分各自由单独的一块石头制成。

枋子层是由栌斗与众多交错的枋子组成，形成了四层重叠结构。底层的正面三个栌斗与侧面两个栌斗半叠合在一起，首端嵌入对应阙身层间腰线的矩形枋子之中。第二层是一个凹进框架，用于嵌入栌斗上的横枋及纵枋从中穿过。第三层由两根横枋及一根纵枋构成，它们之间通过一些斜枋连接了起来，斜枋榫接端在四隅转角处朝外凸起。第四层是一个半叠接框架，纵横交叉结构由第三层的斜枋支撑着。需要指出的一点是，从这一层开始各层之间不再互相嵌入，我们由此假设是通过销栓系统对构架进行了横向连接。

10   pl XIV, N°101.

11   [清] 常明：《四川通志》卷六十，扬州：扬州古籍书店，1986 年，第 25 页。

12   河南登封启母阙，东汉延光三年（123 年）颍州太守朱宠创建。

13   可以看到石阙周围有一个石砌的六边形保护带，是现代人加上去的。

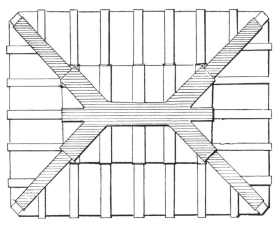

图 3.4　冯焕阙的屋顶

介石层是一个简单的矩形平行六面体结构。因为要承接突出的外翼，因此介石层横截面的面积大于阙身收分上切面的横截面积。

斗栱层是与枋子层截然不同的结构：在一些相互拼接的圆木式结构 ⑭ 所形成的平面上端，一些蜀柱上接着一斗二升式斗栱。斗栱上承接的平面既标志着阙楼上段结束，同时也充当着阙顶的承梁。

这种一斗二升式斗栱貌似倒翻过来的桁架。我们在所有墓阙和一些墓碑的拱形楣上都能找到类似的建筑样式，至今为止依然是中国建筑中最具有代表性的构件，在许多的庙宇和宫殿的屋顶结构上都得到了广泛的体现。在冯焕阙上，这部分设计得比较节制。横梁设计得较为粗短，没有弯折，角度也是简单平坦 ⑮。在主侧共有两垛一斗二升式斗栱结构，而侧面则只有一垛，位于最末端的各翼与边角相连 ⑯。

阙顶是由整块石头做成的，正前方部分的保存状态异常完好，其完整性令这座建筑在正面看起来尽显轮廓的和谐之美。然而不幸的是，此等的和谐美妙如今已成绝唱，并不见于其他地方的汉阙遗存。由承梁支撑的椽子显著地向外挑出，它们呈轮辐放射状排列。在椽子末端铺陈着支撑屋面的框架，其伸出的长度甚至超过了椽子。

屋顶由错落有致的上下两叠檐构成，每层都雕饰着宽大的凹

039

面瓦，并以用来覆盖圆形椽的屋面结构之凸状脊瓦填缝。每层瓦垄尽端都由钉入的镶饰瓦当固定。脊瓦与边角戗脊的衔接处形成 45°的倾斜。这样的设计令侧面的屋顶呈三角形，而正面的屋顶则呈梯形 **⑰**。观察发现，建阙之初由陶土烧制而成的弥缝嵌条搭接了屋顶的连接点，从而确保了屋顶的密封性。从顶上向下观看其平面（图 3.4），弥缝嵌条呈双 Y 字形状，其正脊勾画出了一个于末梢端微微生起的屋脊结构。脊瓦的水平反翘尽管幅度不大，却也清晰可见。

雕刻艺术

在装饰层面上，冯焕阙是最为朴素的墓阙之一。

阙身正面仅简单隐刻出了两个凹下的竖条以镌刻铭文，边框凸出的边缘 **⑱** 也起着保护铭文的作用。底部留白处雕有一个牛头形象，显示出浓厚的装饰意味。因为岁月久远，石质漫漶，使得图案已模糊不清 **⑲**。这个牛头借用青铜花瓶的装饰图案，以浅浮雕形式雕刻而成，我们可以分辨出两侧分岔的犄角以及中央如戟尖般伸出的犄角，还有前额的皱纹和宽大的双耳，隐约有一只铁环贯穿鼻子。

阙身背面装饰与前面是一致的，但既没有文字题刻，也没有浮雕装饰。内侧似乎也没有什么装饰。至于外侧则仅仅是进行了简单的粗加工，保留了天然的样子，由此判断它在建阙之初应该还连着一面子阙或护墙。

除了一些仿木的栌斗和斜枋自然形成的出挑之外，枋子层再无其

图 3.5　龙形浮雕

17　译者按：即四阿屋顶。

18　译者按：实为隐刻出的方柱、枋、地栿。

19　《金石苑》将此图案描述为"兽首"。《隶释》所附图像中没有反映出这一部分。
译者按：本书所言"牛头"为饕餮图案。

图 3.6　龟蛇相斗

他装饰。但是完美的装配结构在自然光的铺陈映射下令其本身具有了很强的装饰效果。

　　介石层由菱形的网状纹路装饰，应该是设计者想要在石头上表现窗棂状的效果。突出部分的第二层同样从屋架元素上借用了其最明显的装饰结构。这里有一点值得注意，那就是在曲栱和阙身蜀柱上对凹形线脚的运用。在正面部分上，两垛曲栱之间形成的区域是以非常浅的浮雕装饰的，浮雕内容是一个守护神（或驯兽者）走在一只蹲坐的龙之前（图3.5）。这只兽设计得十分巧妙，与墓阙相得益彰。它仰头摆尾，错步前行，与栱间壁不规则的框架结构配合得天衣无缝。而跟随其后的走龙身形苗条，神似一条蛇，而四肢好像一只只矫捷的猫爪。我们可以清楚地看到一只前爪的四个脚趾，而朝后放置的爪子则具有一个距趾，并且与龙腹形成了一个大幅度拱形。龙身上附有短翅，之上可见三只长羽，两片羽毛从翅膀上伸出，分别从脖颈两边绕出，然后在龙首前合拢。龙的头脸部唇吻较长，上方有两个竖直的犄角，同时还有一具带有尖锐齿饰的冠，与其相对的是由高高耸起的三个尖角组成的脊椎。

　　在阙体的另一面则雕刻了一幅龟蛇相斗的场景（图3.6），这是中国象征北方的玄武图像。乌龟四肢挺立，高高站起，不规则的龟壳突显出凹凸不平的特征。艺人在雕刻这两只相互缠斗的动物的头部时，采用了相同的处理技巧。由于时间久远，岁月侵蚀下损毁较为严重，这幅玄武图像不如阙身正面所雕琢的动物形象生动，而且，现场所拓制的图像更为模糊，图像也有些失真。

图 3.7　冯焕阙铭文　谢阁兰等:《中华考古记》图集一, *Pl. XIV, N°101*

042

20   *Pl. XIV, N°101.*

21   在汉代，"使君"是对刺史或都
      督的尊称。"尚书侍郎"是一个
      官阶。铭文的其余内容是在列举
      冯焕生前担任过的其他不同官职。

铭文

　　冯焕阙的题铭被很完美地保存了下来。它以八分隶书写成，是汉代当地所流行的蜀派汉隶的典型代表。字体突出的特点在于字形呈水平方向一字铺开，笔势朝右飞动伸展，颇为娟秀多姿（图 3.7）[20]。下面便是冯焕阙上的铭文：

　　故尚書侍郎河南京令
　　豫州幽州刺史馮使君神道

　　即"已故尚书侍郎河南京令、豫州幽州刺史冯使君[21]神道"。

　　现存文献资料和石阙题刻内容，不仅告诉了我们这座墓阙主人的姓名和身份，同时也传达了关于冯焕家族的一些信息。冯焕之子冯绲亦为东汉名将，在历史上的声名甚至远超其父。在正文后的附录中，我们会对这些文献材料进行简要的说明。冯焕曾担任征讨高丽的将领，班师回朝后遭奸臣陷害而入狱病死牢中。这座墓地的修建，是其子冯绲收殓了冯焕的遗体，为父亲平反昭雪后返乡所为。通过历史记载和石阙所保留的信息，不仅可以为我们追溯到这座墓阙建立的确切年代，也能够将这座代表四川古代艺术最为和谐优雅的墓阙的整个历史铺陈到世人面前。

沈府君阙

　　沈府君阙是渠县阙群中唯一保留下来的双阙建筑。在整体建筑风格上，它与冯焕阙相差无几，但是在装饰层面上却远比前者丰富复杂，其雕刻的丰富、完美程度，是同一时代的任何墓前建筑所无法比拟的。

　　双阙之间距离 23 米，面向的方位是 S30°E，也就是说，所呈现的神道方向为 N30°W。双阙的构造和基本结构完全一致，可以

043

一并介绍。但是，两座建筑在图像装饰上各有侧重，罕有雷同，需要单独逐一介绍。

建筑风貌

沈府君阙在基本建筑构造上与冯焕阙一致。

阙身长 2.65、宽 1.10 米，长宽比约为 1:2.4，扁平比为 33%。阙身由一个整块的石头打造而成。

楼部构架的第一部分枋子层包括三层结构。最下方的部分最为简单，由栌斗简单固定在阙身之上；中间部分是由矩形横截面的纵枋与横枋所形成的纵横装配结构，形成大面积的凸向维度；第三个部分是与第一个部分相似的框架，在主枋的四隅分布着四尊力神雕像。

第二部分介石层与冯焕阙的有所不同，具体表现为斗栱与蜀柱之间结合得更为紧密，无论是正面还是背面皆是如此。在转角处，斗栱两翼的外侧并没有与毗邻面的斗栱栱头相互咬合，而是彼此分开，旨在令位于转角蜀柱里面的斗栱翼在一面共同的承椽板下相互交切，共同在承椽板上支撑着一根横的挑檐枋。侧面的斗栱翼基本上是挺直的，而正背面的斗栱翼则呈现出较大的弧度，而且在末端卷曲成涡形。在斗栱翼的开端处可以看到一个由两个相对的燕尾榫所形成的部件，两榫之间通过一个圆轮连接在了一起（图 16.21）。与冯焕阙的差异在斗栱上还有其他体现，首先是其支撑的开端处要比冯焕阙的要高得多，而且，不完全单靠斗栱翼来支撑，中间部位有还另一个支撑点，是通过在挑檐枋下穿行而过的一根主枋来实现的。这样一来整个挑檐枋就有了八处支撑点，具体为纵向的五处和横向的三处 [22]。

双阙的阙顶都残破不堪。过路的农人经常向阙顶玩丢掷石头的游戏，这样的风俗加速了对阙顶雕刻的损害。在依然残存的阙顶碎片上，已无法找到更多有研究价值的新鲜元素。

22　这些支撑点在双阙正面的分布位置各有不同：左阙的远端支撑点位于上层框架的交叉部位，而右阙的则位于里面。

044

雕刻艺术

23　根据《金石苑》和《隶释》的解读，石阙右边原始图像应为表现"北方幽冥世界的神"（玄武），汉代图像中通常是以龟蛇纠盘相扶的形象出现。

24　关于"朱雀"的说法有大缀的图像佐证，在下文第十三章中将做详细分析。我们将看到，像征南方的朱雀与吉祥鸟凤凰是不同之物。

25　Pl. XVIII.106.

阙身：

阙身雕刻比较素净，在阙身各面以浅浮雕形式刻画上下贯穿的梯形，其实是仿效夯筑木构建筑的夯土墙面和木柱的关系。前后两面有装饰，在阙身外侧可以清晰地分辨出粗凿而出的四边形空洞，说明原先是子阙依靠此次对接的，但是现在子阙已消失得无影无踪了。

阙身正面：

中央部位由单排铭文所占据，铭文上方高高栖息着一只侧身而立的朱雀，鸟头朝向神道。在下方的空间，左边刻有与冯焕阙类似的牛头图案，而右边的装饰图则已全然损毁[23]。

右阙的朱雀[24]可称为建筑装饰艺术的杰出之作（图3.8）[25]。雕刻者充分结合石材致密细腻的质地，随性而至地将浅浮雕所有的优势技法发挥得淋漓尽致。朱雀的左翼、身体和右翼有序叠加在一起，错落有致的线条和层次分明的块面关系，刻画出栩栩如生的剪影。制作冯焕阙的雕刻工匠在进行装饰时，为了使长羽毛绕龙颈而过，或者为了使蛇身缠绕龟背，只能选择用两条凹陷的线条来表现。但沈府君阙却体现了更为丰富的雕刻技法，以层次丰富的浅浮雕技法将图像本身的精巧细致和栩栩如生展露无遗。朱雀的身躯呈满弓形，在抬爪下跺的过程中依靠左腿维持上下平衡。左边的爪子牢牢抓入铭文顶端；右脚在抬起收拢的动势中划出一道优美

图3.8　沈氏阙右阙（前侧）："雄性朱雀"　谢阁兰等：《中华考古记》图集一，Pl. XVIII, N° 106

的弧线，与爪子本身的弧形浑然一体。爪上用两根线条勾勒出了跟腱形状。尾部装饰着柔软的羽毛，形成三梢结构的宽大尾羽，在中间部位刻有一个眼状斑纹。尾部边缘有双线装饰，形成了一个构思清晰的装饰图案，体现出优雅大气的雕刻纹理。左翼覆盖着髋部，继续呈现出该部位的凸出曲线。左翼向后展翅，而右翼则朝着相反的方向弯曲，这样一来两翼便围绕头部形成光晕状。两行羽毛及一圈绒毛装饰着双翼，同时刻画出其边缘轮廓。一片片长剑羽如同百叶窗片一般分布，顶端的那一片弯曲成钩状，大胆地以涡线状的式样结尾。鸟首较小，羽毛冠向前伸展，喙中叼着一方手帕，显得神气而倨傲。在强壮而灵活的脖颈之上，显示出一个被阴影线所分割的双线结构，沿着前胸向下垂落，同时勾画出前胸突出的骨质轮廓。这个结构在朱雀圆形的轮廓中愈加显得棱角分明，完美地呈现了朱雀身体和双翼姿势的律动曲线。

这一雕塑作品栩栩如生、优雅动人且风格强烈，与朱雀本身的特性一样，浓墨重彩地代表了中国的雕刻艺术，也体现了令人尊敬的四川汉阙的独到之处。

汉代的石雕工匠们乐于以富有创造性的方法来处理作品，他们会刻意在同样的一套对称图案间寻求一些变化。在沈府君阙双阙左右对称的朱雀刻画上，工匠将左边墓阙的形象塑造为一只雌性朱雀（图3.9）[26]，雌性朱雀躯体较为肥硕，在外形处理和刀法的应用上，刻意强调圆滑柔弱的质感，与其对面墓阙雄性朱雀形象所显现出的那种倨傲专横的气质形成鲜明对比。但是，我们认为工匠在对雌性朱雀的姿态刻画上也存在某种败笔，朱雀的双爪过小，显得不足以负担整个身体，只得将腹底支撑于地面之上，姿态颇似半蹲的肥鹅，这样的形象与下面一排美丽庄严的碑文实在是太不相称。

_

图3.9 沈氏阙左阙（前侧）："雌性朱雀" 谢阁兰等：《中华考古记》图集一，Pl. XIX, N°112

046

汉代墓葬艺术　　**L'ART FUNÉRAIRE A L'ÉPOQUE DES HAN**

图 3.10　沈氏阙左阙（前侧及内侧）　谢阁兰等：《中华考古记》图集一，*Pl. XVI, N°111*

27　译者按：穹隅（*pendentif*）是西方穹顶式建筑中在方形基座上搭建圆形的穹顶，呈倒状的三角形。作者在这里指汉阙阙身文字与基座之间的空间。

28　*Pl. XVI, N°111.*

　　下方穹隅处❷的残存部分显露出与冯焕阙类似的图案细节（图 3.10）❷，但是比冯焕阙的更加清晰：兽面雕像头顶分叉的尖角比冯焕阙的更为短小，而中间铁戟般的犄角却更为舒展。双耳明确地凸显出牛耳的形状，但是覆盖额头的片状装饰花样却令人费解。我们观察良久，不清楚这到底是属于犄角还是鬃毛。兽头的面部所剩无几，可以看到巨大的双眼以及两眼间标志性的菱形图案，这一切都令我们联想起中国古代著名的"饕餮纹"。12 世纪的金石学家洪适见到这幅雕刻之后曾记录道：

　　　左刻一兽之首，若虎而角环在口，已缺其爪据之。❷

29　洪适在《隶续》卷五中描有两幅图并记之："右沈府君二神道，其上皆刻朱鸟，其下则右刻元武，左刻一兽之首，若虎而角环在口，已缺其爪据之。"译者按：[宋]洪适：《隶续》卷五，《隶释·隶续》，北京：中华书局，1986 年，第 358 页。

047

墓阙内侧：

阙身内侧为我们提供了另外一个关于两个对称图案之间有所不同的范例。上文提到雌雄朱雀的做法，虽然形态面貌有所不同，但至少是同一种动物，而这里却是对应的两种不同动物，用同一种技法和表现形式，将其相似之处表现出来。

一只圆环 **㉚** 从楼部的横梁之上悬吊下来，下方悬挂着一袭打结的长绶带。绶带下方是身体呈蜿蜒蛇形的猛兽，头颈上伸，用嘴和爪抓咬住绶带，尾部拖拽到底端与阙基结合部。右边石阙的猛兽有着长长的唇吻和羚羊角，有竖起的刺沿颈部和脊柱向下延伸，可以判断这是龙的形象。而左阙的猛兽唇吻较短，头部浑圆，长着猫科动物的小耳朵，可以看出是一只虎。综合起来，我们可以判断这是互相对应的一对猛兽：青龙和白虎。在中国的图像系统中，青龙象征着东方，而白虎则象征西方，这一对象征物正是被设计雕刻在了它们所代表的方位之上。

这两处画面的雕刻技艺让人惊叹：形态生动而又布局严谨，呈现出完美的装饰效果。在这上窄下广的梯形空间中，猛兽的身体及尾部蜿蜒的线条非常恰当地填充了上部最宽的部分，而玉璧和绶带在平面中则延伸于最窄的那部分空间。白虎在造型层面上更胜青龙。虎颈粗壮有力，全身肌肉刻画得紧致饱满，一只爪子向后伸出靠在背脊之上，呈现出潇洒流畅的运动曲线。雕刻者匠心独具，敏锐地领悟到了绶带的慵懒下垂和猛虎紧绷刚猛之间的对比效果，并淋漓尽致地刻画了出来。最后还有一点值得注意的就是这只白虎带有短短的三重羽翼，而青龙则没有；虎掌上有四只利爪，而龙掌则只有三只。

楼部：

用来支撑枋子层上层框架的四尊力士雕刻遭到了较严重的损毁，原本是凸起程度极高的高浮雕设计加剧了砂岩遭受风雨侵蚀而风化的进程，现今已没有一座保存完好。然而，当我们挨个儿去探究这四尊力士时，依然能够辨别出它们的特点所在。设置他们的位置保证了对楼部上段良好的支撑作用，交叉的枋子形成了一个貌似担架的结构，

30　这是中国称为"玉璧"的环状物，带有礼仪和象征的意涵。

31　Pl. XVII, N°105.

32　其中一个形象看起来更应该是一只猴子，而不是人。我们还留意到有的力士柱要不就是上身赤裸，要不就身着长衫、袖口卷起，这一点在图3.11中清晰可见。

33　或许从肖像学的角度来看，这一形象只不过是一般饕餮的样子。这种图案通常都被称为"饕餮"。

34　Pl. XXI, N°113.

图 3.11　沈氏阙右阙（正侧）
谢阁兰等：《中华考古记》图集一，Pl. XVII, N°105

图 3.12　沈氏阙左阙（正侧）："饕餮浮雕"
谢阁兰等：《中华考古记》图集一，Pl. XXI, N°113

搭载于力士像的肩头之上，为头部腾出了空间。下方的框架和转角处的栌斗为他们的腿部提供了支撑。这些男子身材五短、健硕，头颅硕大，似乎是日复一日的重担在肩造成了这样的身形体貌。各像的蹲姿有的较为生硬，有的比较自在（图3.11）[31]；有的双臂撑在双膝之上形成支撑，有的则两手合拢，正在做捋须的动作。除了一尊力士的头部尚存以外，其余的都已残损不见。尽管如此，我们依然能够看到头部与身体的连接处，从而能够看出当初并未设计脖颈部位，头部十分突兀地从胸部直接冒出，向前伸展着，而胸部则在外力作用下被狠狠地压缩了。他们无论是巨大的头部还是身体形状都显示出与霍去病墓中人马相搏石像相同的种族特征。很明显，这里要展示的形象是沦为奴隶的中亚蛮族[32]。

　　两阙正面的屋架结构中，均在榫接端突出的横梁之间栖息着奇异的怪兽[33]，正张嘴咬住横梁，将利爪扎入了横梁之中，像是在竭力挣脱被房梁碾压的困境。左阙上怪兽的面孔显得尤为活灵活现，脸部不偏不倚地被镶入到枋子结构中，脑袋浑圆光滑，头顶部以类似高顶头盔状装饰，一只螺旋状犄角突显出分明的纹路（图3.12）[34]。如羽毛般装饰的双眉在鼻线处连为一体，在眉毛和头冠之间形成一个菱形的图案。双眼巨大而略显浮肿，因为两颌向两端伸展开来的肌肉而显得更加突出，唇吻的边缘与两只利爪靠拢在一起。这只臆想出来的猛兽顶着光滑的头盔，像犁铧一样的犄角以及粗短而宽阔的牙齿。不仅如此，其鼹鼠般锐利的爪子恰好顺应挖掘房梁的功能（这当然也是臆想出来的）。形象是如此的生动，以至于它的吸引人之处不在于其古怪奇特，而是高度的逼真性。在右阙上位置也刻画了这样的饕餮，只是在外貌上有所变化：不仅长有两只犄角，而且脸部呈现斜向的动作，感觉它正极力用嘴去咬住镶嵌在石头中的一个圆形的物体。

049

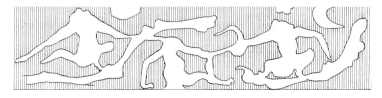

图 3.13 跳舞的群猴

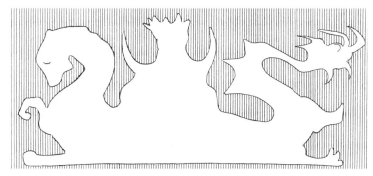

图 3.14 西王母宝座

介石层：

即楼部的中楣，这个过渡性的结构比大梁略略凸起一点，分隔着楼部的斗栱层和枋子层。在整座石阙的雕刻中，这是唯一体现出当时中国东部（山东、江苏等地）广泛使用的减底浅浮雕技术的部分。该部分图像保存不好，腐蚀残损严重，我们只能零星地观察到上面残存的图案。在连绵的枝蔓装饰中有人迈开大步狩猎的画像，有骑鹿的仙人，还有一只野兔、一头水牛（？）、几只孔雀和围着跳舞的群猴（图3.13），以及端坐于龙虎座之上的西王母（图3.14）。下文将展示临近不远的另一座墓阙的类似图案，他们保存更加完好，我们在稍后会就此进行细节的讨论。

介石层上端，即楼部的第二层，其画像大部分都为浅浮雕，通过垫高的斗栱，为画面留出了足够的空间以容纳多个人物形象。由于人物所在平面是向外倾斜的（竖向30°倾角），所以我们能将这些刻在高处的浅浮雕一览无遗。

在右阙的正面（图3.15）❸，刻画着一位身形苗条的人物，跨骑着一头侧对步前行的雄鹿。在其右肩之上扛着一柄旗杆，旗杆的尖端

050

图3.15 沈氏阙右阙阙顶（前侧）："骑鹿女子与玉兔" 谢阁兰等:《中华考古记》图集一, *PLXX, N°107*

36 译者按：渠搜，古西戎国名，和
祥瑞有关。参见"织皮昆仑、析支、
渠搜，西戎即叙"。《景印文渊
阁四库全书》第五十六册，第29
页；又见"渠搜，禹时来献裘"。
［梁］沈约:《宋书》，北京:
中华书局，1974年，第863页。

37 *Édouard Chavannes, Mission
archéologique dans la Chine
septentrionale, vol.I, p.172.*
译者按："黄帝时，南夷乘白鹿
来献鬯。"见［梁］沈约:《宋书》，
第861页。

已经消失不见，左手则握着一只水壶的瓶颈处。头侧向左边，露出
了正面像，可以看到其梳着双髻发型，我们认出这应该是汉朝女性的
发型式样。该女子着曲襟襜褕，宽大的衣袖飞扬，下穿紧身长裤。在
我们看来，女子骑跨的方式比较特殊，她以略微上抬的脚后跟紧夹住
坐骑的腹部，胫骨朝水平方向延伸。这是缺乏马镫的情况下，才会呈
现出来的姿势。这样的场景也被雕刻在刚才所介绍的介石层上，位于
介石层为数不多保存相对完好的部位。而且比楼部所雕刻的坐骑显得
更为生动，还能清晰地辨认出旗杆的顶端所刻画的羽饰结构，以及羽
饰下方所系的一条绶带。两处图案正好可以相互补充，完善画面内容。
该画面内容与《华北考古图录》中根据《金石索》复制的第99号图
像之间存在确切的一致性，也包含在其所列的吉祥物名单中。该书将
《金石索》的这一图像与祥瑞有关联的渠搜部落联系了起来❸。同时，
沙畹在其报告中指出这类画面应该与以下文字描述有关："黄帝时，
南夷乘白鹿来献鬯。"❸那么，上述画面中骑士手中的瓶子就应该是
装着用于进贡的佳酿。

051

以骑鹿女子像为中心，两侧均匀地分布有画像雕刻。左边的已漫漶不清；右边的图像保存较好，描述的是正在碾捣长生不老药的月中之兔。这里再补充一下介石层的内容，介石层中心人物骑鹿形象的身后，有一只野兔，在野兔尾部上方，有一只飞翔的有着三只爪子的鸟类，这是象征着太阳的三足乌。

左阙同一位置呈现着一幅表现神异活动的图景（图3.16）[38]，即便已残损严重[39]，但仍然可以体会到那令人心潮跌宕的感染力。这匹飞翔于云端的骏马（也可能是神奇的独角兽）虽然如今只能看到一条前腿以及一截飞扬在空中的后肢，却依然保留了活力四射的气息。马背上是一位身型苗条的骑手，下身穿着飘逸的长裤，在劲风吹拂下紧贴于马腹之上。骑士用膝盖和脚后跟夹紧马背，上半身灵活地回转，呈现出面部朝后的姿势，似乎正用手挥舞一件武器，或是在向追赶他的敌人投掷标枪。在这一人一骑所裹挟的劲风作用下，路边一株枝繁叶茂的树木随之摇曳，将植物盛开的喇叭状花朵耷拉在了马臀上方[40]。

两座墓阙的内侧图像内容也同样令人倍感激动。尽管右阙内侧表面已经受到严重的损坏，但是主要形象的轮廓尚存。在此处有一个经典场景是我们曾在不同地方多次见过的，但每次都略有不同，一位勇士正拉住一只正扑向猎物的"猛兽"的尾巴，极力向后拖移。根据它高扬的脖颈判断，这只"猛兽"更像是一只山猫或薮猫。至于猛兽正捕捉的猎物具体是什么，从目前所残存的画面，已经无法清楚地辨识出来。在猎物前方，则又刻画了一个直立于用于分割阙身的介石层（横楣）之上的武士，双手高举着一柄长剑，似乎正要刺向猎物。画像中的两人因为各自动作所需，都呈现出倾斜的姿势，从而巧妙地充当了倒梯形的两条斜边。这一组画面构思巧妙，布局均衡，雕刻工匠又一次显示了其充分运用空间的高超本领。至于这幅场景的意义，我们可以暂时将其命名为"猎兽图"，在第十四章里我们会详细解释。

图3.16　沈氏阙左阙阙顶（前侧）："骑手"（谢阁兰绘图）
谢阁兰等：《中华考古记》图集一，*Pl.XXII, N°114* 及 *Pl.XXVI, N°800*

38　*Pl. XXII, N°114* 及 *Pl.XXVI, N°800*。

39　这块衣物或许只不过是搭在身上的一块长方形布料而已，类似于柬埔寨的纱笼，从人物腰部所呈现的圈状物更是印证了这一假设。

40　在双臂下方可以看见一些条纹，好像反映出在双臂和身体之间存在一层膜状物。或许是想表示这名骑士是一名长有翅膀的守护神，因为在山东地区就是用平行分布的纹路来刻画守护神的双翼的。

左阙内侧上刻画着一个有趣的人物形象，虽然仅半英尺（约 15 厘米）高度，却传递出雕塑工匠令人叹服的精准的形体塑造能力（图 3.17）❹。这是一个向左跨步的弓箭手，左臂持弓，右手拉了一个满弦，身躯呈现出沿对角线倾斜的动势。雕刻工匠采取了一种大胆而独特的雕刻手法，从背部角度生动地塑造了人物形象，高高的浮雕轮廓让人物几乎整个儿凸显在石阙之外。虽然弓箭手的头部现已遭受严重损毁，仅披散于左肩之上的须发残留少许，但依然可以感受到原本转向右侧瞄准猎物的姿态。斜挎的箭囊耷拉在右侧，愈加衬托出了上半身紧绷的硬朗感。弓箭手一腿前跨，正准备射箭，好似一位正在发起攻击的击剑者一般。雕刻者抓住他左脚尚未落地的瞬间，将他的形象永远地定格在了石阙之上。这个男人全身赤裸，肌肉强壮，脸有须髯，脚趾呈扇形排列（这样的形象我们已经有所了解，应该属于上文提到过的来自帝国西方的"中亚蛮族"）。他正在向一个活靶子瞄准，这个靶子是一个侏儒或精灵，正双手抓住梁托的线脚，姿态灵巧地栖息在画框边缘之上。在弓箭手的后方还有一只突兀伸出的手，不知来自哪里，但是正做出乞求的手势。梁托左翼上方，有一只鸟儿正在自顾自地玩耍，高高地栖息，全然无视身边的狩猎场景。

墓阙朝北的背面饱受了恶劣天气的影响。尽管已有风化残损，但梁托翼部的边缘轮廓仍呈不平滑的棱角，说明建造之初就缺乏细致的打磨，可以看出雕刻工匠在塑造背面时远不如对待石阙正面用心。在右阙上（左阙对应的图案已经完全遭到损毁），能看到一辆独轮车，在其车把上坐着一个人，而另一个站着的人仿佛正在与他交谈。站立者着长衫，清晰可辨，卷着袖口，腰间系有

图 3.17　沈氏阙左阙阙顶图案（内侧）："蛮族弓箭手"（谢阁兰绘图）
谢阁兰等：《中华考古记》图集一，*Pl. XXV, N°116 及 Pl. XXVI, N°801*

053

一根腰带，右手指向坐者，另一只手支撑在一根手杖之上。更右边隐约还有一个人。而左边可以看到一个动物以及一根树干，该树枝叶把整副图覆盖了大半。

这个画面与武梁石室第三石第二层刻画的场景应该是同样的内容[42]，反映的是千乘郡人董永侍父的故事。但沙畹曾指出，目前没有任何同时期的文献记载着与这一浮雕画面相对应的故事内容。

铭文 [43]

沈府君双阙的铭文保存状良好，让人赞叹（图3.18）。在我看来，它们可以称为汉代阙铭书法的范本。沈府君阙的铭文书法与冯焕阙基本属于同一个风格，但是更加紧凑严谨而苍劲有力，除了几个尾部上翘、向右飘逸的横向笔画之外，笔势皆稍显弯曲以斜棱收尾。

不同于右阙上对文字的处理，左阙上的铭文被一个长条框线界定了起来，雕刻工匠的创作热情如此炽热，以至于飘逸的笔画冲破了框缘向外伸展。《金石苑》作者见此状满怀赞赏地感叹："字发笔皆溢于界外数寸不等。"[44] 伟大的金石学家洪适这样评价铭文：

此字（沈府君阙）及冯焕、王稚子阙，皆是八分书，张怀瓘[45]所谓"作威投戟、腾气扬波"者也[46]。

铭文拓本被多部金石学著录所收录[47]，具体内容如下图所示：

漢謁者北屯司馬左
都侯沈府君神道

42　Édouard Chavannes, Mission archéologique dans la Chine septentrionale, album Pl. XLVI, N°77; vol. I, p.146.

43　张璜关于梁朝墓冢的那篇有趣文章中曾刊布有沈府君阙铭文的拓本。Matthias Tchang, Tombeau des Liang, famille Siao, p.91.

44　译者按：[清]刘喜海：《金石苑》卷一"汉沈府君左阙"条目，《石刻史料新编一第一辑》，台北：新文丰出版公司，1977年，第6266页。

45　唐朝学者张怀瓘著《六体书论》、《用笔十法》。将书写风格分为了十类，而"八分"正是其中的第五类。但是对"八分"特点的定义早在张怀瓘之前就已经出现了，似乎应该为东汉人王次仲所创并总结。"八分"意为"十分之八"，王次仲认为遵循这一比例的小篆体就应该属于"八分书"。译者按："八分者，王次仲造也"。参见[唐]张怀瓘：《六体书论》，《中国书画论丛书，张怀瓘论书》，长沙：湖南美术出版社，1997年。"上谷王次仲，后汉人，作八分楷法。"参见[唐]张彦远：《法书要录》卷一"宋羊欣采古来能书人名"条目，《景印文渊阁四库全书》第八一二册，台北：台湾商务印书馆，1983年，第109页。

46　译者按：[宋]洪适：《隶释》卷第十三，《隶释·隶续》，第145页。

47　译者按：如宋人洪适《隶释》、《隶续》；娄机《汉隶字源》；王象之《舆地碑目》及清人刘燕庭《三巴金石苑》；叶昌炽撰、柯昌泗评《语石·语石异同评》；吴式芬《攟古录》等。

汉代墓葬艺术　　　L'ART FUNÉRAIRE A L'ÉPOQUE DES HAN

图 3.18　沈府君阙铭文拓片

即"汉谒者 ❹、北屯司马 ❹、左都侯沈府君 ❺ 神道"。

漢新豐令文阯都
尉沈府君神道

即"汉新丰令 ❺、交阯 ❺ 都尉 ❺ 沈府君神道"。

右阙的铭文记载了墓葬主人在朝中历任官阶，而左阙的铭文则排列所历地方官职。

除此之外，我们并没能找到有关这位身份尊贵的沈府君的任何身世资料，其死亡日期也无从知晓。

一座于 1849 年建造的石碑立于右阙旁。我们将在本书后面附上对该碑铭文的释读 ❺。根据碑文记载，在道光年间渠县知县王椿源派人在其管辖地界内寻访古迹碑刻，沈府君阙和冯焕阙即是当时最为重要的收获。其时，沈府君阙被成片的水稻田所环绕掩埋，王椿源命

48 汉朝时曾经将"谒者"头衔授予梁懂（字伯威，北地七居人）和何熙（字孟孙，陈国人）。 *Édouard Chavannes*（沙畹），*Trois Généraux Chinois De La Dynastie Des Han Orientaux*（中华三将）. *T'oung-Pao*（通报），*vol. 7，No. 2. 1906，pp.210-269.*［宋］范晔：《后汉书》卷四十七《班梁列传第三十七》，北京：中华书局，1965 年，第 1591、1593 页。

49 根据《金石苑》的记载，"北屯司马"一职务的待遇为"千石"。《后汉书》的官职表中也列出了这一职务，对应的是守卫宫殿北面侧门的指挥官。译者按："北屯司马，主北门……汉官曰：员吏二人，卫士三十八人。"［宋］范晔：《后汉书》志第二十五《百官二》，第 3580 页。

50 "府君"是对郡级官员（"太守"）的尊称。

51 公元前 200 年，汉高帝刘邦改秦故骊邑为新丰县，县治位于今陕西省西安市临潼区以北。

52 伯希和先生确认交阯包括广东地区、广西部分地区、东京（Tonkin）和大罗城（Annam）的北部，是一种殖民性质的政府，直到 197 年才被纳入到帝国的十二郡范围内，改名为交州。初步看来，阙上的铭文一定是在 197 年之前雕刻的。但是这一假设若要成立，还需要墓阙主人是管辖整个省份的长官才行，也就是说担任"刺史"或"牧"的宦衔。事实上在交州境内的九郡中，只有一个都被称为"交阯"，而且将这一名字沿用到了 197 年之后。由于汉朝时不存在省级的"都尉"，而只存在郡这一行政划分，所以这位姓沈的墓地主人一定是交阯郡的都尉，也就是说所管辖之地大致为东京湾（现北部湾）一带。参见 *Paul Pelliot*（伯希和），*Note Sur Les T'Ou-Yu-Houen Et Les Sou-P'I*（吐谷浑和苏毗考），*T'oung-Pao*（通报）. *Vol. 20，No. 5. 1920，p.326.*

53 "都尉"似乎是指班超那个时代管理蛮夷边境军区的军事指挥官职务，例如在喀什就设有一名"都尉"。

54 见附录 B。

人将其周围清理挖出，并指挥建造了一座碑亭进行保护。现在，用作保护的碑亭已荡然无存，唯独留下了这座现代样式的石碑，上有屋顶庇护，而碑文所称颂的沈府君阙却继续暴露在风雨之中。根据碑文的另一记载内容，是王椿源将拓片赠送给了刘燕庭，后者正是根据拓片复制了铭文，并收录于其著作《金石苑》中。

"孤单"之阙

最后，我们谈谈渠县境内另外的四座墓阙。由于这些阙身上没有题刻铭文，一直以来并不被历代金石学家所重视和著录。只有其中一座石阙因其毗邻沈府君阙才被中国学者提及（参见图3.2）。相对于旁边不远处的沈府君双阙，将其命名为"单阙"。根据《四川通志》的说法，作者似乎是将这一"单阙"与沈府君双阙归为了同一墓地之物。实际上，这应该只是一种猜测，需要经过对相关墓葬的论证才能确定。

下图展示了这几座墓阙的分布情况（图3.19）。可以看到，根据沈府君双阙所能确定的墓道应该是沿着北偏西30°方位延伸的，其坟冢也应该位于这个方向以北150米开外的地方。由此看来，如果"单阙"与其属于同一墓地的话，那么这座单阙及其现已消失的同伴应该位于与正门位置相对的神道另一个入口处。而两个入口的相对方位角为北偏西50°，与神道的方向并不相符。再者，如果"单阙"位于第二个入口，那个这个入口与坟冢之间的距离大概有300多米，是第一个入口距离坟冢距离的两倍之多。还有一点也值得注意，从阙身结构和图像来看，"单阙"应为一对阙的右阙。与沈府君右阙一样，是为了展现给从南方而至的观者的，与其相对应的坟冢应该仍然位于其北面。所以，将三座阙归为同一墓地的假设能够成立的可能性微乎其微。但是有一点可以确定，这座"单阙"的建筑与画像

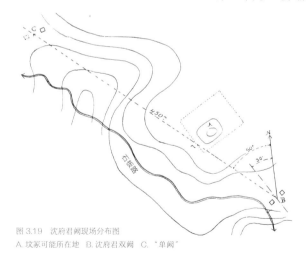

图 3.19　沈府君阙现场分布图
A. 坟冢可能所在地　B. 沈府君双阙　C. "单阙"

均是通过模仿沈府君阙的风格来完成的，与沈府君双阙之间存在着千丝万缕的联系。

建筑风貌

与沈府君阙相比存在唯一一处明显不同，那便是阙身由两块尺寸几乎一模一样的石头构成的，突出部分的第二层显得更加收敛一些。与沈府君双阙一样，两个侧面和正反面的斗栱呈现出同样的栱形，各自完整，并没有在拐角处合拢。但是，正面和背面的斗栱外侧翼一直延伸到边缘，感觉试图与侧面斗栱合拢但又显现出某种犹疑不定的迟疑，从而破坏了拐角对称规则。这一点完全不同于冯焕阙和沈府君阙图像布局严格遵从的对称原则（图3.20）**❺**。

55 *Pl. XXVII* 及 *Pl. XXVIII*,
N°119、120。在图 *N°*119 上面可
以很明显地看到，粗凿的长方形
石面应该是连接子阙的部位。

56 *Édouard Chavannes, Mission
archéologique dans la Chine
septentrionale, vol. 1, p.191.*
译者按：应为代表祥瑞的嘉禾，
见 "嘉禾，五谷之长，王者德盛，
则二苗共秀。于周德，三苗共穗；
于商德，同本异槚；于夏德，异
本同秀"。[梁] 沈约：《宋书》，
第 827 页。

57 *Pl. XXVII, 811a*；图 5.22。

58 在这幅画面上，我们可以清楚地
看到脖颈拐角处伸出的棘状物，
是 "青龙" 才有的。

图 3.20　沈氏阙附近的 "孤独" 之阙前侧、外侧　谢阁兰等：《中华考古记》图集一, *Pl. XXVII, N°119*

雕刻艺术

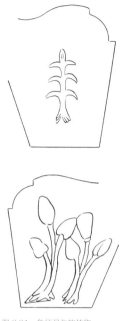

图 3.21 象征月份的植物

阙上雕刻图案与沈府君右阙上的图案完全一致，但是整体的雕工显得远远不及。与沈府君阙上精湛完美的"朱雀"相比，此处的"朱雀"简直只能称为拙劣之作。不仅如此，"青龙"的分布也没有那般巧妙，而且雕琢功夫要逊色许多。至于正面的"屋架困兽"，面部刻画更显得笔力松弛而僵硬无神，雕刻艺人有意安排兽臀在石阙背面出现，后爪之间还抓有一只小动物——这样创意似乎显得有些太过了。作为坐骑的雄鹿体态沉重臃肿，但是其身后"月兔"的形象则要成功一些。猎人戏兽的画面构成与沈府君阙的别无二样，而且保存状态更为完好。但是人物形象和动态刻画远没有达到沈府君阙的高度：戏兽者向后跨步的幅度不够，因此其牵引动作显得力道不足；头部比例过大，使其显得如同野兽一般，头上还戴着一顶带角的帽子，更显得滑稽古怪。阙背面上展现了独轮车的画面，与上文所描述沈府君阙同一画面的处理方式一致。这一画面的两边，在斗栱蜀柱头与边缘之间的空间里，左侧刻画着一棵长有六根枝丫的树干，右边则是两株分别盛开三朵花的植物（图 3.21）。沙畹曾指出这棵树是象征农历中秋的桂花树❺❻。

这座石阙的介石层雕刻十分出彩，在表现手法上与沈府君阙一样，而且图画内容也类似，但是保存状态要好许多，没有那么严重的风化现象。全部画面都清晰可见。

阙的正面显示出一组群雕（图 3.22）❺❼，与沈府君阙相应画面相差无几（图 3.14）❺❽，在细节刻画上都完全一致，甚至两地所刻画的龙爪都是一样的三爪。画面正中是一位带冠冕之人，其两侧各有一兽，

图 3.22 "孤独"之阙画像拓片（前侧） 谢阁兰等：《中华考古记》图集一，*Pl. XXVII, 811a*

059

分别为"青龙"与"白虎"，所居位置与其空间象征相符（"青龙"位于东面而"白虎"位于西面，前提假设是居中之人面朝南面，这不仅符合常理而且与墓阙在空间中的绝对朝向相符）（图3.23）。居中之人的身体与两兽的后躯融为一个整体，看起来好像是一个宝座。我们毫不迟疑地将居中之人与西王母形象对应起来，因为其图像与山东画像石❸上所呈现的代表神秘女王的图案完全相似。与居中之人相关的还有三个人物形象：右边一人手持一柄如意，正在朝他走来；左边则跪着两人，他们毕恭毕敬的态度更是证实了中间端坐者令人敬畏的身份。

在画幅的剩余部分（图3.24）里，右边刻画一名大步疾行的骑行者，显得气宇轩昂，其身前飞着一只鸟。左边则显现出一幅狩猎画面的开端部分。一名猎手身旁伴随着一只鸟儿和两只猎兔，一只兔子正在疾走，另一只飞奔如电。奋力狂奔的猎手身形夸张，衣襟飞扬，手持一只拍子奋力上扬。在山东等地的建筑遗迹画像中，这种形态的拍子正是汉代犬猎活动时所使用的一种特殊工具。

内侧（图3.25）❹画像雕刻着四只奇珍异兽，从右至左的排列分别如下：一只身形酷似鸵鸟的双头鸟，这是吉祥之兆，只有当君王恩泽深厚、德化远播时才会出现；然后是尾巴分叉成双羽形的狐狸，雕刻艺人通过该方式简化地表达了传说中的九尾狐，传说当这一动物出现时，寓意宫中众多妃嫔皆怀下龙种；第三个则是带来阳光的三足乌，正行走在燕尾旗间或一片祥云之中❹。最后的画像是一只四足动物，或许是"玉马"或者"朱鬃马"，两者均为吉祥之物❹。

这只幻梦般的仪仗队伍在墓阙的背面（图3.26）继续铺陈而来：首先是一只鸟儿以及一只头部貌似女人的四足动物缓慢走来，接下来是一只孔雀（或许更应该是一只"朱雀"）。孔雀身前是一条龙，它向周围抛出一些状如藤蔓的灵活触角，而龙的身前则俯身跪拜着一只四足兽，四足兽后面跟着一头高大的雄鹿，鹿身披有饰带，鹿尾呈现分叉状❹。

阙身的外侧是神奇的六足马（图3.27）❹，正在"六"蹄生风地奔腾着，马前有一名正在围猎的猎人，身材很瘦，姿态显得颇为笨拙，

59 Édouard Chavannes, Mission archéologique dans la Chine septentrionale, No. 75, p.110; 141.

60 Pl. XXVIII, N°ˢ120 及 812a, b。

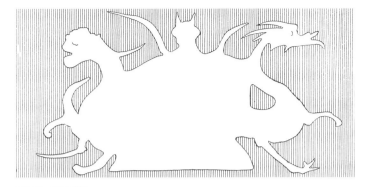

图 3.23 西王母宝座

图 3.24 狩猎画像

图 3.25 "孤独"之阙楼部图案："猎兽图"，石阙画像拓片（内侧）
谢阁兰等：《中华考古记》图集一，*Pl. XXVIII, N°120* 及 *812a、b*

图 3.26 仪仗队伍

图 3.27 "孤独"之阙楼部图案：石阙画像拓片（外侧）
谢阁兰等：《中华考古记》图集一，*Pl. XXVII, 811b*

061

左手持有一根棍子，右手则撒开了一张网，试图网住一只正在逃窜的野兔。这行队列的最后面是一只驻足不前的动物，正懒洋洋地扭转着头，可能是神出鬼没、难以捉摸的祥瑞之兆独角兽。

这一墓阙的介石层体现了雕刻艺人狂热的创作激情以及别具一格的灵巧构思。我们将用它与武梁祠后方墓室的画像石做比较，尤其是其中一幅精彩绝伦的画面❻，这一画面体现出了一种体系化的怪异风格，其追求的画风是如此的浓郁激烈，以至于不惜在一定程度上牺牲掉优雅。

61 译者按：比翼鸟，也就是并翼飞行的一对雌雄鸟儿。作者所描述的"带来阳光的三足乌鸦"应为象征太阳的金乌（三足乌），但是在注释中误将其解释为"比翼鸟"，"三足乌，王者慈孝天地则至"。［梁］沈约：《宋书》，第841页。

62 若想了解这方面的更多详情，可参考沙畹关于一些吉祥物的相关评述。Édouard Chavannes, Mission archéologique dans la Chine septentrionale, vol. 1, p.166. 译者按：《宋书》："玉马，王者精明尊贤者则出"及"白马朱鬣，王者任贤良则见"。见［梁］沈约：《宋书》，第848页及802页。

63 在沈府君阙上的同一位置（pl. XXIV, N°109），我们可以看到一只长着两个脑袋的四足兽，它是"比肩兽"，译者按："此兽现身标志着君王的美德惠及到了未婚的男女。"同上注，第171页。

64 Pl. XXVII, 811h 参见 Édouard Chavannes, Mission archéologique dans la Chine septentrionale, pl. XLVIII, N°88, vol. 1, p.169. 根据我们目睹的形象来判断，毫无疑问《金石索》的画像是错误的，正如《山左金石志》中指出的那样，该动物应该是前后躯各长有三只足，译者按：［清］毕沅辑：《山左金石志》二十四卷，《石刻史料新编—第一辑》，台北：新文丰出版公司，1977年。

65 Édouard Chavannes, Mission archéologique dans la Chine septentrionale, album, N°.134.

汉代墓葬艺术　　　　L'ART FUNÉRAIRE A L' ÉPOQUE DES HAN

Chapter 4

墓阙（续）
渠县的墓阙群
（二）

在渠县墓阙群中，我们还要讲到三座墓阙。因为它们与上文所描述的墓阙存在结构上的差异，我们将它们划分到不同的"类别"之中。这一差异的具体表现是楼部更为复杂，上面增多了一个挑檐结构。

"倾斜"之阙

被称为"倾斜"之阙的是一处不具有铭文的墓阙（图 4.1）[1]，它是整个渠县阙群中体积最大者[2]。当我们在当地考察时，看到其阙基部位已被一块水稻田淹没，阙身也呈现倾危之势，感觉整个儿即将倾倒入稻田之中[3]。

1 Pl. XXIX, N°122.

2 参见图 3.2，N°IV。

3 译者按：即"王家坪无铭阙"，位于渠县青神乡王家坪，现已被扶正，砌有围墙进行保护。徐文彬等：《四川汉代石阙》，北京：文物出版社，1992 年。

图 4.1 "倾斜"之阙（内侧）
谢阁兰等：《中华考古记》图集一，Pl. XXIX, N°122

065

阙基：

阙基由于长期遭流水冲刷已偏离原位较远。阙基的宽度大大超出阙身宽度，很明显这个基础构造并不是仅仅为这座主阙打造的，原本上面应该还有一个与主阙相互依偎的子阙（图4.2）。

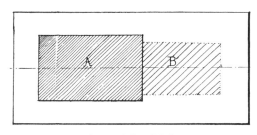

图 4.2 "倾斜"之阙阙基
A. 主阙　　B. 粗凿面（与子阙相接处）

阙身：

阙身由整块石头雕琢而成，高达 2.91 米。高度与均宽之间的比率为 1:2.67，扁平率为 36%，倾斜度显得尤为突出（达到了 7.6%）。

楼部：

楼部分为三层结构，分别为枋子层、斗栱层以及中间的介石层，与上文描述过的墓阙结构并无二致。差异在于其双翼式的斗栱层并没有直接地支撑楼部，而是在上端增加了一层喇叭口形状的挑檐结构，从而将斗栱层和楼部隔开了。这块石头的梯形侧面上没有刻任何的框架标识，而模拟表现木构建筑的含义却是确定无疑的。由于倾斜严重，这一墓阙已失去了原有的平衡感，我们从正面观看时，已经感觉不到其他墓阙身上所体现出的工程技术上的严谨性。

枋子层和介石层的结构与冯焕阙的相似，介石层设有一些方形截面的梁柱。在其正背两面，我们再次看到了第三只枋头，用于支持枋子层的横梁，一斗二升式斗栱位于正背两面各两垛，在侧面上形成一垛曲栱，并于转角处聚拢。在曲栱的中间部位设有一根长方形截面的枋头，立于挑檐层之下。如此一来，斗栱层沿着宽、长方向分别拥有了三个和四个支撑点，而且各支撑点之间的距离分布十分工整。

阙顶：

编号为 IV、VI、VII 的三个墓阙皆已失去了阙顶，甚至连一块残片都未留下。根据绵州和雅州等地的墓阙风貌，我们可以判断这三个墓阙的阙顶应该和第一类墓阙的相差无几。

雕刻艺术

阙身上的装饰与沈府君石阙的右阙相似。然而前侧的装饰布局却略有变化：在分布于两侧的条状石面之间，于四分之三的高度处，尚保留有一条横枋，以其将整个平面分割为了大小不一的两个部分，面积稍大的那个部分上面刻有装饰图案。这种并不常见的处理手法可以拉近朱雀与下方图案之间的距离，其目的在于使得整体布局更为紧凑。

阙身正面所刻画的朱雀体形硕大，装饰以较为复杂的纹样（图4.3）。鸟冠部分貌似植物的根茎，其顶段还嵌着一只眼睛，看起来好像是在仿效孔雀羽毛的图案。从朱雀尾部伸展出三组类似的装饰图案，正中一组刻画了一根长有三只眼的羽翎和两侧对称分布着两根较长的羽毛组成的图案，与雉科鸟类的羽毛相似。双翅与身体的衔接缺乏过渡，则显得十分勉强，完全不同于沈府君阙上的朱雀左翼那种精巧准确的衔接方式。朱雀的头部紧接着碑身的铭文框底端，其上已经损毁严重而漫漶不清。仔细观察，我们并没有发现铭文框内曾经有过铭文的痕迹，或许当年这个外框只是一种装饰的作用，可以看到部分残损的鸟嘴间叼着一个多棱角形的戒指。

图 4.3　朱雀

067

与正面的图像相比，内侧倒悬的青龙图案却体现出截然不同的表现手法，极有可能出自另一名工匠之手 [4]。无论是栩栩如生的肌肉线条、灵活生动的弓形曲线还是表现得完美无瑕的雕刻技艺，这幅作品甚至远远超出了整体更为精美完善的沈府君阙上的同主题图案。龙身上长有一根很短的翅膀，翅膀的顶端呈蜷曲状。腿部也以类似刻画细腻的羽毛充当装饰。翅膀处又伸展出两条饰带，其中一条以优美的弧线绕颈而过。龙尾则延续着脊背的运动线条，并于左足处缠绕在一起。

这一"青龙"与沈府君左阙的漂亮"白虎"堪称绝配，应该将两幅作品合在一起，凑成一对珠联璧合的神兽组合。

枋子层的装饰乏善可陈，上面雕琢了一个饕餮图案，一副萎靡不振的模样，而且位置布局也不大对劲。除此之外，枋子层原本应有的力士雕柱也基本上毁坏得面目全非，包括四周的装饰画像亦漫漶而不可辨。

介石层上的众枋头几乎占据了全部的空间，尤其是在墓阙的侧面，只是简单地描绘了几只栖息在枝头的鸟儿，间杂有几组大小不一的人物像，如今也已模糊不清。在墓阙的正反两面上，梁托之间的间隙足以容纳一卷画幅：正面刻画的是一头坐骑，背上托着一名仙子模样的女子，身着飘飞的荷叶边衣裙。这或许又是一名手捧醇酿的人物形象，同样的内容，在另外两座右阙上的同一位置也曾出现过。背面画幅上有一只正在捣药的玉兔，其左边有一个动态奇特的杂技状人物形象，她正头朝下仿佛在侧翻筋斗，从题材组合上考虑，应该是从月宫下凡的"嫦娥仙子" [5]（图4.4）。

挑檐层没有任何象征建筑结构的内容，其画像空间的分布疏密不一，并不均分。石阙正面右边部分以及外侧和后侧都只刻画了几个身形较小的浅浮雕人物，其中我们可以辨别出一名女子形象，她穿着边角尖尖的裙褶，且向两边分散着（图

4　　Pl. XXIX, N°122.

5　　《华北考古图录》中的第1211图是仿造的《金石索》中的铜镜图，图上的西王母宝座和东王公宝座之间有一名舞女，舞女两侧就分布着姿势类似的杂技人物形象。*Édouard Chavannes, Mission archéologique dans la Chine septentrionale, album, No.1211.*

译者按：参见［清］冯云鹏、冯云鹓同辑：《金索》卷六《镜鉴之属》"汉西王母镜"条目，《金石索》，双桐书屋藏板，清道光十六年跋刊，1836年。

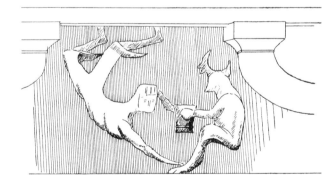

图4.4　"嫦娥仙子"及玉兔

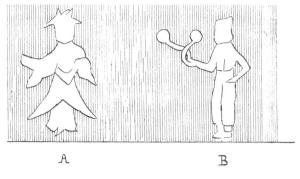

图 4.5 人物形象

6　译者按：应为便面，为用以遮面
　　的扇状物。《汉书・张敞传》：
　　"自以便面拊马。"颜师古注：
　　"便面，所以障面，盖扇之类也。
　　不欲见人，以此自障面，则得其
　　便，故曰便面，亦曰屏面。"［汉］
　　班固：《汉书》卷七十六《赵
　　尹韩张两王传第四十六》，北京
　　中华书局，1965 年，第 3222 页。

7　参见图 3.2，N°VI.

8　PL. XXX，N°123.

4.5,A），身旁是一位正在向她进献花束的男子（图 4.5,B）。画像种另一名女子身边也跟着一名姿势相仿的伴随者；另外又有一名蹲坐着的人物，手中拿着一把小铲子❻。石阙的背面刻画了一众猎人正在追捕狂奔的野兽的画面，但是基本上已经消失难辨了。这座石阙所特殊的一处画像在前方内侧转角处，也就是由远及近观赏这座石阙时最好的角度上所能观察到的圆雕画面：这是一幅长卷式的猎捕野兽图。这是渠县诸汉阙中尤为特殊的表现形式，旨在彰显四川雕刻艺人们所能创造的极具表现力的画面。同样的内容也见于墓阙 VI 之上，不但画面保存更为完善，而且体现出了更为澎湃的创作激情和更高的雕塑技艺，所以我们将在对墓阙 VI 详细描述中，专门讨论这一图案。

赵家坪墓阙

墓阙位于赵家坪村的对面❼，栖身于路沿，属于左阙，上面并无铭文（图 4.6）❽。

建筑风貌

整个阙基都暴露在外：这块漂亮的石板有 1 英尺（约 30 厘米）厚，凸起的侧边上雕琢出条纹状图案，意在模仿岩石遭受侵蚀的天然效果。其结构关系类似于前面所描述过的墓阙，只是尺寸略小于前者。这座墓阙，无论是斗栱上的装饰图案，还是仿木结构的建筑配件和支撑体的比例分配都稳妥无比，堪称无懈可击。与通常一样，一斗二升式斗栱也是置于蜀柱之上。但是此处作为支撑体的蜀柱并不是平整的，

069

图 4.6　赵家坪之阙（前侧）：阙顶及楼部　谢阁兰等：《中华考古记》图集一，*Pl. XXX, N°123*

而是由三瓣圆形花蒂组合而成，各圆形花蒂之间通过一个套环衔接，套环在墓阙的侧面明显可见。不仅如此，柱体的尺寸还很短，只是一个简单的搭接石而已，看起来如同一个三叶形悬饰。

雕刻艺术

　　阙身的正反两面均与"倾斜"之阙一样，也具有线脚装饰。正面雕琢一只朱雀，正在向右而行，雀尾呈火焰状。朱雀高高在上，下方留有不足 2 英尺（约 60 厘米）的空隙，所以阙身上无法镌刻铭文。朱雀下方刻画着表现北方神的玄武图像，这只玄武动态生动，形象逼真，刻画得十分成功，正四肢挺立疾步而行。图案保存较好，在龟甲上依然可见鳞甲的涡卷线图案。蛇从其后肢之间穿行而过，将身体绕成一个大大的拱形，并将岔开的舌头对准了乌龟高耸于脖颈之上的脑袋，显得非常生动（图 4.7）。

　　阙身的内侧上刻有一只白虎，刻画手法粗糙笨拙。白虎的身形超过

070

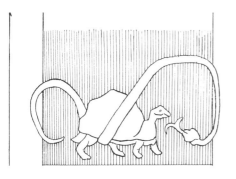

图 4.7 玄武

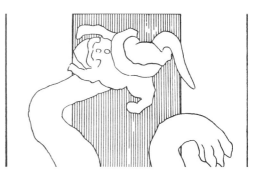

图 4.8 尾巴缠着小动物的"白虎"

9 我们在图录 N°123 和 N°124 中分别可以看到其侧面和正面。

10 译者按：作者将该胡人手持物认定为皮囊状的水壶，但汉代画像中此类形象多为胡人吹笛，其手持应为五孔胡笛，也称羌笛。

11 Pl. XXXI, N°124.

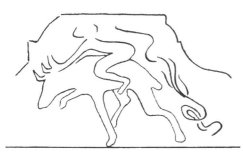

图 4.9 被骑的雄鹿（?）

了画面边框，几乎伸到了石头表面的转角处。肥厚的身躯上是纤细的翅膀，呈萎缩状，大腿上装饰以卷曲的羽毛。虎尾在画面的底端翻卷向上飞起，同时缠绕着一只貌似蛤蟆的小动物（图 4.8）。

楼部正面中央以高浮雕形式刻有一只饕餮，长着独角的脑袋显得比例失当，不堪重负地向下低垂。四隅意作支撑的力士柱中有一座的保存状态尚可，其身上的蛮夷特征分外显著，面部比例巨大，茂密的胡须呈扇形撒开 ❾。他手中好像拿着一个壶 ❿，从而将嘴巴部位遮挡住了。一块边缘挺直的石板分隔了枋子层和斗栱层，上面并无图案装饰，而介石层则退居到了枋子层的上部框架内。

正面的斗栱之间依稀可见一组骑士雕像，但是皆已模糊难辨（图4.9）。这些形象身后还依稀可辨一条蜷曲低垂状的植物图案，由此可以判断出此处原本也雕刻有与沈府君阙同一位置的"大步狩猎"画像，但是二者画风截然不同。在楼部背面可以分辨出一名舞者的形象，身上的披巾四散飘飞着。内侧可见一个手持阳伞柄的小人儿，阳伞如花朵般绽放在梁托的翼部之上，与一只鸟儿的形象对称分布（图 4.10）❶。石阙楼部的外侧刻画有一名弓箭手，正瞄准一个男人扬弓劲射，这个活靶子正在竭力攀爬上梁托，以躲避丧身利箭的厄运。

与上一座墓阙相比，其突出的楼部四周的雕琢布

071

局并无新意。我们再一次看到几位着尖角曲裾深衣的女子，其中的一名女子手中似乎端着一个小小的匣子（图4.11）。雕刻工匠也会在这些女性形象中穿插类似漫画式的人物，其中最典型的是一位挺着肥胖肚子的两足动物，腰间系着一根带子，脸上长着猪一般的口鼻，而脚上却长着青蛙似的爪子，脑袋上戴着一顶弗里吉亚风格的帽子[12]，胳膊下夹着一根大头棒；与他面对面站立的则是一只长角的野兔（图4.12）。石阙背面刻画了一个盖有篷布的马车[13]，一名男子站立在上面，似乎正在和一名女子交谈。女子身后还跟着两名侍婢。

这座墓阙特别具有艺术价值的地方在于在它拐角处的画像对猎兽图的绝妙诠释手法。倘若有观者沿着墓道由远及近而来，首先看到的将会是一只受到惊吓的野兽的臀部，通过后面的双足和尾巴牢牢地固定在石头表面上。待他走到更近处，将会看到这只巨兽神情紧绷的脸部，其嘴巴正咬着另一只动物的肩部。当该阙的屋顶尚且存在时，这只猛兽的弓形脖颈应该是与屋顶下的檩条相靠的。随后，当观者走近到达双阙之间时，整幅画面便在其眼前铺陈开来。驯兽者向右蹬着马步，身体位于梯形画面的最终端角落里，正抡开双臂用力地揪着兽尾。巨兽用左足朝后蹬踢着，紧绷的脊梁上筋骨尽显，拼命地抵抗着驯兽者的拖曳，同时将身体的上部朝前扑去，灵活的颈部肌肉发达、毛发茂密，显得威风凛凛，颌骨处的肌肉收缩着，紧紧地咬着猎物。为了使这充满暴力的场面更为摄人心魄，

图 4.10　赵家坪之阙"猎兽图"画像　谢阁兰等：《中华考古记》图集一，*Pl. XXXI, N° 124*

12　译者按：指小亚细亚中部和西部的弗里吉亚王国，于公元前6世纪被波斯所灭。从图像判断，此处"弗里吉亚风格的帽子"表示的是一种顶部有成组羽翎装饰的帽子。

13　译者按：即轩车，"车厢两侧障以上连车盖之屏，应即轩车"。参见孙机：《汉代物质文化资料图说》，上海：上海古籍出版社，2008 年，第 114 页。

创作者并没有让猎物束手就擒：这一场恶战诚然不是势均力敌的，但是会是激烈万分的。巨兽正全力伸展身体，从自己所处的角落猛窜而来，扑向同属于猫科动物的那只猎物，而被袭击的猎物也正在竭力反抗，它奋力拉扯着臀部，试图挣脱虎口，同时扭转脑袋咬住了老虎踢向肋部的左足。在转角的棱边处，展现了双重的搏斗和撕咬画面。

在离开这件精美的群雕作品之前，还有一点值得我们注意，那就是老虎身上长有翅膀，是由一排卷曲的短羽所构成，应该是出于简单的装饰目的，而非为了体现某种特殊含义的属性。老虎的腿部同样也有这种装饰性的羽毛。在上文提到的 "倾斜之阙" 上已经可见此类低调的装饰元素，当时是出现在那条精美的"青龙" 的肩部和腿部。不仅如此，在其他地方还会多次出现，因为这种装饰元素是汉阙固有的特征之一。

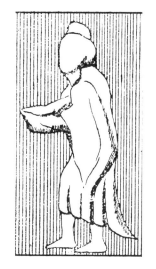

图 4.11 手捧香料的女子

图 4.12 怪诞形象

"东阙"

渠县墓阙群的最后一个墓阙是一个右阙，朝向为 S15° E [14]。由于环境潮湿、各种藤蔓植物蔓延生长，该阙遭受了严重的侵蚀（图 4.13 [15]、图 4.14）[16]。阙上没有铭文。

14 参见图 3.2，N°VII。

15 Pl. XXXII, N°125.

16 Pl. XXXII, N°127.

图 4.13 渠县 "东" 阙前侧 "朱雀"
谢阁兰等：《中华考古记》图集一，
Pl. XXXII, N°125

图 4.14 渠县 "东" 阙内侧 "青龙"
谢阁兰等：《中华考古记》图集一，
Pl. XXXII, N°127

建筑风貌

整座阙的形状显得很矮壮：阙身的高度（2.35 米）和平均宽度之间的比值仅为 1:2.18。

这座汉阙所使用石块的分割颇为异常：介石层和第二层结构是用的同一块砂岩石，而挑檐则是两层相互叠加的石块构成。如此一来，

074

建造该阙的各个石块便体现出了很大的高度差异，对于这一参差不齐的状态似乎没有其他的解释，只能认为其原因就是无法寻找到符合具体需求尺寸的现成的方正石块。该阙在建筑形制和基本构造上与沈府君阙有几分相似：底层框架没有中部横枋，仅通过角柱来支撑。枋子层的中间框架上立着矩形枋头。各面的斗栱两翼皆成弯曲形，斗栱通过中间部位枋头发挥着支撑作用，并在转角处相互汇合成角斗。这些栌斗相对较小，但是支撑它们的半露蜀柱却很高，与赵家坪墓阙的情况形成了鲜明的对比。

雕刻艺术

砂岩的表面显得非常粗糙，给人的感觉是制作好以后就没有进行过打磨。阙身上装饰着一只朱雀，尽管雕工简率粗糙，却也不失另一种风采。脖颈部位粗壮而颇显稳重；小小的头部奇特地显示出拟人化的特征；雀冠模拟了一根短而宽大的孔雀羽毛，雀尾上的羽毛仿佛长着倒刺一般显得毛毛刺刺，尾翼中间穿插着一些眼状斑的羽毛。朱雀的尾端和右翅都超出了画幅边框，压在石阙的边框上面，以突出朱雀的立体效果。

石阙内侧雕刻的青龙秉承了同样的粗粝风格，倒也显得栩栩如生。体型宽大的龙身恣意伸展，全然无视画框的存在。这条龙长有羽翼，脚上长着四个爪子。人们还会注意到，上面挂着环状玉璧的绳索并没有像沈府君阙那样巧妙地悬挂于构架之上，而是在阙身侧面戛然而止，末端无任何的支持物。从如此一败笔可以看出，这是一件不算高明的模仿之作。构成楼部的几层

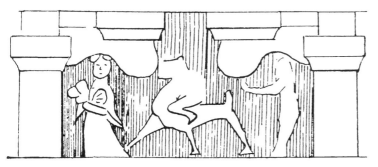

图 4.15　运送贡品者（？）

内容均损毁严重。刻有捕猎野兽的场景，却无法了解具体的艺术风格。在正面的两垛斗栱的翼部及半露蜀柱之间刻有一只驮着人的坐骑，前方有一位手持物品的女子正在缓步行进（图4.15），好像也是刻画的进献"香酒"这一主题。内侧刻有两只鸟儿；外侧则刻有两匹止步不前的马。挑檐已经严重地分崩离析，所以只能隐约看出上面刻有捕猎野兽的场景，却无法了解具体的艺术风格。

汉代墓葬艺术　　　L'ART FUNÉRAIRE A L' ÉPOQUE DES HAN

墓阙（再续）

绵州的墓阙群

1 *Pl. XXXIII-XLII.* 中文文献记载
中将这组石阙称为"平杨府君
阙"，在考察队已经出版的图集
说明文字里也复制了这一名称。
正如我们在下文将谈到的，这一
名称其实是错误的。

在四川省省会成都府的东北方向有一片墓阙较为集中的遗址区。单纯从艺术和艺术史研究的角度来看，可以将杨府君双阙确定为该墓阙群最典型的代表，亦可将其视为中国汉阙建筑艺术的第三种类型的代表。可归入这一类型的汉阙还包括我们将在下一章中讲到的其他遗址。在绵州中心区域内，除了杨府君双阙之外，只剩下一些墓阙的残缺构件，其中有两处因为年代久远，且石阙本身或其主人被历史文献所记载，显得特别有意义和价值。其他两处则因建造年代不详（很可能建于东汉末期或蜀汉），无法提供更多的信息和具有历史价值的内容。另外两个点的石阙则可能是在汉帝国没落后的一个世纪左右建造的。最后我们会到访两处生于乱世的石阙艺术作品，它们有可能是这一特殊时期唯一现存于世的碑铭文物。残存信息太少而且保存状态如此糟糕，根本无法让我们了解装饰艺术在这一时期的发展情况。但是，这两件作品的建筑形制和图像内容来看，仍然可以看出其与杨府君双阙应属同一类型。

杨府君双阙

通过查看与渠县古代遗址有关的文献记载所获得的信息，基本上可以确定找到冯焕阙和沈府君阙所在的位置 ❶。但是，杨府君双阙的情况则截然不同，我们在出发到绵州（今四川绵阳市）时对其是否

079

依然存在所抱希望并不大，尽管《四川通志》上面提到了杨府君双阙，但《金石苑》上面却丝毫未提及❷，而《隶续》中则是语焉不详地给出了"平杨府君六字"的说明。

当考察队于 1914 年 5 月 17 日途经绵州时，我书写了一张写有"漢平楊府君神道碑"❸的便条，请我们的翻译秘书带着它前去当地政府衙门探访消息。结果，他返回时便条上面多了一条断然截然的批语"今无"❹。

然而，这两个墓阙不仅仍然存在，而且从距离绵州府 8 华里（约 4 公里）处的那条穿过涪江的道路上就可以清楚地望见它们（图 5.1）❺。不仅如此，它们还是四川省最重要的古代建筑遗存之一，作为该地区唯一一对保存着子阙的墓阙，可以帮助我们实现对汉阙的完整复原研究。

2 虽然《金石苑》借用了很多前代书籍中所著录的内容，但是其作者似乎对现存遗迹做过实地考察，或者至少对近期制成的拓片进行过直接的研究。

3 一位名叫"平"的杨姓汉代府君的神道碑。

4 即"如今已不存在了"。

5 Pl. XXXIII, N° 129.

图 5.1　杨府君双阙　谢阁兰等：《中华考古记》图集一，Pl. XXXIII, N° 129

汉代墓葬艺术　　**L'ART FUNÉRAIRE A L'ÉPOQUE DES HAN**

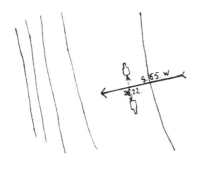

图 5.2 杨府君双阙原址分布图

6　针对此类后世在石阙上添加装饰
　　图案的做法，我们将在本书下一
　　章中进行具体讨论。

7　参见第十章的内容。

虽然石阙上的多数雕刻已遭受风雨侵蚀而损坏严重，没有沈府君阙石刻那么规则工整，但是仍然有一些可以称为绝佳之作。最后需要强调这对墓阙所具有的特别之处，那就是从公元 6 世纪开始作为装饰图案添加上去的佛教形象，这也是我们迄今为止所发现在四川省境内最早的佛教主题性雕刻。而且，杨府君双阙上残留了一些文字题记，体现了梁朝统治的印记，从而直接证明了丹阳（南京）政权的统治范围至少在名义上延伸到了四川北部地区 ❻。

　　二杨阙距离跨越涪江的"仙人桥"仅百余步，背靠一座不大的山丘，矗立在一片呈缓坡状的田野上，坡下有河水流淌而过。双阙沿方向为 S65° W 的神道两侧分布。它们的朝向布局不同于当时墓葬建筑的惯例，远远地偏离于通常所遵循的南北方位，之所以选择这样的布局，应该是顺应地形地貌的原因（图 5.2）❼。现在，封土堆已荡然无存，从现场情况来看，原先的位置应该距离双阙百米开外，就在田地隆起形成斜坡的地方。

　　两阙之间距离为 26.2 米，比沈府君双阙之间的距离（23 米）略大一些，整体结构显得比沈府君阙更加高大，壮观。经过多年的刀耕火种，该地的田地水平高度已向上抬升了 1-1.5 米。加高的土壤将双阙的基脚部分掩埋起来，使其失去了三分之一的高度。经过考察队的挖掘，我们重新看到了它们被埋于土下的部分，其保存状态依然完好如初。

081

建筑风貌

　　整座建筑由对称的两部分构成，每部分又包括一个主阙和一个子阙，虽然子母阙的建筑风貌相仿，但是尺寸差距如此之大，以至于子阙的顶部仅与主阙枋子层的高度相当。

　　绵州的墓阙与渠县的有所不同，具体表现在其楼部的结构更为复杂，阙身更为宽大，只能采用多层石料垒砌而成，而每层又由几块石头组成。在杨府君双阙的构件石块中，已有好几块挪动了位置，而其他的则已消失不见。除此以外，由于建筑的三分之一被埋土下，目前没有任何照片能够完整地反映其全貌。我们在详细测量其各部分的基础上对其进行了一次复原（图5.3）。在建筑风貌的复原过程中，除了借鉴雅州地区墓阙的基座以外，主要还是杨府君双阙本身的内容。所以，读者可以通过对照这一复原图更好地理解下面的文字描述。

图5.3　杨府君（左）阙（正面复原图）

主阙：

包括阙顶在内的整座主阙高度接近5米。

　　与渠县诸墓阙相比，杨府君双阙要宽大得多。高度与平均宽度之间的比例仅为1:1.55，扁平率为42%，倾斜度为3.6%。阙身由六个水平层石块构成，从阙基开始厚度由下至上逐层递减。

　　第三种类型墓阙的显著特点是通过楼部两大构造元素的倒置来显示的。杨府君双阙在阙身上方横向叠放着两大结构层，夹在其间的为中间层。这一点也和我们在上文所介绍渠县汉阙的情况相仿。第一层是一个形成纵横直角的叠放结构，设置在一个框架内。下层的支撑栌斗数量与冯焕阙的相同：正反面有三个，侧面有两个。中间层拥有四根纵枋和六根横枋，是宽度略大于高度的枋结构，因此采取了平放的办法，而不是像沈府君阙那样立放。中间层之上的结构层，正反面各设有三垛一斗双升式斗栱，以半露蜀柱的顶部为支撑，而侧面则

9   沈府君阙的阙顶尚余有残片，
     上面的卷叶花饰已经钝化磨平
     了，而雅州的墓阙却给我们提
     供了保存完好的范例。

只有两垛斗栱。如此看来，斗栱的数目与下层的支撑栌斗数量是完全对应的，斗栱和支撑栌斗都位于阙身的三根方柱向上延伸的带状图框范围内。得益于这样的对应式设计，整座建筑在构造上显得非常均衡统一。除了中间一垛斗栱以外，其他斗栱的翼部皆呈双曲线形。各斗栱拥有三个支撑点：中间位置放着一个楔垫枋头，用以楔紧那块竖立放置于斗栱和上层之间的厚板结构。

突出部分的第三层，即挑檐部分，形成了一个各面斜切的倒金字塔身形状。它放置于一块石板之上，这一石板的侧面形成了它的装饰画像。挑檐上方设有一方薄石块，上面刻绘的五根纵枋和十根横枋之间通过半叠加方式结合，形成了一个网格结构，隔在了挑檐和顶部之间。

杨府君双阙最大的亮点在其阙顶的设计上，这一部分对整座石阙外形的塑造极其成功。读者可以通过考察队所复原的绘图和摄影照片（图5.4）❽，看到阙顶几近完好的轮廓形象。阙顶由互相交叠的两层构成，图像雕琢于质感截然不同的石块之上。下一层阙顶向外突出很多，以分布成扇形的圆橡状结构为支撑，边缘呈现出磨尖收分的效果。覆盖于阙顶的瓦陇不仅面积宽大，展开的幅度也很大；和通常的做法一样，脊瓦之间接合于平分线上；盖缝条在转角处向上反翘，形成卷叶形花饰❾。上一层阙顶通过一条类似正脊而微微凹下的脊线将各斜面接合了起来。

图5.4 杨府君左阙（里侧）   谢阁兰等：《中华考古记》图集一，*Pl. XXXIX, N°143*

083

子阙：

杨府君双阙建成之初，其子阙与主阙是紧密相连在一起的。时光流转，岁月侵蚀，各类植物的根系渐渐攀爬在石阙身上，蔓延伸入石头缝隙之中，不仅令子阙与主阙分了开来，甚至有让整座建筑分崩离析的趋势。

子阙阙身略薄于主阙，显得靠后约 10 厘米左右。因为有子阙依靠在主阙侧面，所以主阙阙身的外侧面只是在可见的边缘部位进行了倒角磨光处理，而中间被子阙所遮挡的部位只经过了简单的粗凿处理。这种特征，在我们考察绵州、渠县等地的墓阙时均有所发现。一些现存的单阙出现这种情况，就标志着原本存在的子阙如今已荡然无存。再回到杨府君双阙，子阙画面的外突部分在一定程度上补齐了宽度上的差异，从而令第二层突出结构与主阙平齐。其挑檐完全超过了主阙的排列线，而从视觉效果来看，主阙枋子层搭接石的存在仿佛是挑檐上层边缘的延伸一般。子阙的阙顶部分往外突出的幅度相当大，同时，其上方分布的人力士柱也呈向外突起状，起到了很好的平衡效果。

构架第二层上的斗栱是单弧形结构，每面分布着两垛，而下层的支撑栌斗在正面上有三个。由此看来，这里并未遵守我们在主阙上观察到了竖向支撑构件的数量对应规律。阙顶显得很简单，由唯一的一块石板构成。支撑阙顶的框架其实也是在同一块石头里雕琢而成的，只是通过雕刻工艺区分出了两者的界限。

构成阙身的每层结构大都是横向分割的，有时候也采取纵向分割，分别由两块、四块或者六块石头构成。它们并不是在正中位置进行切割，匠人们在选择石料时首先关注的是切面与竖向装饰图案的对应关系，正如我们在因土壤淹没得以保护起来的阙基部位看到的那样，各个石块之间的接配十分完美，真正达到了天衣无缝的境地。为了整座建筑的完整性，匠人们使用抓钉将同一层的各块石头连接了起来，这些抓钉具有双燕尾榫结构，可以看到其凹槽所在。因为一些抓钉已经破损消失，各石块在植物的生长挤压下出现了松动走样。但是，若要修复这一问题其实并不难，只需要拆开各石块，然后进行刮擦清理，即可以很好地调整归位。

10　子阙的装饰画像内没有这样的凹槽。

11　根据我们对山东画像石上采取的此类技法所雕饰图案的了解，突起的剪影状轮廓是使用雕刻刀巧妙修饰形成的，这样一来令画像石具有了木版画的风采。

12　Pl. XXXIV, 812b.

13　朱阿夫团，也叫祖阿夫，19 世纪法国占领阿尔及利亚，招募当地阿拉伯人组成朱阿夫团。

14　译者按：即缚袴，一种裤管肥大松散的裤子，时人以丝带截为 3 尺一段，将裤管的膝盖处系紧，便于走路骑马。这种缚带的裤子，被称为"缚袴"。参见沈从文：《中国服饰史》，西安：陕西师范大学出版社，2004 年，第 69 页。

雕刻艺术

阙身：

阙身的各面均雕饰着一些装饰画像，内侧有两个，正反面各有三个。一些凹槽 ❿ 将这些装饰画像分隔开来，整座建筑显得格外的精致完善。不仅如此，它们也和力士身体上的凹槽饰一样，对墓阙下方的垂直线起到了很好的突显作用。装饰画像上部边缘距离阙身顶端尚余 1 英尺（约 30 厘米）的距离，从而留出了一些很宽的长方形空间，空间里填满着减底平雕花纹。这些装饰图案的题材内容，相对于第二类墓阙上存在的装饰画像更加丰富。

装饰画像是沿着墓道的方向延展开去的，即从石阙的前侧面开始，穿过内侧，然后延伸至后侧。然而，它的完整性遭到了后代佛教石刻的严重破坏。这些雕刻佛像的工匠们不仅在石阙上雕凿了很深的佛龛，还在原先装饰图像上重新凿刻了各类佛教题材的线图，使得一些地方已完全无法看清原貌。在仔细观察分析这些画像之后，从相互叠加的残存图像上依然可以辨识出最初的工艺，画像采用减底浅浮雕结合线描刻绘的方法进行工作，所雕图像剪影比底平面仅仅高出几毫米。我们判断它们即使不是经过精雕细琢而成，也至少通过数道线条的反复思考，详细勾勒定稿后再进行雕琢而成的 ⓫。这些画面原本应该是该墓阙身上最为精彩出众的地方，彰显了汉代工匠高超的传统雕刻技艺，但被后世图像所破坏、掩盖，这不得不说是一大憾事。

按照从右至左的观察顺序，可以在右阙上看到一支军人仪仗队列，他们并没有按照阅兵的步伐行进，而是大步流星地奔跑前行（图 5.5）⓬。领头的是一顶华盖车辇，里面定然是坐着一位重要人物。佛教造像的粗糙雕刻遮住了一部分车辇图，而且，从下方伸出一个尖形穹顶状佛龛将原先马匹所在的空间吞噬掉了。车辇后面跟着两行队列，相互之间呈鳞状叠盖交错，背景的远处可以看见一些步兵，它们身着朱阿夫兵式（le Zouave）⓭ 的半长灯笼裤 ⓮，正迈开双腿挺起胸膛奔跑着，宽大的衣袖随风飘荡。步兵队伍前面是一组更加精彩的群雕，上面是两名策马奔腾的骑兵。主体形象的外轮廓准确，雕琢精妙至极，令动

085

图 5.5　右阙楼部画像拓片　谢阁兰等：《中华考古记》图集一，*Pl. XXXIV, 812b*

作线条显得活灵活现，充满了表现力。左边的马匹可以看见全身，这匹战马尽管膘肥健硕，但其扬蹄飞奔的动姿刻画，却显得轻盈敏捷；尤其是对其后蹄的刻画，呈现出栩栩如生的质感，让人叹为观止，其中一只蹄尖点地，另一只后蹄灵敏地向前提起。紧随其后，右边的战马头部朝向前胸低垂，而前胸的线条则体现了颈部运动曲线的延续，体现了战马那弯曲的马蹄即将着地的瞬间动态。坐骑被捆扎起来的尾巴以及骑兵肩扛的燕尾旗都向后飘扬，从而勾勒出了马队行进的轨迹。这一组群雕呈现的并非是凌乱无序的狩猎场面，而是兵强马壮的快步巡逻图。这一画面实属本墓阙的亮点，展现出不同寻常的风采，令人过目难忘。

　　左阙上的装饰画像是从左到右展开的，上面基本是在重复和右阙同样的内容（车辇、步兵和骑兵），但是其毁坏程度更甚。内侧是保存相对较好的部分，上面刻画着一前一后两辆单骑车辇（图 5.6）❶，这是同时代艺术品中不可多得的成功之作。每辆车辇后紧跟着一名步卒，好像是在推着车辇前进一般。左边步卒迈出的脚超出了边框，而第一匹马的马蹄在右边羽葆伸出将该边框切开。车辇上面设有一柄伞盖，每辆上面都坐有一位车夫及一名军士。车辇上的双轮、单马及三

15　*Pl. XXXVI, N°813.* 由于石刻的某些轮廓部位已被钝化磨平了，所以我们参考了一张能反映细节的照片对这一拓片进行过修改。

图 5.6　石阙楼部画像拓片　谢阁兰等：《中华考古记》图集一，*Pl. XXXVI, N°813*

人构成了紧密的整体组合，与右阙上的骑士群雕相比，虽然前进的步态没有那么轻快灵活，却显得更为强健有力。队列的领头部分被虔诚的佛教造像工匠给糟蹋了，令原先的画面基本荡然无存，仅余车辇的车厢和车轮部分。

楼部：

两层构架的楼部风化状况较为严重，由于本身仅只有狭小的装饰空间，所以图像存留较少。前后两面均为饕餮头像，类似于渠县阙群中雕工最次的同类图案。外侧的各力士柱上连着一个猴子般的小家伙，与力士柱构成一个整体。在各梁托间余留的梯形空白中，我们辨认出了如下内容：

右阙：

正面左侧正中是一位穿着尖尖衣袖短褂的人物，肩上扛着仿佛一根棍棒，像是正在用脚踢一只狐狸（？），身边还有另外一只四足动物背向而立。里侧则描绘了两名弓箭手正搭弓射向一只高高栖息于左边斗栱之上的巨大的鹦鹉。石阙的背面左边部位，有一名猎手（？）

正朝向一只野兔奔去，野兔则掉转着头部，迎面向他奔来；右边是一个正在睡觉的人，脑袋倚在左手上，歪斜着上半身，双腿卷曲，姿势显得灵活而自然。他颈下有一个类似靠枕的东西，此外还有一个布袋子斜挎在颈项下方。

左阙：

里侧中央是一名坐着的女子，正在抚琴，旁边有另一名女子跪在她身后侧耳倾听。外侧两垛斗栱之间，从石头里冒出一只四足动物（图5.7）[16]，当子阙的阙顶还完好时，这只动物所在的高度应该刚刚超出其屋脊线。若是参照渠县的"单阙"，那么这只动物似乎应该是一只九尾狐，其刻画风格显得刚劲有力。

石板上设有一层空间，将第二层构架与挑檐隔离了开来。这一空间上分布着一个装饰画像，如今的保存状态不佳。上面仅残剩有几处看得清的地方，我们从中辨认出了一个"缏带饰"（entrelacs）[17]样的装饰带，由一些植物图案组成，中间分布着动物形象，其风格与"单阙"上的装饰画像相仿。

16 *Pl. XLII, N°150.*

17 译者按：缏带饰（entrelacs），是西方古典建筑装饰中大小环相间的条状装饰带。

图 5.7　杨府君左阙细节（外侧）："走狐"　谢阁兰等：《中华考古记》图集一，*Pl. XLII, N°150*

图 5.8　杨府君右阙（前侧）　谢阁兰等：《中华考古记》图集一，Pl. XXXIV, N°130

挑檐：

挑檐由大面积的斜面构成，十分流畅，上面未插入其他任何建筑体。本阙中最重要的浅浮雕作品便集中于挑檐之上。这些浅浮雕画面富有规律地分布着，每个画面上几乎总是在角落处刻绘着两个动物形象，在正反面的中间部位上有一个方形纹饰，里面刻画着一个人物形象。

右阙：

外侧的角落处冒出一只野兽的前半部身子，这只健硕的野兽正有条不紊地前行着，悄然靠近前面那只蹦蹦跳跳的、长有翅膀的野兔子（图 5.8）[18]。石面的中央部位装饰着一个方形纹饰，被一名女子用手甩开的衣摆半遮着。在前方内侧角落，我们再一次看到了

18　Pl. XXXIV, N°130.

089

四川各地石阙惯常描绘的狩猎场景（图5.9）❶，尽管刻画得颇为成功，但始终无法赶上赵家坪墓阙上同一画面那种激动人心的程度。此处的两头野兽几乎是同样大小。遭袭之兽的头部正好位于拐角处，反身张嘴咬着袭击者弯曲的右爪，还伸出左爪抓住了对方的生殖要害部位。两头斗兽的身体并不是出于紧绷状态，而是相互扭曲，缠绕成一团。此外，驯兽者在此处并没有拉扯着兽尾。而是朝后迈着弓步，伸开拳头，似乎是正准备去抓前方的兽尾。这一组群雕作品保存状态非常好，我们可以清楚地看到匠人刀随心走的潇洒笔势，包括流畅起伏的肌肉线条，腿上作为装饰的四根卷曲状翎羽，甚至连吻端鼻

图5.9　杨府君右阙拐角处图案："猎兽图"　谢阁兰等：《中华考古记》图集一，*Pl. XXXV, N°134*

图 5.10　杨府君右阙（后侧）　谢阁兰等：《中华考古记》图集一，*Pl. XXXVII, N°137.*

翼的轻微颤动都跃然而出。人物依然是蛮族形象，光着上身，通过一条布带将半长的裤子拴在腰间。

　　在右阙后方内侧角落处，两只神兽伸出长长的颈项，互相缠绕在一起。同样的画面，也见于第二尊墓阙上，而且保存状况更好，更完整。后侧中间部位分布着一个盾形纹饰，上面是一只正在行走的动物，貌似一只白鼬。第四个角落处的图案已被后世的佛教造像所损坏（图 5.10）[20]。

20　*Pl. XXXVII, N°137.*

左阙：

　　外侧的角落处，刻画着一只老虎，正在抓扯撕咬一条蛇。这一组群雕的布局十分灵活。在中间的盾形纹饰里，一个人好像是正在倾听两只鸟儿的啼鸣声。右侧再次展示了长有蛇颈的神兽相互缠绕的画面，这在右阙上也同样出现过。兽身是体型修长、肌肉健硕的猫科动物，后躯大幅度地岔开双足，以平衡后仰的颈部动作。相互缠绕的两根脖颈在凸出部分上构成了一个卷缆花饰形的装饰图案。一只前爪撑在对面的胸膛上，为缠绕不休的画面加上了完美的句点。吻端是尖形的，下巴上挂着一撇逗号状的山羊胡须。卷曲的尾巴则将一名幼童放在了兽臀之上。

　　占据后方内侧角落处的是一匹扬蹄疾行的马，正在实现转弯的动作。这匹马显得膘肥体壮，腿部厚实，头部骨骼粗犷，肩部伸出的双翼在耆甲上方形成了角状。马匹前方是一个身材瘦削羸弱的人物形象，身着一件轻薄的长衫，在膝部和肘关节处皆呈现尖形。他正扭转着脑袋，其动姿与其说是在奔跑，还不如说是在滑行，纤细的双腿几乎不着地面。与之形成对比的是疾驰的马蹄正重重地敲击着大地。一方面是步行者如飞般的轻盈步履，另一方面则是长有双翼的马匹厚重的身姿（图

091

图 5.11　杨府君左阙楼部拐角"翼马"　谢阁兰等：《中华考古记》图集一，*Pl. XLI, N°147*

5.11）[21]，两者之间的强烈反差委实太过奇异。背面的盾形纹饰中刻画的是一只饕餮的头部。

子阙：

与主阙相比，子阙的风化分崩状况更为严重。尤其是右阙的子阙，已经完全没有能够清晰辨识的图案。在左阙的子阙上，我们在其前方外侧的角落处辨别出一只很大的鸟翅，以及延伸于外侧力士柱下端的一条分叉的尾巴。阙身上的装饰画像好像是一套粗糙加工而成的仪仗队列图。子阙的挑檐部分延续了主阙的装饰画像，上面很可能用同样的方式刻画了同种风格的图案，从而能够像重檐那样，达到画面延伸的效果，但是现在已经漫漶不清。

正面的斗栱之间还残存着一幅小小的浅浮雕作品，是一头精美的雄狮，狮身长有翅膀，正在向左而行（图 5.12）[22]。这头狮子身形

21　*Pl. XLI, N°147.*

22　*Pl. XLII, N°141.*

图5.12　杨府君左阙细节（前侧）："走狮"　谢阁兰等：《中华考古记》图集一，*PI. XLII, N°141*

矮壮，四肢雄健，无论是宽大且高昂的脖颈，还是竖直的尾巴，都表现出狮子独有的典型特征，与经常出现的老虎形象形成鲜明的对比，呈现出让人惊叹的逼真效果。

铭文

《四川通志》（卷六十）将阙上铭文增补如下 [23]：

漢平楊府君叔神道

即："一位生活在汉代的名为'叔'的平杨府君的神道。"（"杨"、"叔"可能分别是姓和名）。

《四川通志》并引用了《汉隶字源》的记载 [24]，指出铭文中的汉字雕刻在墓阙檐椽的顶端处。檐椽所形成的框架支撑着左阙的阙顶，

23　[清] 常明：《四川通志》卷六十，第32页。

24　译者按："汉平阳府君叔神道，在绵州，八字，字为一纸，盖刻于石阙椽首。"[宋]娄机：《汉隶字源·序目一》，汲古阁影印本，[日]宽政十戊午年十一月再刻，第48页。

093

而我们可以辨认的三个残存汉字"汉"、"平"、"府"其实位于檐下挑枋（而非檐椽）的榫接端头上。根据它们的分布位置来判断（图5.13），我们认为被修复的上述铭文是否正确尚存疑问：在"汉"和"平"之间肯定缺了两个字，其中一个应该在"平"和"杨"之间，而另一个可能在"杨"之后[25]。如此一来，重组后的文字应该是这样的：

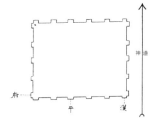

图 5.13　铭文可辨字迹的分布位置

 漢〇〇平〇楊
府君〇叔神道

　　无论铭文是怎样排列的，这样的布局方式还是使人感到奇怪，首先是因为它所处位置的高度令观者阅读起来十分费劲，而且一部分文字还位于石阙外侧，人们沿神道走近时根本无法看到。与文字的布局不同，阙身的设计却与之形成截然不同的反差，石阙结构的竖向分隔令视野十分理想。我们试图通过如下假设来解释这种布局的构思：汉代官宦人家的房屋建筑的檐椽榫接端上设有一些陶瓷材质类的镶饰品，上面书写着屋主的头衔以标明身份，墓葬神道的雕刻匠人据此激发了富有创意的想法，在墓阙上重现了类似的设计理念。即便我们对这种布局方式感到如此的不可理解，但对于墓阙上残存的清晰的文字，仍然认为它应该是建造之初就镌刻在上面的。从书法艺术角度来看，这些用"八分体"写就的文字都属于上乘的艺术作品。

　　《四川通志》中并没有提及杨府君阙是否为双阙及其更多信息。但是在《隶续》的第二卷中有谈到这一段铭文内容，而对其做出了如下解释：

　　右平阳府君六字，盖汉人神道，所刻者石缺不全。莫知为何人。汉字存于今鲜矣，譬如麒麟一毛，虬龙片甲，皆可贵也。[26]

25　第二个字很有可能是"故"。"平"应该是一个城市名的第二个字，而"平"和"杨"之间的那个字可能对应的是杨姓人氏曾经在这座城市里担任过的官职。最后，排在"君"后面的那个字很有可能是"字"。因此铭文内容应该这样解释："一位曾在'（一）平'担任过（一）职位的、字为'叔'的杨府君的神道。"

26　译者按：［宋］洪适：《隶续》卷二，《隶释·隶续》，第305页。

孟台阙，别名上庸长阙

被冠以"上庸长"之名的墓阙坐落于德阳县黄许镇附近，位于成都府与绵州之间。在 1883 年之前，该墓阙应该已沦为废墟。也正是在这一年，官府对其进行了简单的修复，将阙身和楼部残存的石块捡拢，重新垒砌在一起，用灰砖砌成带有屋盖的小龛，将其围入其中保护起来。小龛前面，虽然设置了一段石质横档以作保护，但是仍然可以清楚地观看石阙正面的大部分内容，而其背部，只有透过砖墙上窄窄的老虎窗才能窥其内容。从我们观察的结果来看，修复者对这些石阙构件的重组排序并不准确，因为现在石阙上展示出的饕餮图案是反向的，而我们在其他地方所获知的饕餮图像无一例外都是正面出现的。在上下两层构件之间，并没有介石层作为分隔，这一情况可能是重组时的遗漏，所以，我们还是坚持将本阙划分到我们上文定义的第三类型之中。

石阙上仅存少数可以辨识的装饰性图像：一尊力士柱的残块上显示出一只骨骼粗大的手臂，其上托举着一只小猫。在枋子层的一根横枋上刻绘着从岩石缝中蜿蜒生长的树枝，左边是一只行走的狮子，而右边则是一只双头鸟。在斗栱层上的两垛双曲形斗栱之间，可以看见一位弹琴（？）的女子，其模样与月宫中的玉兔有几分相似。因为石质表面的糟糕状态以及小龛内昏暗的光线，我们无法为这些断石残垣拍下任何可用的照片。

阙身正面仍然是以八分体书写的铭文。其中只剩下依稀可辨的三个字。下面我们借用《隶释》所保存的完整文本用下划线将其标出：

故上庸長司馬孟臺神道

即"已故上庸长、司马孟台之神道"。

因此，该墓阙应该叫作"孟台阙"，而金石文献一般称其为"上庸长"阙，或许是因为很久以来墓阙上仅剩这三个字的缘故，它也被邻近的村民们称为"高碑"。

27 译者按：［宋］洪适：《隶释》卷第十三，《隶释·隶续》，第148页。

　　鉴于该阙的保存状态，无法对其尺寸进行测量，所以我们对上庸长阙的考察只能就此结束。根据当地的地方志记载，阙高为12英尺（4米），宽为2.8英尺（大约0.95米）。如果这一记载数据是准确的，那么这座墓阙的尺寸相对较小。

　　在缺乏上庸长阙建造年代和其他内容记载的情况下，洪适对其铭文做了如下评述：

　　右上庸长司马孟台神道，石文皴剥而字札甚精，汉人所作墓阙神道者，弟欲表封陌限樵牧尔，非若镌过实之辞，有意乎欺诳来世也。❷

西门之阙

　　在梓潼县城关西门之外，我们找到了一座墓阙（图5.14,A）。根据其残存的石刻痕迹和较小的尺寸，判断它应该属于一座子母阙残存的子阙部分，而且所在的神道应该朝向西面。墓阙的各面损毁非常严重，完全无法看清当年的刻绘，尽管我们进行了仔细的审查，却一无所获。同时，该阙残存结构与杨府君双阙的子阙结构相同，只是梁托的翼部是呈双曲形的（图5.15）。

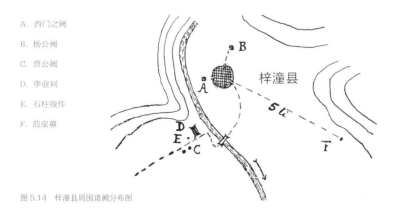

A. 西门之阙
B. 杨公阙
C. 贾公阙
D. 李业祠
E. 石柱残件
F. 范皮墓

图5.14　梓潼县周围诸阙分布图

096

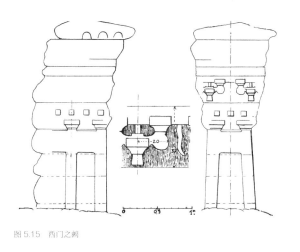

图 5.15 西门之阙

西门之阙是一座无铭子阙，阙上所雕图案全然无剩。根据其位置来判断，可能属于生活于东汉时期的赵雍墓阙[28]。根据《四川通志》各时期不同作者的说法，赵雍墓或位于梓潼县以北 2 里（约 1 公里）处、或位于梓潼县以西的位置[29]。原石阙上应该刻有十个标明头衔的隶书大字以及一篇铭文。铭文在一侧分五列排列，在另一侧则分三列排列。这座墓阙的建筑年代颇为不确定。根据洪适的记载，它们建于前秦初期约 265 年[30]。

杨公阙

从梓潼县城北门出发，向北前行 1 里（约 500 米）开外，我们发现了一座小丘，上方耸立着一座石阙（图 5.16 及图 5.14,B）[31]。和绵州府那对著名的石阙一样，这座石阙仍然以块状石头组合而成，石块之间缝隙大大小小不一，石块之间甚至长出一棵树，荫蔽着小山丘，同时也将子阙挤倒了。由多件石块构成的子阙已坍塌，一些石块散布地面，一些则被大树的根系所环绕、固定。主阙依然竖立着，

28 後漢趙國相雍墓石闕

29 《四川通志》卷六十引《舆地碑目》："后汉赵国相雍墓石阙在梓潼县城北二里前有石阙石麟，其文曰：汉赵国相雍府君之墓。《蜀碑记补》舆地碑目云：在梓潼县北二里。梓潼县今属四川绵州，碑式云：汉故赵国相雍府君之阙，十大隶字，为两行，其文一面五行，一面三行，行二十三字，第七及第十五下皆有横画。第一重惟首行及第四、五则七字，余皆虚其下一字。"

30 译者按："赵氏又实诸汉碑中故存之天下碑录作县东二里，按今碑在县西，碑录及王氏皆误。"[宋] 洪适：《隶释》，《隶释·隶续》，第 141—142 页。

31 *Pl. XLIV, N°154.*

图 5.16 "杨公阙"（前侧） 谢阁兰等：《中华考古记》图集一，*Pl. XLIV, N°154*

097

但是状态残缺不全，磨损严重。这是一座左阙，根据它可以判断其相应的神道是朝向东方的。阙身的一部分埋于土下，我们在阙身上可以辨别出有五六层条石。这座石阙和杨府君双阙装饰一样，在阙身上方有一个装饰画像，在正面下面采用了三个框条进行线脚装饰。残阙的顶部仅存一个石块，原本是属于枋子层的，上面还可以见到一个力神角柱。我们对该墓阙的一些部分进行了准确的尺寸测量，结果与杨公阙（图 5.17）相应的尺寸记载十分吻合。

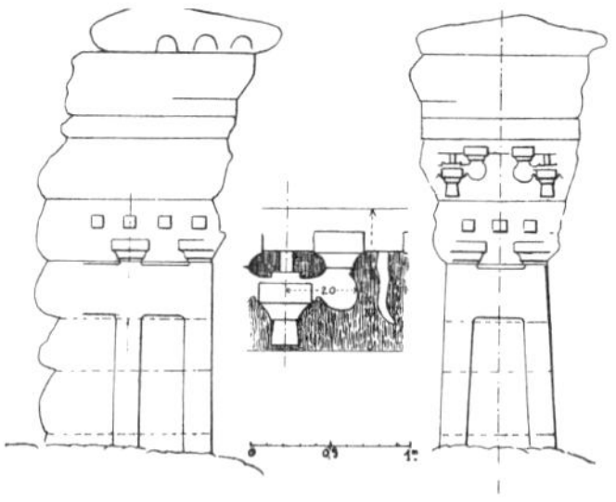

图 5.17　杨公阙

铭文部分尚存七个字（图 5.18），为隶书字体，轮廓颇为粗糙，似乎是后人勉强寻摸着原先的痕迹重新刻上去的。根据《金石苑》的记载，铭文应该为如下内容：

蜀故侍中楊公之闕

即"蜀国已故侍中杨公之墓阙"。《金石苑》指出：根据《十六国春秋》的记载，蜀国李雄[32]于建兴元年（304 年）将杨休擢升为侍中。这或许是属于这位官员墓地的一座石阙。根据这段文字记载，我们可以将该墓阙的建造年代确定为公元 4 世纪初期。

32　李雄于306年称帝，定都四川成都。其建立的独立王国延续至347年。*Herbert Allen Giles, A Chinese Biographical Dictionary, 1897 et 1898. No.2. p.1141.*

贾公阙

贾公阙在梓潼县南面，位于李业祠以南 1 华里（约 500 米）处（图

图 5.19　"贾公阙"　谢阁兰等：《中华考古记》图集一，*Pl. XLIV, Nº156*

098

图 5.18 杨公阙上的残余铭文（拓片）

5.19 及图 5.14,C）[33]。尽管其双阙及子阙皆存世，但是保存状态如此残破，以至于眼前所见的只是四座两两相靠的卵石堆而已。

双阙之间距离 17.15 米，就其分布可以判断神道方向为 N25°W。根据可以辨识的部分，可以看出其结构与杨府君双阙的相同。通过测量可测部分的尺寸（图 5.20）发现其甚至比杨府君双阙的对应部分要稍大一些。在其子阙的正反面上，可以确切地辨别出两垛单曲斗栱，与杨府君双阙的完全一致。

右阙的内侧上刻有铭文，其中的 4 个字依然可以辨认。它们分两纵行刻于右半边空间上，字迹显得颇为粗犷。这一铭文原本很有可能刻于墓阙的另一位置上（正面或者檐椽连接榫上），是后世之人将它重新刻到了这里。

根据《金石苑》的记载，铭文应该为如下内容（带有下划线的字体是如今依然可以辨识的部分）：

蜀中書賈公之闕

即"蜀国中书贾公的墓阙"。

但是，我们认为《金石苑》中所提供的文字信息是不完整的，因为，两列汉字应该遵循对称原则，这表明第三个字和第四个字之间必然还存在另外一个字；贾公的行政官衔很可能是由诸如"中书令"之类的三个字组成的。

《金石苑》所收录贾公阙铭文拓片源于更久远的年代，那时候石阙的保存状态比我们所见到的要更佳一些。该书复制了一篇铭文片段，这一铭文在宋乾道六年（1170 年）时被刻在了原始铭文[34]的左边：

> 右蜀贾公阙，在梓潼县路东，刻"蜀中书贾公之阙"，"阙"字已泐，有宋乾道六年跋云：十六国春秋贾夜宇（缺），李雄闻其名，拜行西将（缺字三）部尚书。按十六国春秋今所存者一百卷，乃明嘉

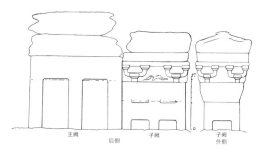

图 5.20　贾公阙左阙

主阙　　后侧　　子阙　　子阙外侧

33　Pl. XLIV, N°156.

34　似乎还有一种可能，即原始铭文也是在同一时期重新雕刻上去的，这就解释了为什么被置于内侧右边这一疑问，因为这样布置是为了预留足够的空间以便加上相关的评注。

35 上文提到《十六国春秋》。但是
我们并不能得到其完整的版本，
据记载，这本书在明朝时曾被重
新编订过。上面已经没有收录关
于贾夜宇的段落。关于该书的版
本变迁问题，《金石苑》认为宋
朝时应该还存在《十六国春秋》
完整的作品。
译者按：［清］刘喜海：《金石
苑》卷一，"蜀贾公阙"条目，
第 6280-6281 页。

兴屠乔孙项琳摭拾古书而成。又有别本十六卷，载何镗汉魏丛书中，其出在屠本项本之前，或即崇文总目所谓十六国春秋各通鉴考，与所谓十六国春秋钞也。今贾公阙宋人跋引十六国春秋贾夜宇，二本均未见其人，当是宋时崔鸿原本尚存也[35]。

...

与杨休的墓阙一样，贾夜宇墓阙也应该是建于公元 4 世纪之初，正是成汉皇帝李雄在位时期（306-334 年）。

梓潼县西门之阙的建造时间或许比贾公阙的仅早几十年而已。我们已经通过考察杨府君双阙对绵州府周边汉阙的共同属性和类别有了相应的了解，它们均应属于同一类石阙的简单复制品，至少在结构和尺寸上是这样的。

自从汉朝末期以来，中华帝国的其他地方都已经放弃了建造墓阙的做法，而唯独四川一地却延续了这一传统，这种现象显示了该地区历史遗存所具有的重要艺术考古价值。众多的史料也充分证实，得益于群山环绕的地形优势，蜀地可以凭借多处险要关隘进行有效防守，从而与外界隔离开来，拥有汤池之固。历史上，在公元初年王莽篡位之后，割据巴蜀的公孙述成为抵御中央势力的最后一股力量。在 221 年东汉灭亡之后，蜀地便成了延续汉朝最后的"正统"，在历史上得到了正式的认可，被称作"蜀汉"（221-264 年）。四十多年之后，蜀地为李氏家族的割据治地，再次成了独立王国。第三代李氏君王，即上文提到过的李雄，于 306 年称帝，国号大成，直到 347 年才被晋所灭国。简而言之，尽管中原早已改朝换代，但汉朝的统治在四川地区影响深远，直到公元 4 世纪中叶才退出当地的历史舞台。

现在我们有充分证据表明，相比中国其他地区，汉代的墓葬艺术在四川省多延续了一个世纪之久，至少在成都附近是这样的。然而，在这段时间里，蜀地的艺人们似乎仅满足于对大汉朝末期范本的简单模仿而没有更多的创新发扬。

李业阙

梓潼县城外西南 3 华里（约 1.5 公里）处有一座祠堂，至今依然存世，旨在纪念一位生活于公元初年王莽统治时期的名士（图 5.21 及图 5.14，D）**[36]**。祠堂前方立有一座现代风格的石碑，其上题"汉议郎忠义李公（讳）业（字）巨游之故里"**[37]**。

在祠堂院子西侧有一座类似岗哨的石质建筑，由一块长形的石板竖向构成，两边各镶有一块石头夹板，通过下方的基座和上方的顶盖得以固定。竖立起来的长条石板属于原李业墓地的一处遗物。其形状是狭窄的梯形，底边长 0.9 米，顶部边长为 0.58 米 **[38]**，高约 2 米左右。石板两侧装饰的凸出条框，通过圆弧形的肋形装饰与转角相连接（图 5.22）。

铭文由两列字组成，每列四字，字迹均清晰无比。从整体上观察，铭文所处位置稍微偏右。这些隶书字体十分匀称，并没有过分地将笔画拉长，横向线条朝右伸展，而竖向线条则时而弯曲、时而挺直。尽管该铭文的书法相当优美，我们依然认为它不一定就是原作**[39]**：因为有一点地方值得注意，那就是铭文在石面上的书写位置处可见经过重新打磨的痕迹，与石块其他位置仅为粗凿处理的表面形成鲜明的对比。

漢侍御史李公之闕

即"一位汉代御史李公的墓阙"。

1855 年 8 月，当地人在先前的铭文下方加刻了一段题记，其中有"志载石阙二、石表二，今惟石表存"这样一句话**[40]**，记述了石阙被再次发现的情形。1845 年，当地人偶然发现了属于石阙的一块石头，将此残石运到了县南关外二里许外的李业祠堂，用石块将其牢固地夹于其间，以便传于后世。

《金石苑》也曾对李业阙作过简要描述，特别指出其石刻一侧刻有一段铭文，是一位名叫李壁的人于 1519 年刻上去的："阙旁

36 Pl. XLV, N°158.

37 漢議郎忠義李公（諱）業（字）巨游之故里

38 由于石板的侧边掩埋进了框架之中，所以测量的是边缘之间的尺寸。

39 根据《补寰宇访碑录》对这一铭文的明确描述，它应该是由八分体写成，源自东汉初期。译者按：[清]赵之谦：《赵之谦补寰宇访碑录》，杭州：浙江人民美术出版社，2016 年。

40 译者按：为清咸丰五年（1855 年）知县张香海刊刻前任知县周树棠所撰《移阙记》中的记载。

图 5.21 李业阙
谢阁兰等：《中华考古记》图集一，*Pl. XLV, N° 158*

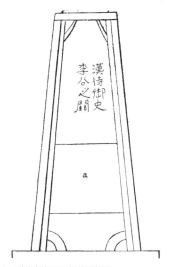

图 5.22 李业阙（1855年所刻铭文）

明李璧跋附录以备参考"[41]。指出该阙属于［明］《一统志》中曾提及过的汉议郎李业的墓地，尽管铭文中并未标明这一官衔[42]。但《金石苑》作者参照《后汉书》记载，提出李业是在元始年间（公元 1—6 年）获得议郎头衔的[43]。王莽篡位（公元 6 年）后，朝廷征召李业为官却遭其拒绝。之后公孙述又欲聘请他为博士，同样遭其拒绝。于是，公孙述派遣一个名叫尹融的人赐给毒给李业，后者饮毒酒而死[44]。在蜀地平定之后，汉光武帝感念李业的高尚节操，决定在其家乡所在地（组织游行）进行表彰。郡县命人雕刻李业塑像以彰显其精神，还为其打造了纪念性质的墓阙建筑。侍御史的谥号应该也是在此情形下被授予给他的。

公孙述政权于公元 36 年被汉王朝所灭，因此，李业阙的建造时间应该是在公元 37 年左右，由此推断它应为已知石阙中最为古老的一座。遗憾的是，由于现存残石所剩无几，仅凭现状判断，我们并无法确认它是否真正属于墓前神道石阙还是事后建于墓前的纪念碑性建筑。就目前所知，我们仅可得出如下两个基本判断：其一，这块残石依稀保留了石阙的基本形状[45]，所以，如果它作为墓阙的一部分，那么这座墓阙的形制应为独石构成；其二，在东汉开国之初，已经存在为大人物的墓地打造被称为"阙"的纪念建筑的做法。

41　译者按：［清］刘喜海：《金石苑》卷一一，"汉李业阙"条目，第 6264—6265 页。

103

42   这一点是《金石苑》的作者肯定的，我对此有不同看法。我们在祠堂周围进行了一番找寻，
      确实找到了一个貌似界碑的物件，一侧呈隆凸状，另一侧刻有铭文。虽然铭文的一部分已磨
      损不见，我们依然可以辨认出李璧所刻文本中的四分之三的内容，与《金石苑》中抄录的一致。
      或许这一铭文当时位于子阙在 1519 年时仍然残存于世的部分之上，当人们将主阙阙身移送
      到祠堂时，将铭文部分置于一旁未加理会。

43   后汉书的记载表明，李业为西汉官员，而且至死忠实于这一朝廷。

44   公孙述在窃取了蜀地的统治权之后，以白帝自称，成为抵抗东汉朝廷的最后力量之一，在
      光武帝登上皇位之后被歼灭。公孙述是一位以残酷粗暴著称的历史人物。戴遂良神父（R. P.
      Léon Wieger, 1856-1933 年）在《历史文献》中也对尹融和李业之间的轶事进行了更为
      详细的讲述。Léon Wieger（戴遂良），Textes historiques（历史文献）. Ho Kien Fou:
      imprimerie de Hien-hien, 1929. p.769.

45   无需考虑当前石板的厚度，因为有一点毫无疑问，那就是当人们重新安放这一石块时，其
      背面已经遭受到了侵蚀。

Chapter 6

墓阙（尾篇）
雅州的墓阙群

下文继续对墓葬石阙进行讨论。在本章最后，基于题刻现已基本无存的王稚子阙与雅州墓阙的相似性，我们特将其附加在此介绍。首先考察的大多数石阙均位于四川省内传统中国边疆的西边地带，基本沿着那条经过打箭炉、穿越川藏边界的古道沿线分布。汉帝国时期，汉武帝在现建昌谷地一带建立了越巂郡，令中华帝国的统治势力深入延伸到了这片地区。该郡不仅应该是与益州首府（成都）驿道相通，而且通过涪州和雅州受益州管辖。因此，从汉代以来，雅州就是重要的军事基地，同时也是贸易中心和马帮驻扎停歇之地。

高颐阙

1 Édouard Chavannes, Mission archéologique dans la Chine septentrionale, vol. I, p.21.

这位益州太守的墓地建于汉建安十四年（209年），距离雅州府（今四川雅安市）约15华里（约7.5公里）左右，就位于通往成都的道路旁。沙畹君曾向奥隆上校提及过高颐墓❶。如今已成为将军的奥隆在1907年时到访过高颐墓地，并对其作过详细的描述，引发了学者对该墓地的建筑物的评论和研究❷。这些研究均以奥隆所公布的一份绘图和照片为基础，因此，考察队此行既需要将相关绘图和照片与真正的建筑原物进行比照，同时也要利用已到访获知的其他石阙建筑的材料与其比较，重新检讨以往研究的成果。

2 Marcel Dieulafoy（马塞尔·迪厄拉富瓦），Les piliers funéraires et les lions de Ya-tcheou fou（雅州府墓阙及石狮），les Comptes rendus des séances de l'Académie des Inscriptions et Belles-Lettres（碑铭与美文学院报告），54ᵉ année, No. 5, 1910, p.369.

107

高颐墓是四川省境内碑、阙、墓、神道、石兽保存最为完整的汉代葬制实体。尽管右阙只剩下了一段刻有铭文的身躯，但是左阙却呈现了极为完善的保存状态（图 6.1）❸。不仅如此，原地还有一对带翼的神道石兽存世，与石阙一道形成了一条林荫墓道；最后还有一通高大的墓碑，原先应该是立于坟墓前方的，如今和几块同样源于墓地的石刻一起保存在近邻的一座祠庙内。因为本章的内容仅限于墓阙主题，我们将晚一些再讨论雕像、墓碑和其他的残块。

现右阙只剩下了几段属于阙身的大石块，上面刻有二十四个字的铭文，仿瓦当形状的庑殿式阙顶是现代专门为保护其而修建的。左阙保存完好，以下做详细介绍（图 6.2）❹。

3   Pl. XLVI, N°163.

4   Pl. XLVII, N°162.

图 6.1　高颐阙（前侧及外侧）　谢阁兰等：《中华考古记》图集一，Pl. XLVI, N°163

汉代墓葬艺术　　**L'ART FUNÉRAIRE A L'ÉPOQUE DES HAN**

图 6.2　高颐阙楼部及阙顶（前侧）　谢阁兰等：《中华考古记》图集一，*PL. XLVII, N°162*

建筑风貌

　　石阙用当地出产的红砂岩叠砌而成，因年代久远而呈现出红紫色的光泽。砂岩质地分外细腻，十分完好地保存了最初被赋予的图像细节。然而，尽管石阙经受住了风雨侵蚀的考验，却面临着日益严重的植物蔓延的威胁。我们让人锯掉了一棵高达好几米的大树，因为其根系已经蔓延深入到石阙的核心部位，正慢慢地将各石块构件四散挤开。

　　石阙通高 5.75 米。其建造结构几乎与杨府君双阙相同，但是保存状况更佳。而且，全面呈现于地面之上的完整墓阙，不但便于我们考察图像细节，也便于对石阙形象的整体观察。

　　露出地面的阙基看起来并不像一个简单的建造基础，更像是纳入到石阙统一设计的建筑装饰元素，起着支撑作用的同时，也有完善整体视觉形象的意义。从其侧面观察，沿四周分布着凸起的装饰线脚，以四角凸出的立柱为支撑。与汉阙惯常遵循的原则截然不同，该阙基

109

并不是供主阙和子阙共享的整块结构，而是随子母阙底部形状设计、拼合起来的整体，长宽高分别为3米、1.85米和0.43米❺。

5　参见图5.3。

6　*Pl. XLVIII.*

阙身由下至上略微收分，长宽比为1:1.67，相比杨府君双阙的阙身更显挺拔修长。主阙整体由尺寸大致相当的四块横向石板构成，而子阙阙身却由独石建成。

整座石阙，无论是其凸出的建筑装饰构件，装饰画像还是挑檐都毫无变化地重现了我们上文分析过的绵州墓阙的基本布局，甚至连一斗二升式斗栱的数目和形状都完全一致。

阙顶部分依然保存完好，除了具有上下两叠的双层顶结构之外，还存在第三块整石，安装于第二层的平坦部位之上，顶部隆起一个貌似三叉戟的正脊结构。这样的布局结构似乎是雅州阙所特有的，因为在其他地方的石阙上，屋顶结构都仅限于第二块石板之中，或者甚至仅仅由那块构成屋顶的独石完成。但是，雅州的建筑艺术家采取了附加另一石块的做法。如此一来，他不再拘泥于屋顶高度的限制，还根据同代建筑的特征毫不犹豫地将屋顶的比例分配调到了合适的水平。与此不同的是，其他各地的石阙都明显地将阙顶尽可能地打造得更为扁平，旨在令整座建筑的风格不要显得太过沉重。有一点值得一提，即此阙正面上有一处优雅简洁的瓦檐装饰颇为显眼，它是由覆盖各斜面连接处的、向上翘起呈鸟喙状的二等分肋条所形成的（图6.3)❻。

子阙的造型很精彩，令人赞叹。正如上文已经提及过的，支撑子阙的是一个单独的基座。不但阙身的正面分布着三个方柱装饰条框，这个条框结构也延伸到阙基装饰蜀柱的设计中。所以，雅州石阙的子阙同母阙一样，都严格遵循了从阙基开始的支撑元素对应的原则，而在

图6.3　高颐阙（后侧）　谢阁兰等：《中华考古记》图集一，*Pl. XLVIII, N°166*

上文的介绍中，读者可以留意到杨府君双阙并未遵循这一原则。然而这一对应原则到了第二层构架即石阙楼部时却被打破了，和绵州墓阙一样，只布置了两垛斗栱，个中原因我们稍后再作分析。楼部以上的屋顶为单坡式结构，具有三个斜面。简言之，子阙的阙基是完整无缺的，再往上则只剩下了三分之二宽度，待到顶部时则只剩下阙基的一半宽度。这种设计是在强调石阙的整体性，从视觉上看起来，仿佛子阙是由下至上逐渐变成了主阙的依附部分。

各建筑元素的有序对应及层次叠放体现了某种折中式设计，这一点因装饰的衬托愈加显得突出。尽管子阙的各层构架及其无装饰的延伸面之间存在一定程度的不协调感，但在主阙阙身上层所支撑的装饰画像以及子阙的挑檐之间却颇显一致；骑士车马所形成的仪仗队列连贯地展开画幅，如长卷一般缠绕四周，一如既往地强化了衔接性。最后是阙顶，它牢牢地与主阙阙身的构架层相接，主阙阙身上的力神角柱以跪姿呈现在子阙阙顶的搭接石上（图6.4）❼。

如何将两个尺寸不一但结构相似的建筑结合起来是一个棘手的问题，尽管绵州石阙所提供的建筑元素已经可以让我们分析出汉代艺术

图 6.4　高颐阙（后侧）　谢阁兰等：《中华考古记》图集一，*Pl. XLVIII, N°166*

111

家们针对这一问题所采取的解决之道，但此处的建筑实例却更是一目了然。虽然算不上完美的解决办法——显然这一问题也不可能有完美的方案存在——它至少体现了绝无仅有的灵巧匠心以及一种不对称中的平衡性，而中国的建筑构造长久以来就是以协调不对称的美为指导的。

雕刻艺术

阙身：

装饰元素的分布形式仍然与杨府君双阙一致。子阙上的下方装饰画像已经模糊不清，我认为自己（在其正面上）依稀辨认出了龟蛇相缠绕的浮雕图像。主阙上方装饰画像内呈现出一个仪仗队列，鉴于它实际构成了子阙挑檐装饰画像的延展部分，我们会将它们合并起来一同介绍。

首先在子阙的最左边看见一辆套着单匹骏马、撑着华盖的马车，上面坐着一名车夫以及一位手持小旗子的军士，迎风飘扬的旗子超出了马车的后缘。还有一名骑士行进在同一行列中。前方有一小队骑兵正在策马疾行，我们如今只能看见其中的两行了，原先应该还存在另一行，也就是与主阙相衔接的第一行，只是现在已经残损不见。接下来看到的是一辆套着六匹骏马、一路飞奔的马车，冠盖云集，燕尾旗飘扬。车上坐着三人，其中有一人正揪着车厢部位张望，我们只能看见他的双足。马车前有排成五行的十名步兵在奔跑，第一名的形象已经磨损不见。他们显得身材粗壮，与杨府君双阙装饰画像上同类画面相比步履有失矫健。主阙内侧的装饰画像已经模糊不清了，上面似乎曾经刻有两辆马车。当画面延伸到石阙背面时，又出现了一名手持小旗的骑兵，与另一名士兵并排，正在疾步向前。后面跟着两辆套着单匹马的马车，上面坐着两人。在车上两人之间隐约可以看见一把大扇子模样的物件，又或许是一个带柄的蝇拍❽。在子阙的挑檐上也分布着同样的两辆马车，马车后面奔跑的两个兵士图像一直延

8   此次作者将便面误认为蝇拍，参见第四章相关注释6。

112

伸到了挑檐的最尖角处。

这一组刻画于装饰画像的图像，虽然与绵州墓阙所用的方法是一样的，构成形式也十分类似，但是雕工并未能生动地刻画出动物的身形体貌，所呈现的姿态气质也少了许多活力和灵气，所以，展现的画面远没有杨府君双阙的生动传神。

楼部：

所有的力神角柱都是人面形象。得益于石头的良好保存状态，我们可以很轻易地看到其蹲姿设计与可用空间之间天衣无缝的配合，以及其肩部在厚厚的十字形木柱重压下所形成的肉峰。石阙背面的力神角柱保存最为完整，其中一人梳着汉人发式，戴着扁平后翘的无檐帽，脸上没有胡须。不同于其他石阙常见中亚人的形象，这个人物形象颇为例外，是用圆雕手法刻画了一位中国人，因为他与我们常见的那些出现在山东地区浮雕、壁画中的人物形象十分相似。从某个角度看过去，这位本地人高挺的鼻梁，鼻头尖尖，双眼很大，颧骨凸出，呈现出龇牙咧嘴的表情。相对应的另一个力士柱，光秃秃的脑袋，身穿一件长袖衫，卷曲的头发中分，右手捻着卷曲胡须的尖端。弯弯的眉弓下是眼珠突出的双目，从而彰显出了头部轮廓的非中国人特征，这应该是一位亚述人的模样。

第一构架层上方覆盖着一个由多个枋头形成的框架结构。无论是在主阙还是子阙上，这些枋头外露的侧面上都刻有雅致的涡卷线状图案，或是用单线条勾勒而成的云朵图案。正反面的中间部位各有一饕餮头冒了出来，其刻画均显得软绵无力。正面上的饕餮头长着两只角，而背面的则只有一只。倘若与沈府君左阙的饕餮相比，我们不禁会为雕刻者不知所以然的盲目抄袭所达到的谬误程度而感到愕然，更何况此处涉及的还是一个经常重复出现的常见图案。由于未能成功地将两只角安置在饕餮头上，他甚至用单线刻画的方式将其刻在了两根挑枋的榫接端头上 [9]。

按照由左到右的顺序，各斗栱之间的栱间壁空间内填充着如下内容。

113

正面：

子阙上有一只长着人面的母狮正以侧对步的方式行走着。主阙左边有一名正在睡觉的士兵，右手撑着脑袋，左手握剑，其姿势与我们在绵州墓阙上所见的一样[10]；右边则是一位双腿弯曲似乎是在冲刺的人物形象，挥舞着一个大锤子，正准备抡起胳膊捶向那只懒洋洋地栖息在中央梁托之下的巨兽[11]。这一组群雕动态十足、画面旖旎，堪称系列中的点睛之笔。人物衣衫的刻画尤其清晰流畅，足踝处收紧的灯笼裤、垂尾式的长衫以及在肩部上翘成涡状的交叉成十字形的护胸甲，均刻画得准确而细致。

内侧：

仅存两个模糊不清的人物形象。

背面：

一只长有翅膀的"九尾狐"；一棵具有六根枝丫的树桩，貌似象征农历月份的树，树顶朝下弯曲着，树下有一只大鸟（鹰？）伫停于其根系之上，正在啄食树叶；树干的另一侧还有一只身形更小的鸟儿[12]；子阙上有一只四足动物（绵羊？）正在啃食另一棵树，我们可以看见树上对称的三根枝丫。

一条窄小的装饰画像将各层构架与挑檐隔开了，上面刻绘着一些装饰图案。主阙部分分布是狩猎图和神兽群雕，子阙上的则是漩涡状的叶饰。

主阙挑檐部分为装饰性画像最为集中的地方。尽管图案繁多，却全然弥补不了潦草无力的雕工以及缺乏立体感造型的败笔。负责这一石阙的雕塑工匠们在制作中有混淆减底平面线刻技法和浅浮雕技法的趋势，而在此之前，两者之间的区分一直得到了很好的遵循，所以说这无疑是相关技艺走向衰落的明显征兆。

在左边拐角处（正面），一匹从外侧走来的马正扭头回望，马匹前方有一只身首倒悬俯冲而下的鸟儿。接下来看到的是一名女子，左手拿着一个貌似小铲子的物件，而右手所持之物像是一只动物的死尸。

10　译者按：本文作者并未理解图像的内容，同绵州墓阙所见图像一样，这是汉画像中常见的表现汉高祖刘邦斩杀白蛇起义的"高祖杀蛇"图像。

11　译者按：汉画像中常见的表现韩国公子张良刺杀秦王的"博浪沙锤秦王"图像。

12　这两只鸟儿的形象与云冈佛籁窟门洞里的那只驮着女神的老鹰不无相似。Édouard Chavannes, Mission archéologique dans la Chine septentrionale, pl. CXIX.

114

女子身后跟着几人鱼贯而立。在右边的角落处，两条蛇状的神兽颈部相交缠绕在一起，一个侏儒站立于神兽的后臀，正扬起双臂准备去抓其弯曲在上方的尾巴。在背后内侧的角落处（此次并不是通常安排这类画面的位置），我们再次看见了"狩猎图"，但是其刻画显得落俗，而且反映出雕刻匠人对图像粉本的理解是如此的囫囵吞枣，以至于揪着兽尾的人身体倾斜的动势居然与正常方向相反。接下来刻画的是一群站立着的人物形象，旁边有两人跪拜在地。再往后则是一名采取东方人坐姿的女子（？），其两边分别为一名配角人物以及一匹长有翅膀的马，马匹的身姿沿拐角延续到了另一侧。整个这部分的画像是对绵州墓阙上同一画面的拙劣模仿，其效果简直是对原作的贬低。

铭文

在本章中，只是誊写下石刻题铭，然后对其含义进行初步解释，并指出其布局形式。至于相关的评述，我们将安排在高颐碑的铭文载录一起进行（附录 C），因为这三处文字之间有着互为补充的关系❸。

右阙阙身上的铭文：

漢故益州太守
武陰令上計史
舉孝廉諸部延
高君字貫方
事

即"已故高君，字贯方，益州太守、武阴令、上计史，举孝廉，汉代诸部从事"。

左阙挑梁端头的铭文：

115

漢　陰　令　廉
故　平　北　高
益　都　府　君
州　尉　丞　字
太　武　舉　貫
守　陽　孝　方

即"已故高君，字贯方，益州太守、阴平都尉、武阳令、汉代北府丞、举孝廉"。

　　铭文一些刻在背面的阙身上，一些刻在石阙楼部挑枋露出的端头，一些地方有几处缺文。这些刻有文字的挑枋形成了一个框架结构，将挑檐和阙顶隔离开了。也就是说，其状态与我们熟悉的杨府君双阙铭文一致。考察队对阙身上可认清的汉字按照上文所抄录的文字从 1 至 24 进行编号，然后将这些号码与枋头上的铭文的可读部分对应起来，得到了如图所示的内容（图 6.5）。可以看到，铭文从前方内侧的角落开始，由右向左顺次展开，而且，两个铭文内容完全一致，只是后者缺少了第 22 号和第 23 号这两个字。

　　阙身上的铭文是否为原作值得怀疑：比较阙身和挑枋端头的文字可以发现，铭文的字数与挑枋端部的枋头数目正好相符，而挑枋本身即是建筑所固有的（右阙上的铭文字数也与其一致）；而且，阙身上的铭文是刻在阙背面的，与通常的做法相悖，所以，如果以上二者之间有一个是另一个的复制品，那定然是阙身复制了梁枋头上的文字。我们从书法角度对两处铭文进行详细审视之后，更加确定了阙身是重新誊写的假设：阙身上的字体有一种如履薄冰的小心谨慎，以至于显得不太正常，其笔画走向虽然是正确的，却没有体现出汉隶铭文所特有的风格。

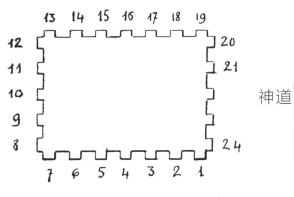

图 6.5　框架上可辨字迹的铭文位置分布

图 6.6 杨宗阙 谢阁兰等：《中华考古记》图集一，*Pl. XLIX, N°168*

杨宗阙

位于嘉定府（今四川乐山市）和雅州之间的夹江县以南 15 华里（约 7.5 公里）处，有一对已佚失子阙的双阙存世（图 6.6）**❿**，它们是采用岷江流域常见的红紫色砂岩雕琢而成的。这种石料不如高颐阙的致密坚硬，无法很好地抵御风雨侵袭。相比上文已经介绍的其他石阙，杨宗阙并不具有任何明显的新鲜元素。

双阙之间的距离仅为 11.5 米。阙基的尺寸均为横 2.75、纵 1.7 米左右，外侧部分超出主阙很远。很明显这属于主阙和子阙所共用的阙基。阙身上所划分的条框数目与杨府君双阙和高颐阙的数目相同，上面似乎未曾装饰过。

向外突起的楼部的第二层在正背面上只有两垛斗栱，侧面上则只

117

有一垛斗栱，弯曲幅度都很大。装饰画像上方有一行类似银币的装饰❸，代表着一个圆木式结构拼接面的榫接端。

挑檐上还保留着几处雕刻，然而其处理手法且显得如此贫瘠，以至于人们对其他部分的丢失也不感到太过惋惜。在可以辨别的图案中，我们认出了蛇颈相缠的画面；侏儒中的一个在此处是仰天跌落的姿势，而我们在其他石阙上看到的是站立于蛇颈神兽背上的。

这对石阙的建筑风貌和装饰图案也同样流于平庸，似乎是二流匠人的仓促之作。

右阙的正面刻有两行铭文：

《隶释》对其进行了如下复原❶：

即"已故汉代益州太守杨宗字德仲之墓道"。

《隶释》中并未附上任何的历史评述。《金石苑》则对其作了修正，认为杨宗应该是一州的最高行政长官"牧"，而不是一郡的最高行政长官"太守"❶。根据该书从《华阳国志》中抄录的记载，杨宗的祖籍为临江县❶。

16　译者按："益州太守杨宗墓道，汉故益州太守杨府君讳宗字德仲墓道，右益州太守杨宗墓道十六大字今在西州。"［宋］洪适：《隶释》卷十三，《隶释·隶续》，第146页。

17　［清］刘喜海：《金石苑》卷一，"汉杨宗阙"条，第6270页。

18　译者按：《华阳国志》："武陵太守杨宗。临江人也。"参见［晋］常璩著，任乃强校注：《华阳国志校补图注》，第718页。

王稚子阙（105 年）

　　在四川省灿若繁星的考古资源中，王稚子阙享有其尊崇的地位[19]。在《金石苑》描述过的所有建筑遗迹中，它位列首位[20]。而且，中国几乎所有的一般性金石学著作都会介绍到它。沙畹在其《华北考古图录》中复制有《金石索》中出现的王稚子阙的画图，并在其考古报告第一册中研究了与该阙相关的文本[21]。他指出这两座阙在 17 世纪中叶时就就已经被毁坏，在 1731 年时应该只剩下了左阙的几块残石。事实上，我们在当地找到的也就是这些断块。

　　成都府通往绵州的道路在离开首府 40 余华里（约 20 公里）处，穿过了新都县城。再前行约 8 华里（约 4 公里），道路左侧就会出现一栋小屋。屋前立着两块碑石，分别建于乾隆、道光时期，向世人宣告此处便是"汉代王公之神道"。进入厅内，会发现四壁布满了现代碑刻，最角落处有一块残石被圈禁在一个砖砌结构内，通过上面预留着的一扇窗口，可以看见石块上的残存铭文，其上竖向排列着几个汉字。由于历年反复拓片的缘故，字迹周围已被黏涂上了一层厚厚的古旧墨迹。

　　这块残石定然是墓阙原件无疑。其上以八分体汉隶，深深地将文字雕刻在石块上，字势遒劲沉重、茂满丰厚。铭文由上至下残损情况逐渐严重，仿佛是从石块上飞逸而出的一道倾斜光芒一般，渐行渐弱，到了第八个字时，已完全没法分辨出具体字形了。

　　随后，我们进入后院一番查寻，找到了两件粉黄灰色砂岩材质的石块，其中一件长约为 1.5 米，其一半面积已被凿成了凹形。我们判

19　正如我们在本章开头指出的，从地理位置上判断，这一墓阙应该划拨到绵州的阙群中。之所以将它留到后面阐述，是因为对其存世建筑的研究能够提供相关的经验指导，有助于我们阐释与其相关的资料。

20　译者按：宋阳安刘泾记"王稚子石阙记"："按阙面有隶字三十一，法度劲古，过于钟梁；阙上有衣冠鸟兽等像，仅可辨，气韵精简，过于顾陆。并以告来者。"［清］刘喜海：《金石苑》卷一，"汉王稚子阙"条目，第 6245-6247 页。

21　*Édouard Chavannes, Mission archéologique dans la Chine septentrionale, vol. 1, p.256.*
译者按：［清］冯云鹏、冯云鹓同辑：《金石索》卷四《碑碣》"汉兖刺史王稚子双阙"条目。

断，屋内墙上所嵌残石正是从此处取出来的。倘若这一假设成立的话，这件石块就应该是阙身的一段；而且，由于这一石块在尺寸上已大大超过了分割式石阙的结构层，那么这个汉阙本身应该是一种独石结构。后院的另一石块，尺寸为横 1.1、纵 0.7 米，厚度为 0.3 米，据此可以判断曾经是楼部的构成部分。

在距离道路西侧 50 余米处，残存有一座土丘，周长约百步，据记载这便是著名的王稚子墓。正如我们在上文已经指出过的，王稚子墓是汉代遗迹中唯一和双阙相伴而存的墓地。在这间小小的陈列室内，展示了一方刻有铭文的石碑（图 6.7）。另有一幅新近刻就的石刻，上面展现了这一墓地的风貌：众多文人雅士围聚在墓前所竖立的碑状物前，仔细端详。此图意在展现墓阙的原状，也就是当人们为了妥善保存决定将其移往祠堂之前的状态。根据此画面所提供的信息，墓阙好像原本立于坟墓南面的前方。

铭文

洪适在《隶释》中抄录了双阙的铭文 [22]，此外还有《金石苑》[23]、《金石录补》[24]、《金石萃编》[25] 等著作也有收录。而且《金石苑》还按照真实大小复制了从拓片上描下的字迹。

铭文内容布局如下：

右阙 [26]

漢 故 先 靈 侍 御 史 河
1   2   3   4   5   6   7   8
内 縣 令 王 君 稚 子 闕
9   10 11 12 13 14 15 16

即"汉代已故侍御史、河内县令王稚子大人之墓阙"。

22 译者按：［宋］洪适：《隶释》卷第十三，《隶释·隶续》，第 144~145 页。

23 译者按：［清］刘喜海：《金石苑》卷一，第 6245~6246 页。

24 译者按：［清］叶奕苞：《金石录补》卷六"汉王稚子阙画像"条目，《石刻史料新编—第一辑》，台北：新文丰出版公司，1977 年，第 9018 页。

25 译者按：［清］王旭：《金石萃编》卷五"汉王稚子二石阙"条目，《石刻史料新编—第一辑》，台北：新文丰出版公司，1977 年，第 100 页。

26 《隶释》没有具体说明哪部分铭文是分别属于左阙和右阙的。尽管如此，由于所保存下来的残块是属于左阙的，我们从而可以将二者区分开来了。

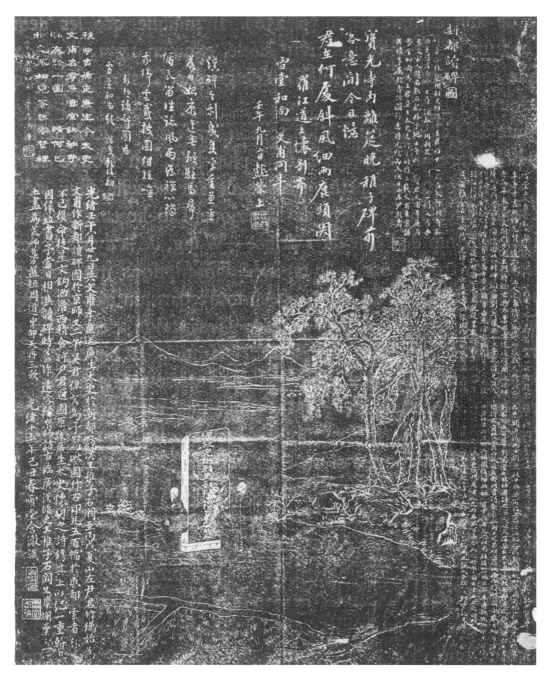

图 6.7　王稚子阙（祠堂内的一方石刻所展现的内容）

121

左阙

漢 故 兗 州 刺 史 雒 陽
1　2　3　4　5　6　7　8
令 王 君 稚 子 之 闕
9　10　11　12　13　14　15

即"汉代已故兖州刺史、洛阳县令王稚子大人之墓阙"。

陈列室里嵌于墙体中的石块残片上，可以被识别的字迹便是左阙上这八个汉字中的一部分。

洪适《隶释》曾对王稚子阙作如下记录和评论：

右雒阳令王稚子二阙。王君名涣，其字稚子，广汉郪人也，东汉循吏，有列传。涣举茂材，历温令、兖州刺史、御史、洛阳令，以和帝元兴元年卒。今成都新都县有涣墓。此墓前之双石阙也，其上各刻车马之状，一则二人乘马，一则二人乘车。见于《隶释》。惟冯焕、高颐、金恭三人有阙又有碑。赵氏云，本传稚子当为温令，而碑作河内令，乃史之误。其说非也，温者河内之邑，河内是郡名，无令也。碑云河内县令者，以郡为尊，盖谓河内之县令尔，即温也。先灵之称，它碑所无，碑中縣字反系作县。[27]

根据《后汉书》对王稚子的介绍，其名为"涣"，祖籍广汉郡[28]，于东汉和帝元兴元年（105 年）去世。王稚子曾任河内郡温县（今河南焦作温县附近）县令。此外，从中还得知洛阳民众感怀其美德，为他在城内建造了一座祠堂以示纪念[29]。可见此人声名堪比冯焕之子冯绲的美誉（尽管渠县并没有冯绲的墓葬建筑，但是当地民众千百年来一直保留着对其进行祭祀的做法[30]）。

下文以《隶释》和《隶续》为基础，尝试着去了解王稚子阙的建

27　译者按：［宋］洪适：《隶释》卷十三，《隶释·隶续》，第144-145 页。

28　汉朝大约在公元前 200 年左右设立广汉郡，覆盖了四川省的中北部分，南至成都近郊。新都县应该离广汉郡的西南边界十分近。

29　Édouard Chavannes, Mission archéologique dans la Chine septentrionale, p.256.

30　参见附录 A。

筑结构和装饰图像原本的面貌，去分析应该将该阙归为哪一种已知的墓阙类型。这样的分析研究极有意义，因为王稚子阙年代久远，是四川省内除去李业阙之外最为古老的墓阙建筑，而李业阙已残损严重、所剩无几，根本无法生成任何阐释。

洪适所描述的文字旁配有一幅图画（图6.8）[31]。如果这幅依据拓片所做的绘图是完全忠实于原物制作的，而且其著作的历代编印者是真实可靠地复制了图中内容，那么这幅图确实属于弥足珍贵之物，几乎足以让我们获得对墓阙的全面了解。然而，从现场考察来看，很有可能真实情况并非如此。但是，历次画图者似乎都还是根据手中拥有的墓阙建筑各部位的完整拓片进行创作的，因此这一图画仍然是一份可用的资料，但是需要以审慎的态度对待，并且需要进一步的分析解释。

图6.8 王稚子阙（《隶释》所展现的内容）

31 本图以《隶续》卷五中的绘图为蓝本进行复制。是《华北考古图录》中第199图，也是根据《金石索》复制的同样一幅图。虽然这两幅复制图的内容是一致的，但是对墓阙各面的标注存在差别。译者按：[宋] 洪适：《隶续》卷五，《隶释·隶续》，第361页；*Édouard Chavannes, Mission archéologique dans la Chine septentrionale, fig 199.*

洪适记录王稚子阙上的内容[32]：

右王稚子二阙，其右则骑而西者二人，其左则乘车而东者二人。挽之者，橐佗也。王君平生官簿互见于两阙之上。[33]

并这样描述其画面[34]：

右王稚子二阙，前书已释其文矣，额上六字亦已见之《隶释》。西州所存汉人墓阙，其右方数尺间有阙者，上琢楼屋为盖，如今寺观中经幢。蜀[35]帅范至能画图其八面相赠。阙之两角有斗，斗上镌耐童儿，又作重屋，四壁刻神像、人物、车马之类，亦有漫灭者。"先置"二字在右阙南面，"稚"字在北面，"子"字在东面，"雒阳"二字在左阙西面。坐莲之像四，左右各一小儿，其像顶冠，若祠刹中所谓天王者，狮象之间其僧四，乘马者四人，引车者二，乘车者五，以绳曳兽者一人，中兽而立者亦一人，耐童儿二十七人。神体不具者有三，龙一，象一，狮子八，其六在。五角兽面四半体者，五车马，模糊辨不能画，蜀工椎拓，二阙勉有一车二马，乃石壁两隅所刻者，灵台碑阴。会计作碑之费，二十千两百尔，武绥宗使石工孟季为其见造阙，为钱乃十五万，孙宗作狮子亦四万，则一阙之费比碑十倍。王君二阙至今不毁，其耐久如此。

以上是我们选取传统金石学著录中常见且最有意义的几个段落。以洪适的文字描述对照《隶释》上的绘图，结合考察队在陈列室所见其保存的三块残石所反映的基本信息，似乎足以让我们做出这样的判断：王稚子阙正属于我们在描述绵州阙群时所定义的"第三类"墓阙。

尽管这些图像将石阙描绘得矮壮而且简化，但它至少在结构分布上是正确的，与"两角有斗"和"斗上镌耐童儿"所反映出来的位置信息完全一致。我们可以看到上方是一个倒置的梯形，其形状和所在位置都与挑檐准确对应。再往上看到的是阙顶下隔离框架上众挑

32　这段文字的一部分是沙畹根据叶奕苞所撰《金石录补》内容翻译的，似乎与《隶释》中的文本不尽一致，存在几处分歧。我们在重新整理翻译时，重点放在了考古学的角度，依据的是对同一地区其他墓阙进行现场考察所获取的知识。Édouard Chavannes, Mission archéologique dans la Chine septentrionale, p.257.

33　［宋］洪适：《隶续》卷第十三，《隶释·隶续》，第414页。

34　［宋］洪适：《隶释》卷第十三，《隶释·隶续》，第144-145页。

35　"蜀"是四川省西部地区的古代名称。

124

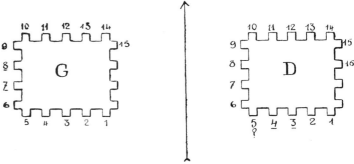

图 6.9　铭文的位置分布

枋的榫接端，最后便是上下两叠结构的阙顶。尽管绘图在比例上严重失真，阙顶显得太大，以至于楼部过小，但是就各构件的排列顺序而言，它是准确的。而且，绘图也清晰地表明了该建筑应该属于第三类墓阙，而不可能将其归为其他类别。

在洪适的描述中，石阙楼部被明确地比作了楼层，而我们上文所提及其四壁雕刻图案的结构正是指的楼部上的挑檐。事实上，这一部分结构对斗栱层起到了增强的作用，而且，上面的装饰图案应该是整座石阙上最为精致的。

12 世纪初期的金石学家洪适在其著录中曾分别记录下了四个侧面的文字所在位置，并注明了还有哪些文字是可以被释读的。这一文本内容间接印证了其铭文一定是位于石阙楼部的，而且，也可与绘图所展现的文字分布情况相互对照考察。铭文被镌刻于梁榫接端上的状况，显现出第三种类型石阙的典型特征。如果我们试着以一幅描绘承梁的图做参考（图 6.9），观察图中所记铭文的内容和位置，则可看到上述情形，其中标有编号的是位置已经确定的文字，右边第五个字是唯一没有在阙身铭文中出现的字，应该是抄写时出现了错误。此外，左阙上的铭文是从正面内侧的角落开始的，这一点与我们已了解的两处实例（杨府君双阙与高颐阙）的分布形式相符。右阙上的铭文也始于正面，但是仍然是从外侧开始的。尽管这种方式并不符合对称分布的原则，但是它是遵循了该地区汉阙铭文通常的书写行列和衔接方向的（从右到左）❸❻。

对于描述中所指出的雕刻图像，其中有一部分与我们见过的雕刻作品可视为相同。我们在描述中读到了有骑兵护送的马车队列，上面乘坐着军士，如果我们的诠释无误的话，还有人奔跑于车后；有支撑在"斗"之上的"耐童儿"[37]；也有一些被称为"狮子"的图案，应该将其理解为其他石阙上常见的以浅浮雕刻画的各种猫科动物形象，因为，在宋朝时期到处可见佛教文化中的狮子，其形象如此地深入人心，以至于"石狮"一词成了"动物雕像"的同义词（如同金石学家们将墓道侧的老虎雕像千篇一律地称为"狮子"）。描述中还出现了长角的怪面饰和飞龙形象，而文中的大象对我们而言是一个新鲜元素，但是其存在也不足为奇，因为我们在河南和山东的同时期画像材料中发现了不少的大象画像。最后是用绳子牵引猛兽以及站立着抽打猛兽的两个人物形象，我们辨识出了应是"狩猎图"中的典型画面。有宋一朝，宗教文化和形而上思想盛行，对于这一样的画面，那个时代的文人也应该与当今的文人一样根本无法理解。

然而，描述中的一部分内容引起了沙畹这位睿智的考古学家的疑虑。他指出：

从这一段描述来看，好像王稚子墓的浅浮雕作品体现出了明显佛教影响的痕迹。但这是不可能发生的事情，因为王稚子早在佛教造像传入中国以前的 105 年就已去世了。

36　《隶释》中的画图声称对应的是同一阙（右阙）的南面和西面。《金石索》的作者更正了这一明显的错误，提供了两幅图，分别代表右阙南面和左阙西面。《隶释》的画图中还有一处不准确的地方，而《金石索》没有更正。那就是左阙图的上方确实是西侧，但是带有铭文的下方对应的一定是南侧，因为既然右阙的铭文是位于正面，与之相对称的左阙铭文就不可能位于外侧。更何况外侧应该被子阙给遮挡住了。

37　虽然《隶释》中画图的作者将力士柱放在了正确的位置上，却没有理解它们的用途；他在画图时没有逼真地刻画出力士的姿势，但表明他知道他们应该是处于跪姿的。"两角有斗"指斗栱，以位于下方框架枋结构下的半露蜀柱柱头的形式呈现。

126

尽管我们如今知道佛教思想是从公元 1 世纪初期开始传入中国，但实际上佛教造像在中国的存在痕迹是直到 300 年左右才开始出现。所以，洪适的描述中有一些地方借用了原本属于佛教的比喻词汇，虽然从历史角度而言是站不住脚的，但依然可能有所解释。

从描述文字的开头部分起，洪适就将墓阙比作了"如今寺观中经幢"。这些幢柱是八边形的，对其进行拓片时，即可生成八张长形的纸页。通过洪适的描述，我们了解到他的考证、注释工作是以好友范至能❸所赠送的王稚子阙图片（或者更有可能是一些拓片）为基础展开的。因此，他面前应该是摊着八张长形的纸页，从其描述中也可以得出 2×4=8 的公式。

洪适更讲到，石阙上有四位坐于莲座上的人物形象，其"左右各一小儿，其像顶冠，若祠刹中所谓天王者，狮象之间其僧四"。此处所描述的为佛教造像无疑，这种情况是因为洪适被头脑中的顽念所桎梏，以至于将古代石雕的图案通通看作佛教形象。要知道，在他生活的年代，这类佛教图像可是以成百上千万份的印刷数量传播于世的。

另外一种解释似乎更为合理，也可以避免将如此粗鄙的错误归咎到这位宋代著名的金石学家身上。在绵州地区，我们曾见过一些与王稚子阙形象相类似的墓阙（平杨府君阙）。有一个地方距离这些墓阙需要几天的徒步行程，那里存在着公元 6 世纪时期添加上去的佛教图案，这些图像形成时间比《隶释》成书要早 6 个世纪。我们是否可以顺理成章地假设新都的石阙也遭受到了同样被加刻、篡改的命运？如此一来，即可以解释为什么《隶释》中的描述文字会涉及佛教形象了，因为洪适在这种情况下，无法辨识清楚哪些是原始图像，哪些是后加刻的图像的话，那么他看到的人物确实就是宗教形象。这也可以顺利地解释什么会被洪适诗意地描述为"四壁刻神像、人物、车马之类，亦有漫灭者"的杂乱印象了。杨府君双阙上的装饰画像也被

38　译者按：范至能，即范成大（1126～1193 年），洪适好友，宋淳熙二年（1175 年），任敷文阁待制、四川制置使。

127

后世加刻一些佛教图案，我们带回去的拓片只能勉强看得清，给我们所留下的正是这种一团糨糊状的印象，但其实现场观察石阙原物上，依然可以看清两层重叠的装饰图案。

无论上述假设是否成立，洪适的描述文字都具有至关重要的价值。它几乎可以确定一对源于公元 2 世纪之初、属于"第三类"的墓阙曾经真实存在过，在结构和装饰上的复杂程度与建筑年代不详的杨府君双阙以及晚问世一个多世纪的高颐阙不相上下。本文对王稚子阙的梳理，也告诫我们必须采取审慎的态度来研究墓阙的演变，不得先入为主地认为最古老的定然就是最简单的类型。

128

Chapter 7

雕像

汉代以降，即有在墓阙前、即原茔址所在地界以外设立大型圆雕兽类石刻的习俗。这些陵墓神道石兽两两相望，所处的位置与我们如今在中国任何庙宇和宫殿门口所见到的无异。有记载表明历史上有各类动物、人物雕像沿神道相对分布，或位于墓阙之前，或位于坟冢前用于祭祀的空间，但是，岁月流逝，如今罕有存世。这些圆雕动物和人物上通常并无铭文，所以一直未能进入金石学家的法眼。即使有时有幸被他们提及，也是一笔带过，既没有描述之语，也没有数目说明。从本文所引金石学著录中可以明显地看出，传统的中国学者从未仔细查看过此类雕塑到底是模拟了哪一类动物或其来源何处。

已被发现依然存世而且依附于已知墓地的墓前雕塑仅存几对，主要分布在以下三处地点: 首先是沃尔帕（P.Volpert，1863-1949 年）继沙畹考察团之后在山东嘉祥武梁祠墓阙（147 年）前发掘出两具圆雕石狮 ❶，然后是 1907 年奥隆考察团在雅州附近高颐墓（209 年）附近寻访到的一对石兽雕塑，最后一对是我们在雅州府芦山县附近的樊敏墓（205 年）遗址处发现的石狮。除此之外，在考察过程中，我们还在毗邻墓阙的地方或者已经消失的坟冢所处场地内，发现一些散落的石兽或其残块，有时候这些残块被田地、山丘所掩埋，偶尔露出地面的部位显现出动物脊骨典型的弓形弯曲，或者是汉代雕刻家们装饰在这些石兽肩部或者肋部的羽毛状翅膀。下面，我们会按照考察墓阙的顺序，逐一介绍所寻访到的石雕动物形象。

1　译者按：*Édouard Chavannes, Mission archéologique dans la Chine septentrionale, vol.I, p.21; Sekino Tei*（关野贞），*Stone mortuary shrines with engraved tablets, of ancient China under the latter Han Dynasty-II*（东汉石阙与石祠堂）, *The Kokka*（国华）, *Vol. 19, No. 227, Tokyo:The Kokka Publishing Company, 1908-1909, pp.303-306.*

131

賨城的蹲虎雕像

在冯焕阙和"倾斜之阙"之间，瓦赞君远远望见一块半掩于水稻田中的大石，可以发现其上有雕琢的痕迹。于是，他遣派工人去将石块从泥塘中挖出，并将上面的黏土清洗掉。显现在我们面前的是一个高度约为 1.3 米的四足动物雕像。整个身体前部，包括头部及两只前腿都已经折断，但是背部依然彰显出精致的雕刻风格（图 7.1）❷。由于当地人对其并不重视，这件刚刚露面的雕塑作品将会再次遭受被破坏的厄运，被农民们凿成界碑或者磨盘。所幸我们拍下了雕塑的照片，绘制了准确的素描图保存了其形状和装饰。一直以来，在汉代甚至梁朝的遗址中都没有发现过类似坐姿石兽流行的痕迹。通常的认识是，坐姿形石狮从公元 6 世纪开始在佛教造像领域盛行，至唐朝才进入墓葬艺术并逐渐形成了中国雕塑最广泛的形式，而这件石雕的发现，彻底改变了我们既有的认识。

发现于稻田中的这一四足动物雕像类似虎形，脊柱弯曲，后躯矮壮，尾巴灵活地前翘缠绕着其中一只爪子，都让人联想到雕刻工匠仔细观察并掌握了猫科动物的形象和动作要领，并以此为基础来创作这件石兽雕塑。但是，他在作品的前胸部位进行了一番自由发挥，从而令其更加孔武有力。

图 7.1 蹲姿翼虎石雕（背部视角） 谢阁兰等：《中华考古记》图集一，*Pl. LI*

此处的鬃毛以及前胸部位的创作
发挥似乎都表明雕刻者想要令兽
雕具有狮子的一些特征。有很多
实例都展现了类似的折中处理手
法，而翅膀的存在表明所雕之物
是一只想象而成的动物形象。

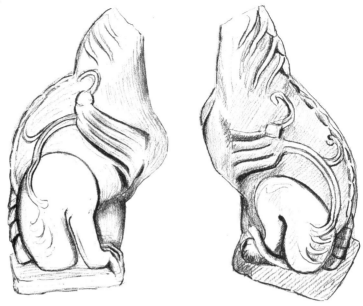

图 7.2 翼虎石雕（谢阁兰绘图）　谢阁兰等：《中华考古记》图集一，*Pl. LIII*

雕刻手法显得娴熟潇洒、游刃有余。由四丛羽翼构成一只短翘
的翅膀，翼尾呈扁阔的抹刀状，作为装饰元素的翅膀与肩部的衔接十
分巧妙，与隆起的前胸曲线形成了互补。两根长羽从翅膀下伸出，其
中一根朝向石兽的脖颈部位伸展，另外一根则经肋部延伸，在脊梁
处分出一个涡形装饰，最后在大腿部位结束。以类似线描手法处理的
鬃毛被清理成富有规律的几缕，交替地沿左右方向下垂，给脖颈部位
增加了双重流苏装饰**❸**。石兽背脊有一条明显的起伏曲线，在尾巴的
根部转化成了一串串相互嵌套的环状物，宛如鳞甲一般**❹**。

雕塑及其基座在一块独石结构上雕琢而成，前足和胸部之间是连
在一起的，没有经过镂空处理，胸部下方可以看到一方搭接石，属于
一块被预留着的隔板（图 7.2）**❺**。

4　在梁朝的建筑遗迹中，我们在柱顶发现过一些坐姿的小狮子雕像，但是其类型接近于印度的风格。
而墓道两侧的大型雕像都一律是以行走姿势呈现的兽雕。

133

其他雕像残块

赵家坪村不远处有一条小溪流，溪岸上横躺着两尊仅剩身躯的石兽残肢。残肢体长为 1.6 米左右。其中一只（图 7.3）脖子挺立着，鬃毛形成了一缕流苏下垂至肩部。

腹部的石料被粗糙地凿成了方正形状，上面显示出了一块正方形的肌肉块。这尊雕塑没有任何带有羽翼的痕迹，应该是写实的雄狮。尽管另外一尊石兽（图 7.4）残缺更为严重，但是其肋部的装饰图案却完好无损。翅膀的刻画方式与稻田中的石兽极为相似，带有四条抹刀状的扁阔飞羽，翅膀尾端通过柔软的长羽毛得到了延伸。这些长羽沿着肋部伸展，并巧妙地绕过了臀部，其中的一根在大腿上展开形成了翎羽状的装饰。

图 7.3 一尊石狮雕像的残留部分

在距离"倾斜之阙"1 华里（约 500 米）的地方分布着一些房舍。地名"石像村"激发起我们心中寻访到一尊汉代人物雕像的希望。果然，我们还真找到了一尊，只是头部已经不存在，只剩下浑圆的身体躯干，长度约为 2 米，平躺在一块水稻田里。其保存状态如此糟糕，甚至都没有让我们扶起来细看的欲望。

因为冯焕阙与这些雕塑之间的距离超过了 2 华里（约 1 公里），不能确切地将它们归属为这一墓地之物，应该属于其他墓地的可能性更大一些。虽然，无法确定这些残块的具体归属地，但是身处数量如此众多的同时代文物遗址中间，就是一个充分的证据，可以将这些残块毫无疑问地归为东汉时期的作品。

考察队行进过程中，我们沿途还寻访到了其他雕像，其现存状态均太过残损，完全无法拍出可用的照片。尽管如此，它们身上都依然明显地体现了属于那个艺术盛世的特有风

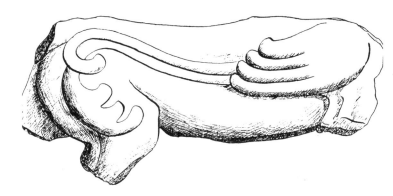

图 7.4 一尊带翼狮雕的残留部分

6　就这两尊虎雕所拍摄的质量最佳的照片是雅州的吉勒斯神父（R.P.Gites）提供的，发表于张璜《萧梁家族墓》中。奥隆上校曾就这些雕像发表过一份报告，继而引发马塞尔·迪厄拉窝瓦给予了这些图片一些说明。

7　Pl. LIV.

采。其中，昭化县附近的一尊马匹雕像在当地被冠以"秦代石马"而著称，但是在《四川通志》中将其归为汉代作品。同我们在渠县看到的石雕一样，石马挺直的颈部曲线优美，隆起的前胸上布满棱纹。另外，梓潼县贾公阙西南方向 1 华里（约 500 米）处的两尊虎雕的身躯部位，以及杨公阙附近的一方雕塑残块，都具有优美的腰部线条以及平坦的腹部棱面，这些，都无不彰显了大汉艺术的傲人风采。

高颐墓石虎（209 年）

高颐墓前的两尊站姿虎形石兽依然保存在原地❻。每尊石虎连同其基座都以当地所产红紫砂岩独石雕琢而成，两者之间相距 16.4 米，距离高颐阙 43 米之遥（图 7.5）。作为墓前神道石兽，严格按照实物大小塑造而成，根据墓道对称的规则设计其动姿，各腿岔开，同侧的两腿相互平行。但是，它们并非严格意义上的"行走"之兽，或许雕刻工匠塑造的是正在止步不前的威猛之兽。两具石虎的外侧前足均向前迈出，踩踏在一个蛋形的物体之上，我们无法确定兽足下所踩踏的蛋形物为何物，是否为太阳轮盘之类的某种象征之物，不得而知。

右侧石雕与其所对应的墓阙一样，保存状态十分糟糕。以下我们针对其对称物拍下的照片进行描述（图 7.6）❼。

垂直摆放的左侧前足支撑着包括傲挺的胸膛在内的前部躯体。右侧前足以一种倾斜的姿势前伸着，踩踏于我们在上文中提及过的那个不明物体上。虎形身材细长，从耆甲到臀部高高地拱起，与抬起的头部处于同一水平高度。这种对后躯的拔高处理，以及对足部精彩无比的方正雕琢，都赋予了所雕之兽所具有的特征化仪态。两只后足才是力量之源，是因为身体是

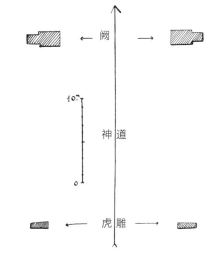

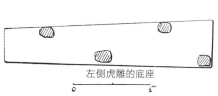

图 7.5　高颐墓石阙及雕像的位置分布

135

图 7.6 高颐墓翼虎石雕（左侧剪影） 谢阁兰等：《中华考古记》图集一，*Pl. LIV, N°178*

依靠它们的弹力爆发扑向猎物的，而两只前足则被缩短了，以强化其攫取能力。艺术家在此处对猫科动物的形象采取了功能性变形的处理手法，从而令作品具有了超出自然的气象。至于当初是用何种手法来塑造头部的，如今我们已经无从知晓，因为被侵蚀的头颅已模糊无状，而大大的圆形双目现状更加糟糕。从侧面观察，可以看出下颌骨的开张略显生硬，长有一圈肥厚的唇部。下唇下方伸出一缕须端尖尖的山羊胡子，向下垂落至胸膛上。

与賨城的两尊石雕一样，这一石兽也刻绘有翅膀，只是翅膀上由两排而非一排长羽构成，每排又分别有着四根羽毛。一根长羽毛从下方伸出，对翅膀进行了延长，同时令肋部具有了一条与腹部线条及背脊平行的线条。腹部上隆起一块块健硕的肌肉，脊背上一节一节的椎骨清晰可见。雕塑工匠对石兽的胡须采取了艺术化的刻画手法，类

136

似四块抹刀状的薄片，在形状上则完全类似于翅膀上的长羽。鬃毛不是下垂式的，而是由头顶部位的四条纵向波纹来集中体现。在颈背上还雕凿了一串相互嵌套的大圆环，仿若盔甲上的铰接件一般。尾巴如今已经残损，在尾根部位被截断了。生殖器部位以概括的矩形来体现，显得健硕有力（图 7.7）**❽**。

若对石兽的基座进行一番仔细观察，便会为其薄度而惊叹：整座雕像是在一个厚度不超过 2 英尺（约 60 厘米）的独石结构中雕琢而成的。这样一来如果要刻画横向的行为动作就显得空间不足。尽管雕像的侧面显得十分动人心魄，但是只要我们斜着观察这一作品，因肋部的平坦而显现的败笔就暴露出来了，从正面看去这一败笔就显得更加难以忍受。虽然雅州的带翼虎雕是东汉时期的雕塑杰作之一，但是这里明显是一个属于成批打造的作品，在石料的使用上显得捉襟见肘。它在结构、平衡和肌肉张力层面上显示出来的特点应为作坊式的，而非伟大艺术家的水准。

图 7.7　高颐墓翼虎石雕（后侧四分之三）　谢阁兰等：《中华考古记》图集一，*Pl. LV, N°180*

樊敏墓雕像（205 年）

樊敏墓位于芦山县以南 5 华里（约 2.5 公里）处，在雅州府以北 70 华里（约 35 公里）外。尽管该墓地上没有石阙[9]，但是其墓碑[10] 的保存状况极佳，而且还有三尊石兽雕塑存世，其中的两尊甚至很可能是原地保存的，因为它们相对于墓碑轴线呈对称状分布。右侧石兽的一半都埋在了一块稻田之中，与之对称的左侧雕塑的保存状态则要更好一些，腹部以上都露在外面。与雅州的虎形石雕相比，刻画凸起的线条显得更为柔和灵巧，翅膀更短，也更为肥厚，脖颈部位的动作曲线少了几分僵硬。如果将整座石兽挖出来观察的话，或许会发现它的雕刻手法更占上风（图 7.8）[11]。

第三尊雕像被埋在碑亭后方的一座土丘中。我们用鹤嘴镐挖了几

9　译者按：芦山县樊敏阙原件保留极少，现在已经过修复，已在原址附近保护陈列起来。整座石阙仅母阙阙楼顶盖，阙楼左下角，子阙楼部一小部分和部分残石为汉代原物外，其余绝大多数均为现代重新修补。这应该是当年考察队未能找到石阙遗物的原因。

10　参见本书第八章樊敏碑内容。

11　*Pl. LVI, N°181.*

图 7.8　樊敏墓"翼虎石雕"　谢阁兰等：《中华考古记》图集一，*Pl. LVI, N°181*

汉代墓葬艺术　　**L'ART FUNÉRAIRE A L'ÉPOQUE DES HAN**

镐之后，就发现了其左侧的肋部，其保存状态依然完好，只是右侧的足部似乎已经不见了。这一雕像的轮廓与雅州的石虎大不相同，身材更为矮壮，后躯没有那么修长，而胸部则是以向前突出的姿势呈现的。一袭卷曲的鬃毛下垂至颈部，与我们在冯焕阙附近看见的一尊残缺雕塑（图 7.3）上的鬃毛极为相似（图 7.9）⓬。这一处石雕的发现证实了我们根据石兽身体外形所得出的印象：这确实是一头以形象化手法表现的狮形兽，而非老虎。看起来此地工匠对这一动物原型的艺术诠释十分成功，线条的刻画显得游刃有余，身体的重量通过狮子前倾的动势集中在了垂直而立的前足上。因为这一尊雕塑已经如此残缺不全，并不适合在此作更多的评论发挥。但是，它至少提供了一种雕像类型的实例，再加上分别以站姿和坐姿呈现的虎形石雕，一起构成了我们所了解到的三种汉代兽形石雕形式。

图 7.9 樊敏墓"蹲狮石雕"素描图（让·拉尔蒂格绘） 谢阁兰等：《中华考古记》图集一，*Pl. LVI, N°814*

139

汉代墓葬艺术　　　L'ART FUNÉRAIRE A L' ÉPOQUE DES HAN

第八章

碑石

在本章中仅对高颐墓和樊敏墓
的碑石从建筑遗迹的角度进行
介绍，将在附录部分中研究其
碑铭。

2 参见附录 A 中根据洪适作品对
冯焕墓和冯绲墓的墓碑所进行
的研究。

尽管碑石是中国金石学家心目中最为重要的文化遗存，但在四川省境内为人所知且真实存在的汉代碑石数量却少之又少。在我们寻找到的作品中，只有两件保存状况尚佳，第三件则只剩下了一块残石 ❶。

这两块碑石分别属于雅州附近的高颐墓和樊敏墓，因此，它们是在公元 3 世纪初建成的。所镌刻的碑文中，包含了对逝者的悼词，以及其家族的谱系。由于历代金石学著作中收录了大量风格类似的汉代碑刻文字，让人获得所有大人物墓前都立有此类墓碑的认识。这些著录，不但收录有镌刻了碑铭的主碑石，还有一些刻有不同图案和内容的各类碑石，据此判断，一个墓地其实是有着不同形式的碑刻的。关于这点，我们在洪适的《隶释》中就找到了好几处实例，一些碑石可能是墓道的一部分，一些则是用于竖立在祭祀祠堂前方地面上起标示作用的 ❷。

高颐碑

3 *Pl. L, N°17.*

在距离上文已经描述过有石阙、石兽的高颐墓半华里（约 250 米）远的地方，有属于姚桥村的一处小庙。庙中不仅保存了高颐墓的石碑，还有两块直径约 1 米的圆石块，也是从高颐墓中移来的，看起来好像是石柱体的基座部分。其中一个石块上装饰着一只身体蜷曲的老虎图案，另外的一个石块上则雕刻着两只相互缠绕的动物形象（图 8.1）❸。

141

从宋代开始，纷至沓来的文人雅士从高颐碑上捶拓下无数碑帖。现在碑面已经严重磨损，粗糙不平，碑文基本无法释读，勉强可以看见雕刻字体的些许痕迹。早在洪适生活的年代，碑文已经缺少了几个字。倘若当年他未将所能看清的碑文部分复制下来，后人想要修复其中的任何一部分都是不可能做到的事情。与之相反的是，整座碑石的保存状态却完好无缺。

这是一块竖向长方形的石板，高 2.8 米，底部宽度为 1.33 米，通过一个榫头嵌入到由一块横向石板所构成的基座里（图 8.2）。碑石三分之二的面积，经过打磨处理为平整光滑的平面，形状为一个倾斜度非常小的等腰梯形，这是曾经刻有碑铭的部分。这个平面的上方是碑顶，顶端边缘被打磨为圆角，形成了一个装饰性的三角楣，每面都雕刻着两条凸起的身体弯曲的夔龙，分别朝相反方向排列着。它们的身体构成了一个双拱形，双拱下方留下了一个书写题铭的位置，以小篆镌刻着墓碑的名称。

这一块三角形楣头的雕刻手法十分精妙。无论是对浅浮雕技术的运用，还是对高浮雕龙身姿态的刻画，都让人联想起渠县石阙内侧上所雕琢的那些最为精美的图案，而且表现出来的刀工更为娴熟自信，简直完美无憾。龙的形状被简化处理了，略显庄严而谨慎。龙角和胡须将龙头部镶在了两道平行线的中间，爪子部位的尺寸被缩小了。翅膀处理上，工匠更强调其作为装饰元素的意义而非肢体结构本身，有意地延长了翅膀的外形，其双层环状结构遮挡了龙身的三分之二面积，烘托出了身体的曲线轮廓和修长特征。石碑边缘

图 8.1　高颐墓碑　谢阁兰等：《中华考古记》图集一，*PI.L, N°17*

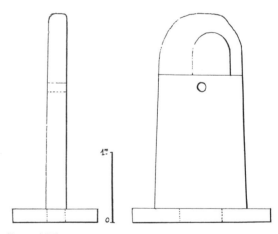

图 8.2　高颐碑

的装饰画像给后躯部分预留了一个偏离轴线的分布位置，令其可以在这个空间里自由活动；甚至伸出一条爪子抓着题铭框的框沿，尾巴则回转缠绕着另一只腿。

碑座因其图案主题而显得意义非凡：右侧雕刻着一条"青龙"，卧于碑石脚下，左边则是一只"白虎"，两者的嘴中都叼着同一条饰带的端部，这条饰带系在位于中央的一个环中。这正是渠县墓阙内侧上的双兽图案的变形，只是根据其截然不同的功能位置和用途作了适应性调整。与三角楣上的图案相比，雕工显得要粗糙生硬一些。尽管如此，所彰显出的刚劲有力的风格依然令它颇具价值。在象征意义上相互对立的两个动物形象却体现出了造型上的相似，龙头上长有角和长长的耳朵，口鼻部位显得几乎与虎的吻部一样方正，不仅如此，二者身体形状也几乎没有多大的区别，这一相似性因为二者在同一石面上的对照安置而愈加突出。

在基座上方 1.75 米高度的位置，沿轴线在碑石的中央凿穿了一个直径为 0.13 米的圆孔。我们知道，大部分唐代以前的墓碑上都凿有这样的圆孔。根据传统的注释解读，这一圆孔是为了纪念碑石的初始用途而设的，将棺木降下放入墓室中时会使用一部绞车，而碑石正充当了绞车的支柱性结构。绞车绞筒的横向轴线从竖立在墓室两侧的石碑上的圆孔中穿过，或者简单地将一些绳索从碑石孔洞中间穿过，在碑石的底部绕过而成❹。至于这种传统的解释是否正确，是否完善，本文并没有更多考古学论据来对其进行探讨，此处我们只是简单地提及而已❺。

4　从机械角度分析，使用横向绞车是唯一站得住脚的假设：试想将支撑着棺木的绳索直接从碑石孔洞中穿过的话，会造成一股横向分力，而且，榫眼处榫头的阻力不足以抵抗这股横向的力量，这样，便会使得两块碑石有朝向对方倾翻的趋势。

5　还存在另外一种不怎么为世人所接受的说法，认为碑石最初可能是在祭祀典礼开始前用来捆绑作为牺牲的人类的。

樊敏碑

樊敏碑如今被保护在一个碑亭内，碑亭不仅非常狭窄而且未设窗户，所以无法对碑石进行拍照。从碑文的内容来看，樊敏碑与高颐碑相似，在墓地中所充当的功能也一定是相同的。

碑石基部的宽度为 1.25 米，在顶部宽度则收缩为 1.16 米。表面呈现出的状况颇为不堪，千百年来拓工们以拓包在碑面留下了厚而黏稠的一层层墨迹和朱砂混合物。所幸的是碑文字痕锋利，足够深入，从碑石上捶拓而来的文字内容大部分均可清晰辨识（图 8.3）。

顶端的圆孔以及偏离轴心的题名框在布局上复制了高颐碑的设计，而且三角楣上的青龙雕刻手法与高颐碑上的相比至少达到了旗鼓相当的水平。构成题名的篆书字体位于正面。石碑背面上方是一个装饰画像，同样是偏向右方的，上面用浅浮雕手法雕刻了一只朱雀图案，刻画得非常成功，延续了渠县汉阙相同图案的风格和艺术水准。

从碑基来看，樊敏碑与高颐碑截然不同。樊敏碑是一尊龟趺碑，是目前所见这一式样最为古老的样本之一（目前所见，梁朝以后这类龟趺碑图案就变得很常见）❻。这只乌龟是以一块体积很大的石头雕琢而成，身长达 1.8 米。龟壳凸起的幅度很大，宽度与碑基基本一致。碑基顶端被打造成了凹形，以便于与碑体的主截面相匹配。就其目前的状况（图 8.4）判断，乌龟的雕刻手法颇为粗糙。头部经过了削磨处理，两只前爪的浮雕程度很浅，只是简单地描上了几笔相互平行的线条表示爪子。在观察高颐碑时，其基座和三角楣两处雕工的天差

图 8.3　樊敏碑拓片

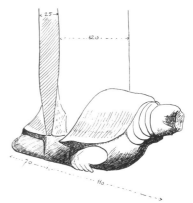

图 8.4　樊敏碑的龟趺碑

144

6 各金石学著作集册中收录有好几
张汉代墓碑的拓片，比樊敏碑更
为古老，上面的图片下方显示有
一只乌龟的正面像。这些拓片说
明龟趺碑的存在在汉朝就已经很
普遍了，只是出于历史的偶然，
世人还未找到或描述过属于公元
前两个世纪的龟趺碑实物而已。

地别已经让我们印象深刻，而此碑展现出的反差更胜过了高颐碑。很明显，立碑人所关注的重点在于碑石和文字本身，通常他们将打造基座的任务交给了一些二流石匠来完成。曾有宋人在碑石的背面刻了一处铭文，然而大部分内容如今都已经消失不见了。

蒋琬碑

在成都府以北的绵州西郊，坐落着一座西山寺。始建于隋唐时期的寺庙，收藏有一组大规模的宗教造像。在主庙旁建有一处单独的小亭子，上面标示有如下内容：

漢 大 司 馬 蔣 琬 恭 侯 祠

即"祭祀汉代大司马及恭侯蒋琬的祠堂"❼。

亭内竖立着一方长形石块，以一个砖石砌成而成的台基为支撑。石块上依稀可看一列大写篆体的字迹。其中可以辨认出来的只有"二千石"三字，很明显对应的是官员的俸禄，因为汉朝时是以禄米来表示官员品级的。宋朝时在石块下方加刻了一处小篆体铭文，如今只有一部分可以辨认了，上面标出的日期为 1170 年。

蒋琬墓如今依然存世，位于庙宇围墙之外的一处山丘上。由于 19 世纪时进行过整体翻修 ❽，所以如今地上部分是已经没有任何旧时遗迹存在了。

---

7 蒋琬为蜀汉重臣，历任大司马、大将军、益州刺史等职，谥号"恭"，所以碑文称为"恭侯"。译者按："（琬）至九年卒，谥曰恭。"［晋］陈寿：《三国志》卷四十四蜀书十四《蒋琬费祎姜维传第十四》，北京：中华书局，1959 年，第 1059 页。

8 墓地上叙述修复事宜的碑石是于道光二十九年（1849 年）所立。

蒋琬将军生活在蜀汉时期，先是驻守汉中府，然后进仕川中，最终病逝于该地涪县（即绵州的古代名）。无论是《金石苑》还是《四川通志》都没有具体描述过这一碑刻，后者只是简单地说明了蒋琬墓存在于绵州 ❾。

就目前保存状况而言，蒋琬碑已经没有多少考古学价值。这块石碑上的铭文只有一行字，标明了墓主的名讳和职务，与我们在前文所了解的墓前石阙所一致，所以，如果这块碑石是原作的话，那它则很可能属于墓阙的一部分而非是一块墓碑。

9　译者按：［清］常明：《四川通志》卷四十七，第 12 页。

146

汉代墓葬艺术　　　L'ART FUNÉRAIRE A L' ÉPOQUE DES HAN

Chapter 9

崖墓

在古代中国，存在一些特殊的墓穴，并非像普通做法那样建于一堆坟冢之下，而是在山崖岩石中开凿而成。迄今为止，除了四川省之外还没有其他省份发现此类墓葬形式 ❶。在四川省内，尤其是在岷江流域一带，这样的墓穴数目却很多，而且年代久远（由于很长时间以前就停止了这样的做法，以至于当地的人们已经不能追忆起其最初起源了）。这样的特殊情形令相应的研究工作在中国目前的考古活动中表现出一种不寻常的状态，在其他任何地方，尤其是在进行有关碑铭的研究时，都需要付出很大的努力才能走出文献的困境，进而触及碑石本身，而我们在此看到的无数题刻作品，却没有任何本地文献和评注的存在。正因这样的反差，最初的到访者会有措手不及之感。英国外交官贝德禄（Colborne Baber，1843－1890 年）是第一个描述此类"洞穴" ❷ 的人，而且叙述得非常细致。他在听取了当地居民的介绍后，将这些洞穴视为了一些非汉族穴居

1　高延曾提及一些不寻常的棺材，它们并不是埋于地下的，而是放置在天然岩穴之中，或者放置在挖于悬崖脚下的小穴之中。棺材被隐藏在一堵墙后，墙前立着普通墓地惯有的墓碑及祭台。这里提及的情况仅为偶然性的，属于一种现代的地方风俗，其发展并不能与四川省内在悬崖上开凿墓穴的做法同日而语。*De Groot, Religious system of China. p.1093.*

2　我们曾在《亚细亚学报》中发表过一篇文章，针对贝德禄所考察提出的各种假设进行了详细讨论。*Colborne Baber*（贝德禄），*Travels and Researches in Western China*（华西旅行考察记）。*Royal Geographical Society Supplementary Papers*（英国皇家地理学会）。*London: John Murray.1, part1, pp.129-139. 1896. Jean Lartigue, Victor Segalen, Premier exposé des Résultats Archéologiques obtenus Dans la Chine Occidentale par la mission Gilbert de Voisins, p.281.*

149

人的住所 ❸。奥隆考察团秉着锲而不舍的精神，在这些洞穴中找寻雕像作品。功夫不负有心人，他们最终找到了一处，然而看到的却是一些后世加上去的佛教图像，与所在洞穴之间不存在任何的初始关联。

对这一问题的揭秘要归功于在成都工作的陶然士。根据他的阐释，所谓的蛮子居所其实是中国古代汉人的一种墓葬形式，可以追溯到汉朝开发西南夷的时代 ❹。他所介绍的一座崖墓大门的侧柱上刻有一处铭文，上面所标示的时间为 103 年，此类墓地中也找寻到了大量汉代钱币以及其他物品，所有这些都为陶然士提供了准确的证据，令其观点有了明确支撑 ❺。各洞穴的门楣上还具有一些雕刻图案，某些洞穴尚原地保留着隔板结构，形成这些隔板的砖石上有一些压印而成的装饰图案。若将此类图案和石棺与传统坟冢下埋有的雕刻作品和殡葬砖石作一番比较的话，就会赞同陶然士所得出的正确结论。如此看来，关于"洞穴"性质的疑团已经解开了，接下来唯一重要的任务就是对其展开描述和研究了。

我们从汉中府出发前往蜀地，几乎是在刚踏入四川省境内的同时，就在位于嘉陵江流域的保宁府（今四川阆中市）郊外发现了一些洞穴墓葬遗址，而且，泛舟扬子江也能远远地望见沿江两岸分布的洞穴，其存在基本上一直延伸到了与湖北省交界的地方。由此可见，在山崖中开凿墓穴的习俗曾扩展到了该省的大部分区域。但是，根据目前的研究状况，岷江流域似乎是此类墓穴获得全面发展的唯一区域，其呈现出的相关技术达到了当时那个时代的最高水准。所以，我们会将考察重点放在这一区域，对其它地区的崖墓群只会简单地介绍一下。

3　这些位于四川省内的洞穴被称作"蛮洞子"（即蛮人居住的洞穴）。"蛮子"是对那些生活在中国西部边境的当地非汉人种族的称呼。

4　我所写的关于"悬崖洞穴"的章节曾用于一篇临时报告，发表于《亚细亚学报》上，并配有详细的描述文字。我是在法国布雷斯特（Brest）的时候开始着手编写这一章节的，因为正值战争时期，手头并没有出自陶然士之手的那篇精彩文章。我在成都曾听陶然士口头介绍过其结论，实际上他所作的结论比我当时的想象更为合理，而我们所展开的研究只是进一步为其提供了新的论据。*Jean Lartigue, Victor Segalen, Premier exposé des Résultats Archéologiques obtenus Dans la Chine Occidentale par la mission Gilbert de Voisins*, pp.377–378; *M.Thomas Torrance*（陶然士）. *Burial customs in Sze-chuan*（四川丧葬习俗）, *Journal of the North China branch of the Royal Asiatical Society*（皇家亚洲文会北中国支会研究）, 1910, pp.57–75.

5　陶然士的文章附有皇家亚洲文会北中国支会办公室的一段评论，其内容显示出中国古代艺术的研究工作是多么地滞后：面对照片拍下的浮雕作品所彰显出的中国艺术的古典性，这段评论文字的作者不仅没有作出惊叹的反应，还倾向于将其与"蛮族或印度佛教影响"联系起来！因此在 1910 年的时候，尽管沙畹已经发表了其第一部著作，汉朝的雕刻艺术依然不为世人所知。沙畹所在的单位是唯一在中国设有考古研究机构的欧洲学会。

150

嘉陵江流域的墓群

在保宁府附近，尤其是在其城关北郊的盘龙山上，我们找寻到了数量众多的崖墓。尽管它们都属于尺寸较小、造型简单的类型，但其对墓室的设计和营建并不将就，几乎所有的墓穴都设有一条长度逾 2 米的墓道，通向一个边长为 2.5 米的正方体墓室。墓室内的天花板为回廊穹顶式；某些墓室内设有一处凹进处，与一具棺木的尺寸相当。虽然内表面未作磨光处理，但是都经过了均匀的粗凿以及仔细的矫平。墓道通向外面的出口为梯形，一般都设有一道凹槽以突出侧柱。有时候通过一处榫眼来加衬门洞，似乎是曾用来嵌入过一块密封板的。

相比于保宁府周边，绵州地区的几处崖墓已呈现出了更为精雕细琢的风格。在距离城南约 12 华里（约 6 公里）处的涪江河岸边有一处悬崖，上面不仅有数目众多的佛教石窟造像，还有两处崖墓（分别标示 A 与 B），上图展现的正是这种分布状况（图 9.1）。A 墓由一条简短的墓道通向一间位于前端的门厅，两个平行分布的墓室朝向门厅开着，通过四级台阶进入墓室。墓室的最深处呈喇叭口状，空间大小仅容一具棺木。在 1.1 米的高度处，有一块朝外凸出的护墙板覆盖着墓室的内壁，也用来支撑拱形的天花板。十字镐在内壁上留下的平行凿痕依然清晰可见，据此判断，内部表面从未经过磨光处理。B 墓有四间面积为宽 0.8、深 1.8 米的小室，其中三间面朝墓室，余下的第四间则是在门厅的内壁里凿成的。门厅与墓门交接处原先应是设计有可以封闭的墓门的，但是可以发现，悬崖曾经在此处发生过崩塌，现在看来该处墓门呈现较大的开口。相对于悬崖面而言，B 墓的轴线是明显倾斜的，这也与崖墓通常的样式有所区别。

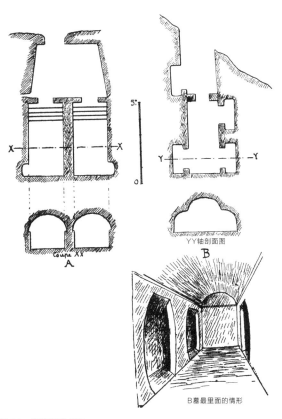

图 9.1　绵州附近的崖墓

151

江口墓群

在距离江口镇以北十余华里（约 5 公里）处的一个叫彭子浩的地方，府河 ❻ 先是在西面拐了一个弯，继而倾斜而行，逐渐回正，流过一座自北朝南分布的山岗。丘陵的侧面是一壁面积巨大的红砂岩平面，相对于水平面呈现出一个 15° 的倾斜角。这一平面被选中用来开凿数量众多的墓穴，该地区崖墓在开凿中用到了一种特别的技术：为了赢取足够的墓室高度，墓葬的设计者让工匠沿山崖斜坡所能达到的最大可能性凿出一个底面水平的凹洞。因为山崖比较平缓，所以不得不凿出一个很长的凹洞（各洞均长达 20 米甚至更多）。如此一来才能得到一个垂直分布的截面，像是天然形成的笔直峭壁一般，然后即可在上面设计墓室入口。有时候设计者将通往每座墓的甬道转换成了一个更宽阔的大型凹洞，然后清理出一面崖壁来，并沿这道崖壁凿出连续分布的多个墓穴（图 9.2）。若立足于此类墓穴的相对尺寸进行判断，可以推论出这种方法应该是仅用来打凿那些埋葬下人的墓穴的。

此次墓群中有几座规模突出的墓室（图 9.3）❼，其中之一的入口凹洞进深 25 米，宽度由外到内逐渐增大，从 1.2 米递增至 1.9 米。墓道深度 5 米处，在左侧的内壁上凿有两个深 1 米、长 2 米的穴室（图 9.4）。其中一个穴室中还保存有一具陶土棺材和一些砌造围墙所用的砖石 ❽。凹洞底端的入口处可以看到在门所在的位置前方设有三个榫头，这些榫头定然是用来支撑一个复杂的封闭系统的，该系统或许包括一个经石板加固的砖石墙面。进入门内之后，甬道的

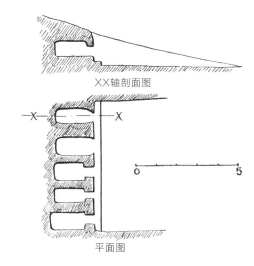

XX轴剖面图

0   5

平面图

图 9.2　共用同一门厅的各间墓室

图 9.3　江口镇崖墓的入口
谢阁兰等：《中华考古记》图集一，*Pl. LXI, N°193*

6 译者按：考察队所记录为成都河。

7 Pl. LXI, N°193.

8 参见第十章的内容。

9 Édouard Chavannes, Mission
archéologique dans la Chine
septentrionale, Pl. XXIII, N°44;
图9.5，B。

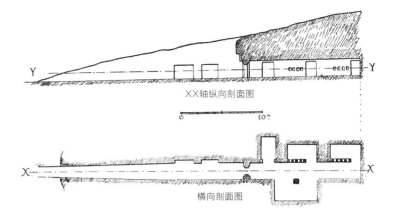

图9.4　在斜岩石面上凿出的一座墓穴

宽度再度接近了 2 米，朝里延伸时一直保持着这一宽度，直到 14.5 米之后才到达最深处。甬道行至中央位置时，在右侧开凿出一个边长为 5 米的正方形穴室。在穴室中央设置了一根八边形的立柱，以便能在这样大的跨度范围内支撑住天花板。支柱底端有一正方形的基座，顶端柱头亦为正方形，由一个顶板构成。顶板和柱身之间有一道装饰性的平条线脚分隔。

针对这一中心柱结构（图9.5），我们将其与那些支撑山东祠堂屋顶的柱子 ❾ 进行比较分析。

甬道连通了三间墓室，开口均位于左侧的内壁上。距离入口最近的那间墓室与甬道垂直分布，向内沿长条形延伸。另外两间墓室与这一间平行，中间仅有一堵相对较薄的隔墙，隔墙板上被凿出了一道门以及一扇由五条缝隙形成的厚实的窗棂。在这些墓室的内壁上，我们可以在齐肘的高度处看到一些凹洞，似乎是用来充当搁架的。在横档结构的窗户下方有一只双眼灶，和墓室内其他摆设一样，在实心岩体中凿成。

由于彭子浩这个地方的砂岩崖壁面所特有的低缓倾斜度，所以在上面开凿墓室时无法拥有开凿地下坟墓那样大的发挥空间。考察队进入了一座距离彭子浩河岸不远的小山谷，沿山谷进行仔细的搜索。我们找到了另外一组开凿于一大片垂直悬崖上的洞穴。其中一个洞穴

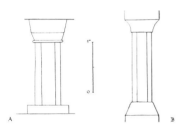

图9.5　A. 四川境内一处坟墓的柱子
　　　　B. 山东境内一处祠堂的柱子

153

的外面装饰着一扇具有浮雕图案的门楣。墓室开口的周围崖壁被大面积地清理过了，从而得到了一面平坦的崖面（图 9.6）❿。入口处由两根半露蜀柱支撑着一个额枋，为大门提供了框架。这两个部分之间的连接是通过一根双拱梁托来实现的，梁托的形状与我们在上文举过很多实例的石阙上的梁托完全一致。此处只有内侧的托翼显现了出来。在过梁上雕着传统的青龙白虎图案，龙虎图分别位于一块环状玉璧的两侧，与高颐阙基座上的情形一样。两兽被工匠拉伸了灵巧的身躯，身上所附着的翅膀形状又窄又尖。我们在这一图案上发现了一个不寻常处，是在其他各地的同类图像中都不曾发现过的，那就是白虎在右青龙居左，究其原因似乎纯属偶然疏漏。青龙口中咬着一根从玉璧中穿梭而过的绶带，而卧着的白虎只是将方形的口鼻部位凑向玉璧而已（图 9.7）⓫。

　　洞穴大门的线脚装饰非常复杂。首先是在外面的两个榫头，然后是一处变宽的凹进设计，接下来又是两个突出的榫头，这个榫头上面装饰着垂花饰，是模仿屋顶边缘的瓦当截面，所以它并不是用以承载石板或者墙体，而是作为装饰功能所存在。

　　同一墓群中的另一座墓由四间连续分布的墓室组成，墓中有两尊

10　　*Pl. LXIV.*

11　　*Pl. LXIII.*

图 9.6　江口镇附近一处崖墓的门楣　谢阁兰等：《中华考古记》图集一，*Pl. LXIV*

图 9.7　江口崖墓门楣细部（谢阁兰绘图）　谢阁兰等：《中华考古记》图集一，*Pl. LXIII*

雕有图案的石棺，我们将在下一章节中对其进行详细描述。由于洞穴中曾经发生过坍塌，墓中的侧面墙体被凿开了一个口子，其后人从这个地方进入，从而令牢固封闭的大门得以完好保存。这样一来，就可以让后人对崖墓的封闭模式有一个准确的了解。两块宽 0.85 米、高 2 米、厚 0.35 米的大石板按竖直方向被镶接在了一起，嵌入到环绕门洞的槽中（图 9.8），覆盖部分为 0.35 米。这两块石板构成了一个牢固的封闭系统，但是当需要将新的棺木移入墓室中时，仍然可以很方便地将石板移开。

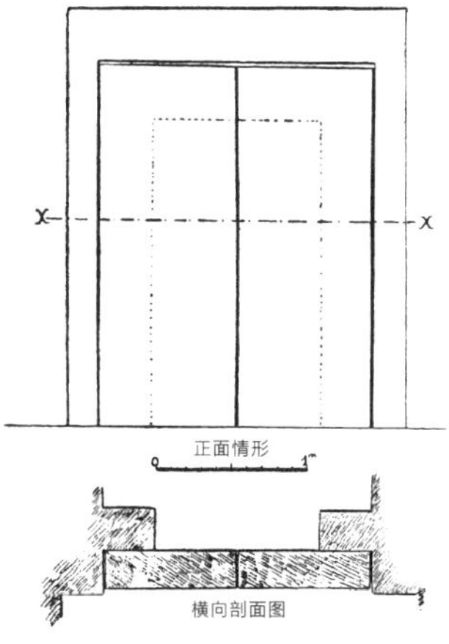

　　在彭子浩周边，我们还考察了另外一些墓穴。有些崖墓因其墓室内雕琢有家具陈设而显得颇有意思；还有一座墓室内部保存着一根八边形的支撑柱，它的特别之处在于其形状并非是我们描述过的棱柱形，而是由下至上逐渐变尖的一种新的样式。

犍为崖墓群

　　在犍为县的上游地带，岷江之水被岔鱼寺所分割的急流所推动，冲刷着右岸的红砂岩崖壁。在日积月累的水流侵蚀

正面情形

横向剖面图

图 9.8　墓门

下，右岸仅余下一道纤道的位置，而且一半的纤道空间是在崖壁岩石中雕凿出来的。在这些纤道上方，分布着一系列的崖洞墓葬，带有雕琢精美的三角形门楣。这处被沿岸居民称为"九洞"的地方吸引了探险家贝德禄的注意，他对每一处洞穴都做了一番详细考察和描述。其中有五六处墓洞最初是通过一个类似带顶的门厅结构连接起来的。这一结构位于约二楼的高度，如今只剩下了一个面积很大的长方形洞穴，其外围框架经过了装饰，可以辨别出一处明显属于"屋顶边缘"式的垂花饰。崖洞内是长方形的墓室。这些墓室深处雕刻着一些动物图案，尽管如今已经模糊不清，但其轮廓形象仍然依稀可见，与绵州和雅州境内墓阙上的某些图案明显类似。我们还注意到了一些梁托 [12] 留下的印迹，这些梁托应该是在洞穴上方起支撑作用的一种盖顶结构。此外，还有一些或许是代表"玉成" [13]（图9.9,A）的双结式图案（图9.9,B）。

在这片区域的上游还存在另一处墓群。一处崖墓的入口边缘保存着几处可以辨识的浮雕图案，其中有一只牡羊的侧面像，羊以蹲姿呈现，巨大的犄角呈螺旋状，头部侧向正面。还有一根超出边框的半露柱式斗拱上装饰着一些几何图形，与我们在很多砖石上所常见的图像（图9.9,C）相似。

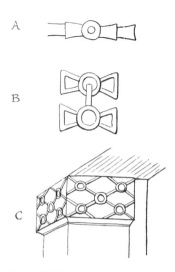

图 9.9 装饰图案

嘉定崖墓群

考察团寻访到的这片重要的崖墓群集中在一片临江的红砂岩山体之中，分布于嘉定府周围。无论是在岷江左岸还是右岸，都可以见到它们的身影。左岸有凌云寺依山而建，因其巨大的唐代佛像而闻名于世，而右岸则耸立着古嘉州城墙。

左岸

左岸墓群相对而言没有那么重要，即使它在洞穴数量上不是最少的，但在墓室规模和保存状态上远远不如右岸的墓群。所以，接下来

12　梁托是双翼式的，与支撑它们的半露蜀柱搭接石一道被贝德禄称为"三叉戟符号"。

13　此处代表"玉成"的寓意借用的是《金石索》的观点。参见 *Édouard Chavannes, Mission archéologique dans la Chine septentrionale, Pl. XLVIII, N° 102; vol.1, p.173.*

图 9.10　崖墓群平面图

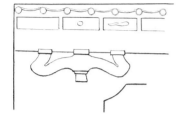

图 9.11　崖墓立面顶饰图案

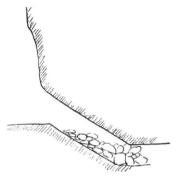

图 9.12　斜下式洞穴墓

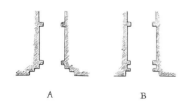

图 9.13　墓道关闭装置

A　　　　　B

我们只对那些具有特殊价值的墓穴做一番描述。

1.　在一个天然洞穴状的圆形空间内，我们发现所有的一切设置都是以对称形式呈现的：左右两边分别分布着两处入口，支撑着一个额枋的半露蜀柱构成了入口的框架，上面设有连接斗栱，除了浅浮雕以外，都与我们在上文描述过的崖墓构造相似（参见图9.6）[14]。洞穴正中设有一处假的入口，是以封闭形式呈现的，各石板均没有遭到破坏，依然保持着原状。这个入口的做法完整地仿效了现实真门结构上的此类装置，有两个水平方向的突出框条在上面穿过，似乎代表着对接门板和槽口的厚木板或者铁片。

2.　总共有6个穴室，开口均朝向一个长深宽分别为23米、7米和3米的大型矩形门厅。凸角的一部分曾经发生过坍塌，因此，乍看之下会将这一人工挖掘的矩形穴误认为自然洞穴。但是仍然可以看到一个顶饰的开始部分，在穴顶的左边尤为清楚。这一顶饰应该分布在门洞的上方，位于崖壁的外伸面上。顶饰的每端都依靠着一根粗壮的墩柱支撑着（图9.10）。在某些部位依然可以清晰地辨识出顶饰上装饰图案的布局特点（图9.11）。根据这些细节，可以判断上述大型洞穴属于带有墩柱的前厅，我们在右岸的崖墓中寻找到了此类结构的完整例证。

3.　此处崖墓有一间方正且面积很大的前厅（长宽高分别为5米、5米和3.5米），整个洞口一直敞口到门洞顶端，而且两端也未设榫头，没有任何遮挡地自由通往洞外。在洞口外围，环绕着两重台阶。洞口最深处后壁上，先设有三级台阶，台阶上是内门槽口，其后内壁上开凿了墓道和墓室，该墓道走向并不垂直于后壁面，而是斜向深进山崖里面，深度长达25米左右。

4.　好几处斜下式洞穴（图9.12）的入口都是在距离地面四五米的高度处开始向内逐步下降开凿墓道，但是现在里面堵塞着成堆的崩塌物，让人无法入内。

这一墓群最突出的特点之一便是设计了两道关闭装置，而且每处墓道皆是如此设计（图9.13,A）。两道关闭装置之间的距离约为2米，有时候使用槽口代替了榫头，可以从两道石板门的外侧面伸手进行嵌入，一旦嵌入槽口后再按着石板的中部截面来用力推入。这一道槽口不但起着功能的作用，还标志着一面砖墙的起始位置（图9.13,B）。

右岸

在距离嘉定城不远沿江地带的右岸，隐藏着数量众多的成片崖墓，现已被当地农户占据用作住所或猪圈。在对其中一部分进行考察之后，发现此类洞穴并不具备很大的研究价值。然而，被称为"白崖洞"的墓群却例外，将令我们的考察工作获得意想不到的重大研究成果和结论。

从嘉定通往雅州的古道而行，在距离嘉定城北门十余华里（约5公里）的地方，东面有潺潺溪流经过，溪流沿岸间插分布着一些戽斗水车。路的另一侧，是沿着水流蔓延开来的成片成片的砂岩山体，并不像其地名"白崖"所形容的白色的崖壁，而是呈现出美丽的略带紫色的玫瑰红色。这是岷江流域的砂岩表面因日积月累的渗水作用，并在亚热带的日光照射下所造就的古旧光泽，从而形成的这种迷人的色彩。汉代匠人们就是在这面崖壁的侧面上凿出众多崖墓。从这些崖墓的规模和装饰来看，应该是用来埋葬当地最为显贵之人的。

崖墓群中，有一处保存状态最佳的洞穴。入口的门洞被一根残石柱分隔为两扇，门柱上赫然刻有一个硕大的"白"字。位于这个字下方的石头如今已经分崩离析。据《金石苑》记载，之前在石柱上还可看到"崖洞"二字，一起构成了当地人对这群洞穴俗称的"白崖洞"（图9.14)❶。这也是自本章内容开始以来，首次摆脱了这些山崖墓穴无名称的状态。根据地方志书的记载，这一洞穴的主人被指认为"程公"❶，并不属于过去常见的以家族姓氏命名墓地的情况，而是因为在宋朝时有一位姓程的人将此洞选为了其归隐之所。洞穴的前厅内，保存了数量众多的题记，同样也源自宋代。因为此崖墓具有很高的名声，而且保存状态极佳，故而，我们决定将它选为一种类型描述。

15　*Pl. LXIV, N°201.*

16　我们发现很多汉代碑铭中都使用了"公"的称呼，放在死者姓氏的后面。到了宋代，"公"已经变成了一个非常普通的称谓形式。

图9.14 被称为"程公墓"的坟墓 谢阁兰等:《中华考古记》图集一, Pl. LXIV, N°201

程公洞

　　根据我们所绘制的这一崖墓的结构图可以看出（图9.15），墓穴包括三个部分：建筑正面、门厅以及各墓室。此外也可以参考下图（图9.16），它展示的建筑正面是根据该墓群的整体情况重组而成，上面标注了程公洞的详细尺寸。

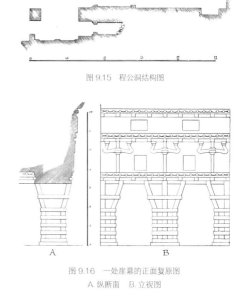

图9.15　程公洞结构图

　　建筑正面宽7米，在山崖壁面上向内有一定程度的凹进。正面凿开两扇门洞，中间通过一根方形石柱隔开，左右两侧各分布着一根壁柱。石柱已经遭受了严重的损毁，只有经过仔细审视才能发现其表面是曾经雕有图案的，是和墓阙装饰一样的仿木结构。此外，我们在被称为"白崖"的山崖上还发现了另外一些石柱，上面的构造非常清晰。此处，我们注意到一个特殊的现象，那就是方形柱和壁柱都不是简单的石头柱，而意在象征着仿木构建筑的支撑结构❶，其上方分布着一个顶饰，覆盖了建筑正面的整个宽度。顶饰由下至上由两层突出的框架构成，第一层框架构造支撑在四隅的方形柱上，由交叉的梁以及叠成两层的横梁、纵梁构成，上方支撑着一个屋顶结构，如鱼鳞状排列的筒瓦的边缘和将链接筒瓦的镶饰组合成了一种花叶状的边饰，这也是汉代艺术中所常见的装饰图案。

图9.16　一处崖墓的正面复原图
A.纵断面　B.立视图

　　这两层向下凸出的顶面，都是通过一层框架构造以及一个与上文描述相似的屋缘结构收尾。第一层的双斗拱柱体构造形式，与常见的墓前石阙的相应结构层完全一致。但是在这里更将其简化为了所剩寥寥的几处象征性结构。至于第二层，就目前的保存状况而言，上面已不可见框架，只能依稀分辨出两处长方形的盾形纹饰，其中尚存一些动物的轮廓。看起来，它应该对应的是前文所描述的第三类墓阙上的挑檐结构。

17　　与介绍墓阙时所采用的方法一样，我们会在描述石雕图案的同时阐释其代表的结构。

160

门厅

建筑内部重复了建筑外立面的对称布局，其中设有一个宽敞的方形厅，边长约 7 米、高 3.5 米。无论是此墓还是在其他类似的墓中，都无任何痕迹表明曾经使用墙体、石板或者木板封闭过这一对外敞开的门洞。因此，可以认为门厅一直以来都是与外界直接相通的。在门厅的最深处，有两个方形凹进开口，与墓室入口的门洞相对应，标志着甬道的开始。

甬道

两条甬道似乎原本是相互对称的，右边的甬道在距离入口几米的地方已被坍塌下来的岩石堵住，而左边的甬道依然可以进入到最深处。从门厅开始进入甬道深处 2 米的位置设有一处双榫头，标志着墓地的外部封闭所在的位置。距此 5 米深处设有另一处榫头，但这一次则是单榫头形式。从这里开始，甬道的宽度增加到了 2 米，这个宽度一直延续十多米进深到达甬道的尽头。

墓室

当甬道通至深处时，右侧凿有一处穴室，其尺寸与一具棺木相当；左侧也凿有一处小室。这一整体布局似乎就构成了墓室，因此，甬道就起着连接亡者的安歇地与外部世界通道的作用。

雕刻

除了上文已经指出的仿木结构之外，我们还在建筑正面上发现了几处依然能够辨识的图案。在横梁的卯榫端头之间呈凹陷的长方形空间，刻有一些鸟和怪面兽，其中一只怪面兽体现的是饕餮的形象，与我们在墓阙对应位置上经常见到的图案相似。分布在第二层的盾形饰与绵州墓阙挑檐上的盾形饰一样，可以清楚地看到一些动物的身形，右侧的一只公羊正向左而行，另一侧则有一只雌鹿在向右而行。

门厅只是简单地做了仿木构建筑的线脚装饰处理。两侧墙壁的表面被一些凸起的装饰框条划分为大大小小的空间。在其中的一些长方

161

形墙面上，布满了不同时期的题刻。天花板只做了初步的雕凿而未仔细打磨，但仍显得十分平坦。墙壁及其线脚所彰显出的工整匀称和精雕细琢均极为出众。从墓室门所在的位置开始，甬道的内壁和天花板经过粗凿处理，保持了比较平顺的状态。

B 墓

在这一片山崖上，有一些崖墓在规模和内部结构上可与"程公洞"相提并论（图 9.17）[18]。毗邻其右侧的一座（图 9.18），因其保存有一根完好的壁柱 [19]，具有了特别的考察价值。壁柱上显示的构架系统与我们迄今为止所见的都不相同。柱身上面覆盖着交叉的枝条格栅，是由横向梁与竖向梁相互卡嵌而构成的。这些梁通过一些倾斜件得以延伸。而倾斜件又令柱体上方变得更为宽大，并组成了一面十分宽大的顶板，通过一个水平框架固定于顶部的门楣下方。在梁柱被扩展凸出部位的各框条之间，石头表面装饰着一种绥带饰，与前文所介绍冯焕阙上的带饰相似，只是更为简单一些。

图 9.18　一座墓室的前厅 - a. 壁角柱

图 9.17　崖墓正立面　谢阁兰等：《中华考古记》图集一，*Pl. LXV, N°204*

18　*Pl. LXV, N°204.*

19　我们在重组图 9.16 时所参照的正是这一根壁柱。

20 这一不对称结构让人觉得惊奇。看起来好像是有意要在右边开凿第二条甬道，这样一来可能就会形成 E 墓的结构。此外，我们还可以想象一旦左边的甬道被堵住了之后，三个凹进处就会形成三间相似的凹室，这样一来便不会有什么明显的地方可以让人看出内部结构的不对称了。

21 奥隆考察团曾指出，那些被后人加凿了佛龛的墓室就位于这两座墓之间。

设置于壁面正中的柱子因为比例的强劲而显得分外突出。在门厅内，深处内壁上凿有三处凹进处，其中只有一个（位于左边的凹进）通过一条甬道得以延伸 [20]。该凹进处与门厅侧面的内壁之间构成了一个凸角，上面雕有仿木结构的壁柱饰。各凹进处之间依然仿效木构夯土墙雕凿并有圆盘状的装饰。

C 墓

再往右，又是一座墓室。崖壁正面开凿三处入口，各入口之间用两根立柱隔开。柱顶盘横向拉长，占据了较大的位置，其显著特征是柱体层的斗栱在整个结构中呈现出较大的比例，占据了大部分空间（图 9.19）。在这些柱体和雕有装饰图案的长方形框架之间，依然可以清楚地看见一只充当坐骑的动物形象（或许是一只雄鹿），身上骑坐着进献香料贡品的运送者。与 A 墓一样，挑檐上仍刻有一些走兽图案。

D 墓和 E 墓

这两座墓的门厅内部结构遵循了对称原则，设有两处入口和两条甬道 [21]。在 D 墓（图 9.20）中，夹在两条甬道之间的内壁深处被两道

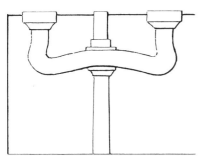

图 9.19 带有斗栱的柱子

图 9.20 D 墓

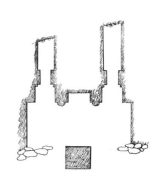

图 9.21 E 墓

163

图 9.22　崖墓前厅　谢阁兰等：《中华考古记》图集一，Pl. LXVI, N° 205

深槽划分为了三块壁板结构。在 E 墓中，相同位置的内壁上凿有一处凹室，夹在两面墙板之间，墙板的侧面上用线条装饰着一个宽大的座盘饰（图 9.21）。除了后面部分坍塌了以外，这一门厅的保存状态都异常完好（图 9.22）❷。各墙面通过一个稍突的挑檐与天花板相连，挑檐上分布着一条花叶边饰和一行错齿饰，可以看出是在模仿屋顶边缘和支撑用的檩条（图 9.23）。挑檐绕着整间厅的四周分布，就像上楣一样，是通过一些半圆立柱提供的支撑，半圆柱是由壁板线脚刻画出来的。挑檐下方的护板呈框架状，被一些凸出的条框划分成了十字形。整个装饰系统朴素大方且干净利索，工艺显得十分精细，可以让后人领略到汉代石雕工匠的技艺水平达到了何等完美的境地。

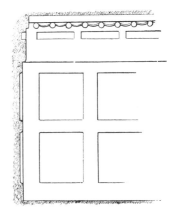

图 9.23　E 墓，门厅内壁的装饰

164

铭文

　　根据陶然士的推断，四川境内的崖墓应该流行于汉到宋代之间。在我看来，陶然士似乎只是根据一枚崇宁年间（1102-1107 年）的钱币来设定的下限时间。按照那位向他提供钱币的农夫的说法，这枚钱币是在一间洞穴墓室内发现的。然而这一论据并不具有充分的说服力，即使我们不去怀疑农夫的诚实可靠性，也可以假设钱币是在墓室遭到破坏后被外来闯入者带入其中的，因为，从宋朝开始，很多崖墓都呈开放的状态，一些墓室还有人居住。而且，从文献记载来看，宋代的人是没有对崖墓的基本认识的。金石学家洪适在其《隶释》和《隶续》中描述了数量如此众多的四川古迹，独对此未曾提及。据此，我们判断，应该至少早在宋朝之前，四川地区就已经停止了在崖壁上开凿墓室埋葬死者的做法。甚至，根据现存崖墓的雕刻作品所表现出的种种迹象判断，我们认为应该是在三国蜀汉时期就停止了这样的做法[23]。

　　迄今为止，所有曾被提及的四川崖墓内的铭文中，只有唯一的一处与崖墓开凿时间同时代，这段文字也在白崖地区，是陶然士在一个崖墓的内门门框上看到的。遗憾的是，陶然士并未能将之完整地抄录下来，只是标明此处铭文当时已经基本上无法辨识了。这一铭文属于东汉时期，上面所标日期为永元十四年（102 年）农历三月二十六日[24]。了解这一铭文的内容详情[25]，尤其是知道刻有这个铭文的洞穴是否像普通墓地一样被称为"墓"，会是一件很有意义的事情。

23　至少那些用来埋葬有一定身份地位的死者的墓穴是这样的，因为如果只需要开凿一具棺木的穴室的话，这种埋葬方式耗资并不是很多。在一个像四川这样人口稠密的地方，崖墓具有节省耕地的可贵优势，还可以在后世延长使用价值，因为先前的老崖墓可能就被重新用作了埋葬之地，或者被用作了活人居住的地方。

24　陶然士在其文章中写的是 103 年，很明显是一处笔误。

25　通常，墓阙上的铭文是不标注日期的，而墓碑上的铭文则标有日期。102 年这一时间标注看起来与这两类殡葬铭文都不相似。

165

除此之外，尽管我们的考察工作涵盖了数目非常之多的墓室，仍未能发现一处和殡葬有关的铭文。然而，白崖的两个大型崖墓的门厅内却布满了另外一种类型的铭文。《金石苑》将它们抄录了下来❷，并给出了如下标注："右题名在乐山程公洞……三洞者，清风、朝霞、白云也。"

不幸的是，我们从这些文字中几乎得不到任何有意义的信息。事实上，这些仅是随意而至的游客刻上去留作纪念的文字，内容无非是某人于某年某月曾到此一游，在洞中观赏美景、把酒助兴云云。可见，白崖洞在有宋一代曾是一个知名景点，人们从省城慕名而来（好几名游客都标明自己是来自成都），在此处饮酒作诗、寄情山水。根据第13号铭文的内容记载，隐士程公曾经居住于其中的一个洞穴之中。由此，我们可以想象曾经有一位隐士来到了这里，在这些崖墓中选择了一间，入住在其门厅里。在他到来以前，这些崖墓多次受到侵扰，已经失去了其神圣的墓葬特性。而正是由于程公的到来，风景宜人的白崖才渐为世人所知，并在其后的岁月里成为纪念程公的名胜景点。

在 A 墓立柱的两个侧面，刻有一些铭文，《金石苑》并未将它们抄录下来。这些铭文分布在一个框架中，显现出了一座墓碑的形象。柱子左侧的一些字迹依然可以辨识：

即：

汉代……山……白崖王……大……决胜者。甲辰年，……第十，金堂❷的樊炎、河东的宋水道、成都的郭俟、范藻（？）、唐安和张钧结伴来此一游。

尽管第一个"汉"字的下半部分已经模糊不清，但依然可以确定地辨识出来是什么字。乍一眼看去，这个表示朝代的字及其书写方法都与汉代的铭刻不无关系，所以会让我们认为眼前的铭文与建造年代是同时代产生的。而通过完全可以辨识清楚的最后两行字，可以毫无疑问地判断出此处的文字与《金石苑》中收集的铭文类似。此外，"金堂"两字地名的存在说明了这一铭文不可能是在唐朝以前问世的。

而且，在一些已经坍塌的门厅内，刻绘有一些佛教题材的图像，从图像内容和形式上看，虽然不能完全肯定，但基本可以判断它们应该出自唐朝工匠之手。结合上文所分析崖壁上的文字题刻，可以认为在 11 世纪甚至之前，白崖地区是定然存在崖墓的。而且，上述证据加强了如下印象：在中世纪的时候，长期以来被用作他途的崖墓在当地人眼中只不过是一些普通的洞穴而已。正是由于上述原因，我们认为根据研究现状，须将四川地区开凿崖墓的习俗存在时间限制在汉代，或者汉代以前的几个世纪。

26　《四川通志》卷五十九也记载了这些铭文。下文为我们从《金石苑》卷五"宋程公涧题名十四种"所记载的上述铭文的内容，同时标有对应的日期以及开篇的前几个字：

NO.1. 1071 本路	NO.9. 1101 太守
NO.2. 1079 元丰	NO.10. 1129 何子
NO.3. 1086 白崖	NO.11. 1160 题白崖
NO.4. 1089 元祐	NO.12. 1196 三嵎
NO.5. 1093 遂邅	NO.13. 1205 開禧
NO.6. 1098 紹聖	NO.14. 1222 程公
NO.7. 1099 元符	NO.15. 1305 延祐
NO.8. 1099 留题	

27　金堂县位于成都以东。于唐咸亨二年（671 年）始设金堂县，隶属益州。

汉代墓葬艺术　　　L'ART FUNÉRAIRE A L' ÉPOQUE DES HAN

Chapter 10 第十章

砖室墓及随葬器物

在前文中，笔者对考察队是在何种特殊情况下得以进入崖墓考察，在崖墓中观察到了哪些内容进行了初步介绍。目前为止，考古学者尚未能有机会自由地进入坟冢式墓穴，而且不受制约地展开科学研究。所以，这些数量巨大的各类坟冢的内部结构和陈设基本上还不为世人所知。我们在考察过程中，并未能展开真正的发掘工作，在这方面没有比前辈们取得更多进展，尤其是在四川省这个遍布乡村，人口极为稠密的地区，此类工作更是不具有可行性。我们只是参观了汉代建的两座坟墓，它们是以偶然性的原因而被敞开的，甚至一些遭到破坏的墓室已经裸露出了内壁，我们才得以以外国人的身份从这些墓葬的外部观察，进行了查看。

鲍三娘之墓

昭化县隶属于保宁府，在位于该县以北 12 华里（约 6 公里）外的位置，邻近嘉陵江左侧支流白龙江河岸的地方可以望见一座坟冢。根据《四川通志》记载，此处便是鲍三娘墓。

169

墓冢为方形，边长 15 米，冢顶高 4 米。在西北角有一处塌陷，裸露出了一个拱顶的侧面，该拱顶的朝向为自北朝南（图 10.1）。谢阁兰与吉尔贝·德·瓦赞虽然颇费周折反复斡旋，但还是成功地清理了墓室主墙壁的一处缺口，并经由此处进入到墓室之中 ❶。

墓室由一个宽 1.9、高 5.4 米的券顶构成。券顶北面由一面砖砌墙体所围合；在南面通过位置靠后的一个拱券衔接着一条窄一些的甬道。但是这条甬道已被积土堵塞，而考察人员未能采取进一步行动将其清理开来，原因是我们这些外国人的到访考察引发了当地民众的聚拢围观和不断攀升的敌意情绪（图 10.2）❷。

穹顶是半圆形券顶，由砖砌而成。每个拱券都由梯形砖块砌成，砖块高度为 0.32 米，砖面中央设有半弧形的子母榫卯结构，一侧凹进，另一侧外凸，用以构成同一拱券的各砖块之间的嵌合。此外，为了连接相邻的各个拱券，每块砖都设有中心榫头，其分布与梯形砖面的底边平行。这种以双嵌套式设计的子母砖，表明汉帝国时期的工艺水

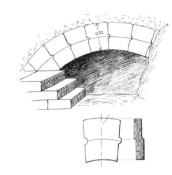

图 10.1　鲍三娘墓室—砖拱石

图 10.2　考察队发掘鲍三娘墓现场，前排分别为谢阁兰、吉尔贝·德·瓦赞及昭化县县长
谢阁兰等：《中华考古记》图集一，*Pl. LVII, Nº 184*

1　　*Pl. LVII.*

2　　当考察团在昭化县展开考察时，此报告的执笔者（让·拉尔蒂格）被派往了巴河河谷（四川巴中、南江一带）。

3   *Pl. LVIII.*

4   塔楼参见图 16.18。

5   *Pl. LIX.*

平已经达到了何等精良的水准，也正是得益于如此设计，才能够让这样的拱顶能够在各种不利条件，如建筑材料缺乏硬度、气候异常潮湿以及拱圈所承载坟冢的重压之下得以保存下来。

支撑券顶的是两根由砖石砌成的拱形脚柱。由于整座墓室都以黄土所覆盖，所以设计者未采取特别的预防措施来阻挡推力的横向分力。

墓室所使用的各类陶砖仅侧面上设计有装饰图案，修砌好后便呈现在面向墓室内的一侧。这些图案是通过一个木制模子在湿黏泥上以模印方式制作而成，分为五种：

1. 几何形状的装饰图案（菱形和斜纹）。
2. 同上（相互平行的条痕）。
3. 被同心菱形框在里面的铜币图案。
4. 马车。
5. 面对而立的雄鹿。

前两种图案分布在券顶上；第 3 种和第 4 种图案分布在拱脚柱上；北面的墙上分布有前四种图案；第 5 种图案则只位于甬道之中。

最精彩的要数印有马车图案的画像砖（图 10.3）[3]。设计丰富饱满，画面宽大雄健，形象塑造生动，富有表现力。马车上遮着拱形篷布，车轮很大，纵梁直接连接在车轴之上，与现今华北地区依然使用的大车类型相似。赶车者坐在纵梁上（如今的赶车人依然习惯坐这个位置）。马匹侧对步而行；其前胸和颈部显得健壮有力，头部和腿部纤细，姿态矫健高贵，是一匹英姿飒爽的马。它不同于我们在山东地区汉代画像石上所发现的粗壮矮小型马的形象，也完全不类同于河北、山东等中国北方地区现在仍广泛使用的负重马的类型。从这点可以看出，在汉朝时，套车使用的一定是两种不同的马种，其中的一种应该是源自蒙古草原地区，而另一种马则应该源自于著名的战马血统，是秦汉时期进行大型征战时从大宛国带回中国的，或者是西域各国进贡所得。

马车前竖立着两座塔楼[4]，马车从两者之间穿行而过（图 10.4）[5]。

图 10.3　鲍三娘墓："墓穴内部"　谢阁兰等:《中华考古记》图集一, *Pl. LVIII, N°185*

图 10.4　鲍三娘墓："浮雕画像砖"（谢阁兰绘图）　谢阁兰等:《中华考古记》图集一, *Pl. LIX, N°804*

172

6　译者按：［清］常明：《四川通志》卷四十五，第24页。

7　（四川）夔州府位于长江左岸。

8　这一名字为"廉洁平和"之意。

9　《四川通志》在卷五十三也引用了《旧志》的同一段文字，但是内容稍有变化，讲的是夔州的情况，提到"鲍家庄的城墙"尚存。译者按：［清］常明：《四川通志》卷五十三，第41页。

10　大家知道关羽又被称为"关帝"，被誉为"战神"，在明朝万历时期被褒封为"三界伏魔大帝神威远镇天尊关圣帝君"。译者按：此处所言胡宝，为明嘉靖年间举人，曾任广西梧州府同知，在贵州安庄卫（现贵州镇宁县）立碑并撰《汉关将军庙碑记》，叙写关索庙来源一事。参见明嘉靖本《贵州通志》卷七祠祀安庄卫："关索庙，在卫治南四十里。昔年关索领兵征南至此，有神应，后人遂立祠庙于山颠之上祀之，因名。郡人推官胡宝记，云云。"胡宝其人，见《贵州通志》卷六科目安庄卫云"嘉靖壬午科胡宝，任广西梧州府同知"。［明］谢东山修，张道纂：《贵州通志》卷六《科目》"胡宝"条目，《天一阁藏明代方志选刊续编》68册，上海：上海书店，1990年，第893页；以及卷七《祠祀》"关索庙"条目，《天一阁藏明代方志选刊续编》69册，第123－124页。

墓室中不存在任何铭文。画像砖上出现的铜钱属于五铢钱，是在汉武帝时期（公元前140-前87年）开始铸造的。但是这种货币流通十分广泛，在汉武帝统治时期结束之后的很长时间内还在一直使用。所以，并不能以存在五铢钱这一点来限定墓葬最晚的建造年代。

《四川通志》在"陵墓"篇中提及到了隶属保宁府的昭化县，并做出了如下介绍 [6]：

鲍三娘墓在县北十五里，曲回坝南，白水西岸，巨墓巍然。昔时土坼，见墓门石砌坚致如城闉之状，内室幽黑屈曲，人无敢入。今已封闭矣。

接下来《四川通志》引用了《旧志》的内容，后者记载道：

鲍氏者，关索之妻也。居夔州 [7] 之鲍家庄，勇力绝伦，有廉康 [8] 贼求取，不许。与战，破之。关索往征，不胜，遂以城降，同扶汉室焉。[9]

这一段文字表达不是特别清楚，似乎在告诉我们关索在朝廷帮助下收复了失去的城池，并迎娶了这位年轻的女子。《四川通志》亦未说明关索是何人。在其所引《汉隶字源》中，指出贵州府有一处山顶上建有一座"关索庙"，还提到了一处由明代人胡宝所建立的庙堂纪念建筑，上面称关索为"忠义侯"（即关羽 [10]）之子。但是随即也附上一处评论指出，关羽并没有一个叫"关索"的儿子，从而驳斥了此处的说法。

如果上述说法无误，关索为关羽之子。考关羽于219年战死，那么此处墓地则应该是立于三国初期，也就是公元3世纪中叶。但是很明显，无论是关索和关羽的亲子关系还是据此推算的日期，都不具有可靠性。再则，考察团所见到的坟墓毫无疑问就是《四川通志》所指的那一个墓地，因为地点的标识信息都是准确无误的，而且对墓门及密集台阶的描述（事实上砖墙已经部分倒塌了）与所见到的情况完全相符。至于文字记载中谈到墓室"幽黑屈曲"，恐怖阴森而无人敢进入其内一探究竟的说法，本身就是一种夸大其词的传说。

燕家坪双室墓冢

在渠县墓阙附近，距离燕家坪村3华里（约1.5公里）的地方，有一处封土堆耸立在成片的稻田之前，其上茂林修竹，因日积月累的侵蚀冲刷，已裸露出了坟丘的部分内部结构（图10.5）[11]。在左侧可看见一个拱形的入口处，正中和右侧则可看见暴露在外的墓室砖砌墙体的一部分（图10.6）[12]。此墓是一种双墓室结构，两个墓室之间由一面砖墙分隔（图10.7），沿着墓冢的轴线对称分布。如同昭化鲍三娘墓一样，也是墓室的墙体裸露而且坍塌了，人们可以从坍塌处进入到墓内。我们从左侧的墓室进入到墓穴之中，由于水稻田的泥水涌入，淹没堆积于地面，所以无法测量其高度。仅测得其宽度和深度分别为2.3米和4米。由此可见，该墓室没有鲍三娘墓室那么长。

尽管周围环境非常潮湿，其拱顶却保存得异常完好。这是一个张度相当大的尖顶拱，最深处是由两个一前一后的石拱构成，石拱的尖形拱肋与拱顶的相比显得更尖一些。我们只能看到这两个石拱的拱腹

11 *Pl. LX, N°86.*

12 *Pl. LX, N°187.*

图 10.5 "双穴墓"（位于渠县墓阙附近） 谢阁兰等：《中华考古记》图集一，*Pl. LX, N°86*

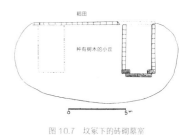

图 10.7 坟冢下的砖砌墓室

面，不过在其基部还可以望见拱底石的嵌接凹槽，位于一个由石块砌成的支撑之中。各石块之间榫头相互咬合联结起来（图10.8）。墓门由两块竖向装配的石质厚门板组合而成，安置于最尖的拱顶处。

拱顶是墓室中唯一可见的部分，其装饰图案是几何形状的。正如用来铺砌地面的方砖一样，每块砖的图案都和相邻砖块上的图案是连贯的（图10.9，A）。

画像砖及其他遗迹

我们在进行研究时考察了一些汉代古墓，有好几次都发现这些墓

图10.8 墓室门

图10.9 画像砖

A   B

C

图10.6 "尖拱砖墓" 谢阁兰等：《中华考古记》图集一，*Pl.LX, N°187*

175

家的砖石已经大量地裸露在外。不幸的是，由于这些砖块长期处于潮湿的地下，一旦将其取出暴露在空气之中就分崩离析，根本无法将其完整地运走。

在上文中，我们已经提到过渠县赵家坪附近墓冢有大量的汉代画像砖存在。还有另一处较之毫不逊色的宝地，位于梓潼县境内（参见图5.14）。李业祠堂后部建筑的部分墙体是由带几何图案的画像砖砌成的，与鲍三娘墓室墙砖的图案相仿。我们在现场还发现了一些各式各样的铜钱图案和菱形图案，属于上面分类中的第三类（图10.9，B）。其他一些画像砖大量分布在城东，靠近《四川通志》所指出的地理位置，例如"汉沛国相范伯皮墓"附近。

漢沛國相范伯皮墓 [13]

《隶续》收录有12世纪时在这一墓地周围所找到的大型砖石上所刻的铭文内容[14]。沙畹曾在其著作中翻译了这些铭文内容[15]。

范皮墓所在地亦被当地人称为"侍郎墓"，但如今现场只剩下了一个坟堆，既无石像生，亦无墓阙，而且我们也未能找到如洪适所描述的那类画像砖[16]。然而在距其不远处却看到了一座林木繁茂的小山丘，地面上散布着一些砖瓦残片，有的地方甚至还可以看见一些堆积的砖石呈现出规律的砌层。由此判断，这座小丘定然覆盖着数量众多、建筑于地平面之上的墓室。考察队在山丘土坡上寻找到一些砖石残件，其中发现了用篆体刻写的表示"汉代"的"汉"字，有的字刻写在砖石正面，而大多数则刻在侧面。此外，还找到数量众多的带有子母榫卯结构的拱石，与构成鲍三娘墓室拱顶的拱石一样（参见图10.1），在侧面上刻有一只艺术化处理的鸟儿图案，鸟儿两侧各有一个汉字。这样的图案让人联想起用于祭祀的青铜器上的某些古老的装饰纹样（图10.9，C）。

13　《四川通志》卷六十引《碑目考》："汉沛国相范君阙，在梓潼县城东六里。"译者按：［清］常明：《四川通志》卷六十，第33页。

14　译者按：［宋］洪适：《隶续》卷第十三，《隶释·隶续》，第414页。

15　*Édouard Chavannes, Mission archéologique dans la Chine septentrionale, p.23.*

16　墓室可能是在宋朝被毁掉了，因为砖石都七零八落地四散分布着。

176

陶棺

　　某些崖墓的墓室地面上凌乱地堆积着一些陶制棺材碎片，与地面上散布的砖石碎块混在一起。因为陶制棺材是用一种经过淘洗的细质泥土制成，其质地薄而坚硬，呈现一种带黄褐的灰色。所以，很容易将其从砖石残块中区分出来。当我们考察一座位于彭子浩的崖墓时[17]，在其外部墓道中的一间小室里发现了一具完整的棺材依然保留在原地（图 10.10）[18]。这是一件优秀的灰陶作品，长方形的凹槽长 1.97 米，宽 0.44 米，深度为 0.55 米。在陶棺的各条棱边和转角部位均增强了内壁的厚度，以保证棺木具有足够的硬度和支撑力，而在趋向各面中央的位置则逐渐变薄，从而避免了厚重感。陶棺开口的边缘处竖立着一道沿边，用来确保棺盖能够严丝合缝地嵌合上。棺盖也是由独块灰陶构成的，呈拱顶形，覆盖在侧面的两块棱面之上。

石棺

　　崖墓中的石棺有多种形式，有直接在崖墓壁面上雕刻而成的，

图 10.10　画像砖组合棺材　谢阁兰等：《中华考古记》图集一，*Pl. LXVIII, N°107*

177

有可以移动的独立石棺。对于前一种情况而言，棺材只能清理出一面（图 10.11,A）或者三面内壁（图 10.11,B），又或者只是通过底部与岩石地面衔接（图 10.11,C）。我们在崖墓中发现的有一些双石棺结构，由两个平行分布的石槽组成，中间以一块厚石隔板分开（图 10.11,D）。这种类型的石棺都处理得颇为粗糙，上面没有任何雕刻的痕迹，所以不奇怪为什么最初看到此类石棺的人觉得它们与喂养牲口的食槽没有多大区别，而且，这些石棺所用石材也很普通，在所在地区的村落里比比皆是。

至于非固定式的石棺，通常都是被那些居住在洞穴中的人们给毁掉了。我们所见到的唯一具有装饰图案的石棺位于一处仍然被封砌着的洞穴之中。在它的墓道中有一堆坍塌物堵塞着，中间仅留有一道非常窄小的沟道，要想进入其中十分艰难。这种情况也表明了从未有人在这个洞穴中居住过❶。

该处墓葬的最后一间墓室中有两具尺寸不一的石棺，被放置于三根石制横梁之上，距离地面约 0.20 米的高度。小的那一具石棺似乎是大的那一具的复制品，但是做工却更马虎一些。大石棺长 2.20 米，宽 1.2 米，深 0.8 米（未将棺盖计算在内），棺壁厚度为 0.1 米，估计其重量应该接近 2 吨（图 10.12）❷。棺盖由相互嵌合的三截拼凑而成，原地只剩下了其中的两截，最后那截应该是被盗墓者给砸毁了。

石棺只有三面雕有装饰性图像，朝向入口的正面及其两个侧面。图案是凸出的浅浮雕，工匠用十字镐粗糙地在棺面上刻凿装饰性的条纹。主题图案为减底浮雕，被一圈浅浅的刻痕围在中央，图案周边的底子采取了更为精细的雕凿方法，交叉排列着细密的斜向凿痕，形成互相交错的三角形图案。一条凸起的装饰框环绕着棺木的各面（底面除外），该框条由双条平行线脚进行了镶边，上面同样也装饰着一些交错的三角形。

19　我们在上文中已经提及这一洞穴，详情参见第九章"江口崖墓"。

20　Pl. LXVII, N°206.

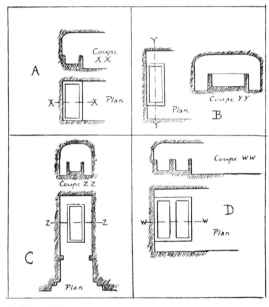

图 10.11　石棺

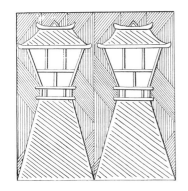

图 10.13　石棺上的装饰图案 —— 阙

图 10.12　画像石棺　谢阁兰等：《中华考古记》图集一，*Pl. LXVII, N°206*

21　译者按：从本文描述来看，该石棺应为彭山二号石棺，位于彭山县江口镇高家沟 282 号崖墓内，作者对其内容释读有误，参见罗二虎：《汉代画像石棺》，成都：巴蜀书社，2002 年，第 47-49 页；高文：《四川汉代石棺画像集》，北京：人民美术出版社，1997 年，第 111-113 页。

　　侧面的中央位置被两个绞盘形状的支撑物所占据，支撑物顶端分别是两名女子的形象，面对面地以跪姿呈现。她们中间托有一个貌似琴具的方形物。左边的女子扬起双臂作击打状。这组群雕的右边有一只拴在柱子上的独角兽，左边有一只充当坐骑的雄鹿。我们在介绍墓阙时已经多次提到了这样的雄鹿形象，但是在此处我们可以肯定是一名女子骑坐在鹿身上，用左手拿着盛满醇酿的葫芦。不仅如此，我们还可以看清她的头上梳着三个冠形发髻，而且刻画胸部的曲线清晰可见，位于中央的那两名女子亦是如此形象。鹿身上套着的一个鞍具由突出的轮廓线凸显了出来。

　　石棺另一侧面，首先是刻绘于右边的一只"朱雀"，其左边有一对阙楼，与鲍三娘墓中刻有马车图案的画像砖上所呈现的阙相仿，只不过后者并非一对，而是单只（图 10.13）[21]。

　　小一些的那只石棺长 2 米。各面均没有经过镶边处理，上面所刻的图案与上一具石棺上的图案相同，只是充当坐骑的雄鹿被一只长有翅膀的独角兽给代替了（图 10.14）。

这些石棺的装饰图案与墓阙装饰高度相似，即使其雕琢工艺更为粗糙简率，但仍然彰显出同样的高品质和艺术水准。尤为使人惊诧的是，这些石棺的雕凿技艺呈现出与河南的墓阙尤其是与启母庙石阙和少室阙的相似性。在沙畹君曾刊布于其《华北考古图录》中的一张石阙的拓片上，可以看到，右边有一只独角兽几乎与大石棺上的独角兽形象一模一样，而且同样是凸显在一个由线刻斜痕所形成的底子上。无论是从技术层面还是从画面上来判断，两者之间的相似度都达到了极致 [22]。

图 10.14　石棺上的装饰图案 —— 独角兽

砖砌石棺

前文所介绍的石棺尽管大部分已经残损或荡然无存，却依然在其周边可见一些陶制棺材的碎片。根据这一发现，可以确定重要的一点，即石棺并非是棺木的替代物，而是用以将棺木包裹在其中的椁室。

这类石棺并非都是由石头材质做成，即使在崖墓中亦然。我们在考察过程中先后发现了众多形状奇特的陶砖，逐渐推论出原先崖墓中应该存在的由此类砖块砌成的棺椁。下图复原了这种用作不同结构的砖块的几种类型（图 10.15）：

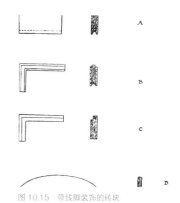

图 10.15　带线脚装饰的砖块

A. 扁平砖，一侧有凸出的榫头，另一侧有凹槽，以便于嵌入（可以在棺盖下面见到此类砖块的一个样本，参见图 10.12）。

B. 角砖，侧面设有与扁平砖相同的线脚装饰。

C. 角砖，与上一类型形状相同，但是多了一个方形缘口，用以棺盖的嵌入（我们在图 10.12 中的石棺下面见到了此类砖块的一个样本）。

D. 桁架，带有纵向凹槽；将这样的桁架组合起来即可形成一个隆凸状的顶盖。

22　仿作的石棺的图案在加工上显得更为精致一些，但是小石棺上的工艺却显得更为粗糙。

23 Thomas Torrance, Burial customs in Sze-chuan; North China Daily News（华北日报）, Nov.6, 1909.

上文所述陶棺是在一个小穴室中发现的，穴室被一面砖墙遮挡着，砖墙朝里的侧面上设有装饰图案，一部分图案仍然存在。从这里可以看出设计者的巧妙用心：小穴室在形成石棺（半石半砖结构）的同时，也充当了墓室的功能。考察中我们发现，如同这个小穴室中的石棺一样，很多大型崖墓中的用以安葬死者的石棺，无论其是可移动式的，还是是固定式的，都很少是与墓室连为一体的，它本身即类似一个独立的墓室。这种情况比较普遍，我们在考察过程中发现了数量众多的带有装饰图案的画像砖，而且有时候在墓室的入口处还原地保留着砖体与石墙搭接的部分。

石灶

考察队寻访到的好几处崖墓中，都设有一些圆眼石制炉灶。贝德禄在考察时已经注意到了它们的存在。他判断人们在岷江流域开凿人工洞穴是出于居住目的，证据之一就是这些炉灶的存在。然而这些石灶的形态与考古者在很多汉代普通坟墓中找到的陶制炉灶十分相似。古董商人还常把这种陶灶当作砚台卖给好古的文人使用。它们的含义其实很简单，通过模拟当时家用炉灶的形态，为逝者所使用。人们也在墓中发现过用黏土制作的不同尺寸的水井、厨栏、陶楼和各类家畜等，与炉灶的存在基于同样的道理，它们都属于对现实世界物品的仿效，用缩小的尺寸全面体现了生者世界。

墓葬小雕像

居住在成都的陶然士展示了他所寻访到的大量陶制雕塑和器具，它们分别出土于该地区的不同墓地❷。我们在江口地区的墓穴中也找到了相似物品的残片。对此类物品的详细研究将超出我们此处的主题范畴，而且，它们都属于劳费尔在他那本关于中国汉代陶器的奠基性著作中所概括的系列类型。因此，我们仅限于指出一点，即此类物品在崖墓中的存在又为我们提供了一个新的证据，更加印证了此类遗迹是源自于汉代的，这一时代归属的结论已经毋庸置疑了。

III

—

第三部分
中国汉代墓葬研究

*Study on Chinese Han
Dynasty Tombs*

1   De Groot, *Religious system of*
     China. Vol. I–III.

期待有朝一日在这片土地上能够展开科学系统的发掘工作，届时中国考古界的面貌定然会焕然一新。

目前，我们只能静候这一天的到来，尝试着去整理已获得的零星材料和基本认识，并归纳、提出一些有意义的问题来，通过对这些问题的逐一解答，对古代墓地进行整体性的研究。为了达到这一阶段性的研究成果，需要大量查阅关于墓葬习俗和墓葬营建有关的直接的或间接的文献材料。这类材料中的大部分已由高延 (De Groot，1854–1921 年) 进行了汇编❶。但是，对这些文献的评注和选择性使用则超出了考古学界的能力所及，故而我们应该从更多学科综合的范畴入手对这些文献进行重新审视。具体而言，如研究中所涉及古代文献是针对建筑构造的，它们肯定会用到一套专业术语，这样只有对应到建筑本身才能解释这套词汇❷。再者，有相当多的叙述性内容讲述了关于古代墓冢的偶然性发现或者入侵事件，虽然其中包含了大量可供参考的细节内容，却也是最难读懂的。而且，这些文献的作者既有历史学家、金石学者，也有更多的门外汉，对相关的墓葬制度、规则、规制都不甚了解。更为重要的是，中国的墓葬制度和习俗经历了数千年的变化，古时的墓制规制与他们所生活的年代已截然不同❸。凡此种种，均为我们研究中所需要重视的地方。

2   高延在编写其作品中关于古代墓地的关键章节时也遵循了这一做
     法，尽管在他引用的好几篇文字中都出现了表示"墓阙"的"阙"
     字，却没有任何地方与墓阙相关。而翻译人员并不知道这个字在其
     作品中表示的是一个特定物品，故而在翻译时选择了另一词义，继
     而造成了曲解。

3   我们在研究王穉子阙的描述文本时就发现了这样的事例。尽管这一文本内容非常详尽，且为一
     位古代金石学名家所写，却也出现了此类瑕疵。

沙畹采取了与之相反的研究方法，也就是在采用任何文献材料和历史数据时，都只选择他所认为恰当的那部分，并且与客观的数据进行对照分析。通过此种方法，他针对汉代墓葬制度整理出了一般性规律，可概括为如下几点❹：

1. 墓地的入口处设有一对标志性的墓阙。
2. 墓阙前方设置有一些动物雕像。
3. 在坟冢前方立着一个祠堂，是由石板拼砌而成的，里面供有一尊死者塑像或者立有一个死者牌位。
4. 有时候在祠堂前方设有一个祭坛并留着一片空地，上面似乎铺有石板。
5. 单条或数条地下墓道从墓室处开始延伸，通过祠堂后在前方设有出口。
6. 在墓冢之下，棺木必须安置在一个石制或砖砌的墓室之中。

以上这些内容可用作尝试研究的基础信息。在进行这一尝试的过程中，我们有意将"假设"所扮演的角色降为简单的"基本信息"，但是，由于目前所获得具体对象的材料太少，一直无法如愿。

4　这些总结数据符合非王侯级别的重要人物的坟墓，例如知县、刺史、州牧或将军等。参见 *Édouard Chavannes, Mission archéologique dans la Chine septentrionale, vol. I, chap. I.*

Chapter 11

墓园

无论是在二十个世纪以前，还是今天的中国，所有的墓园都会起一堆坟冢，其周围会预留着一些空间，被称为"茔"。下文对其进行初步的研究，讨论如下几个方面问题：墓园的规模和形状；位置与朝向；封闭方式；入口；附属建筑。

墓园的规模和形状

用作墓地的地块大小是与死者的社会地位成正比的。《汉旧仪》在一个段落中指出了一座皇家陵墓所对应的面积规模：

天子即位，明年，将作大将营陵地，用地七顷，方中一顷。❶

1　《汉旧仪》为卫敬仲著。高延介绍卫敬仲生活在梁朝时期，实际上这个记载是错误的。"敬仲"是卫宏的字，卫宏其人生活的年代应为公元1世纪。清人孙星衍在《平津馆丛书》中则提供了一个更准确完整的关于卫宏生平的信息。分别参见 De Groot, Religious system of China, p.405; Herbert Allen Giles, A Chinese Biographical Dictionary, No.2277. 本注释由伯希和提供。

译者按："河南郑兴、东海卫宏等，皆长于古学。宏字敬仲，在《儒林传》。"［宋］范晔：《后汉书》卷二十七《宣张二王杜郭吴承郑赵列传第十七》，第936页。［清］孙星衍：《平津馆丛书》（全十五册），江苏：凤凰出版社（影印），2010年。

"顷"相当于 100 亩，即 6 公顷多一点。但汉朝时期的尺寸小于现在的尺寸，所以，一"顷"的大小大约应该等于现在 3.2 公顷左右❷。《汉旧仪》中所指出的帝王陵寝面积对应的数字在去零取整后应分别为 22 公顷和 3 公顷。至于"方中"部分用地为 3 公顷，应该理解为陵墓封土工程所涉的占地面积，也就是我们在第一章中曾介绍过的坟地中呈同心状的封土堆所标志出的范围。下面是两座汉代皇帝陵墓所对应的规模：

汉成帝墓　　330 米 × 360 米 = 11.8 公顷

汉昭帝墓　　250 米 × 300 米 = 7.5 公顷

这两座陵墓封土的面积比按照上述引文中推算出的面积要大很多。对此，是否可以认为成书于东汉时期的《汉旧仪》，反映了东汉皇家陵园在规模上呈现出来的下降趋势。其实，从秦始皇陵的修建开始到当今时代，帝王陵墓的规模一直呈现着不规则的递减趋势。关于这一点，我们无意去寻找更为准确的数据，仅就目前所了解的情况做一个简单说明。在西汉时期，帝王陵墓地的面积约为 50 多公顷，到东汉时期约为 20 多公顷❸。假设秦始皇陵在"方中"和墓地之间的比例上遵循同样的规则，那么可以推算出其面积应该在 250 公顷以上。

各类墓地现场的勘查情况表明，迄今为止没有任何实例可以证明非皇室墓地能够达到上述近似程度。如果有墓地能够同时保存着双阙和封土的话，则可以为面积估算提供比较翔实的依据。可惜我们在考察过程中并未找到这样的墓地。如果沈府君墓的坟冢真是位于根据现场所推测出的位置的话（图 3.19），那么，其墓园的总面积应该约为 3 公顷左右❹。

虽然仪轨制度并没有明确规范墓地的外形，但是按照惯例很有可能应该是方形的。事实上，这也是中国人的民族特性和历史传统之一，因为他们总是将城市、寺庙、宫殿和房屋设计为方形❺。坟冢是同样的方形，其四周的墙垣亦是如此，故而这一部分被统称为"方中"。棺木与墓室均为长方形的，所以只要场地情况允许，也就是说只要坟

2　东汉时期将"尺"（长度单位）的大小定为约 23 厘米。根据奥莱尔·斯坦因（Marc Aurel Stein, 1862-1943 年）的发现和伯希和在文章中的批注，对照由斯坦因所发现的木制量器的尺寸，以及保存在曲阜孔子家族中的一个制作于公元 81 年的青铜量器的尺寸，可以确定在这一点上几乎不存在什么疑问。既然"尺"等于 23 厘米，那么"平方步"应为 1.32 平方米，"亩"应为 318 平方米，"顷"应为 3.18 公顷。Aurel Stein（斯坦因），Central-Asian Relics of China's Ancient Silk Trade（中国古代丝绸贸易中的中亚遗址），T'oung-Pao（通报），Vol. 20, No.2. Leiden: Brill Publishers, 1920, pp.132-141.

3　我们将在下文中提到如下的情况：唐朝人在某些墓地的布局上模仿了西汉时期的风格；顺陵保留了墓地四面的标记，在面积上竟超过 60 公顷。

4　根据司马迁的记载，孔子的墓地面积为"一顷"。Édouard Chavannes, Les Mémoires historiques de Se-ma-Ts'ien, V, p.429.

5　由于"天"是用圆形来象征性地表示的，所以天坛亦为圆形。但是圆形的天坛却是围在一个方形围墙之中的，至少目前所见到的（北京天坛的）情形是这样的。

6　Séraphin Couvreur（顾赛芬，
1835-1919 年），LI KI（礼记）XII
Sienhsien : Imprimerie de la
mission catholique, 1913, p.34.
译者按：孔子曰："殷已悫，吾
从周。"葬于北方北首，三代之
达礼也，之幽之故也。[汉] 戴
圣：《礼记注疏》卷九《檀弓下》，
辑入《景印文渊阁四库全书》第
一一五册，第 194-195 页。

7　张璜神父在其发表的文章中引用
了《金石例》的一个段落指出，
神道上的碑是立在墓地的东南部
的，因此轴线应该是西北方向。
Matthias Tchang, Tombeau
des Liang, famille Siao, p.91;
De Groot, Religious system of
China, p.1157.

墓选址是位于平原或高原平坦地势的话，那么墓地也必须遵循方正规划这一原则。

位置和朝向

中国墓葬的营建者们并不仅仅局限于方形的空间，他们会根据方位基点来设计空间轴的朝向，并将正门置于正南面。此外，我们也知道在古代的时候，坟墓大多都是安置在城市以北的。如此一来，人们去墓地祭拜时必然朝北而行，继而从墓地的南面入内。《礼记》认为将死者葬于墓地北面并保持头部朝北的习俗源自于远古时代 [6]。从理论上讲，坟冢和墓地共同的轴线也应该是朝向北方的 [7]。

但是，就我们所研究的汉代墓葬而言，在现实考察中所发现的情形却让人始料未及。尽管在大多数情况下，坟墓的中轴线确实是朝向北面的，但仍有不少墓地的情况并非如此，在朝向上呈现出了较大的差异。下面列举几个例子 [8]：

沈府君单阙	N 30° W.
武梁祠双阙	E
冯焕双阙	N 10° E.
渠县东阙	N 15° W.
双杨阙	S 65° W.
秦始皇墓	S（?）
汉文帝墓	N 25° E.

当然，如山东孝堂山和嘉祥县的祠堂、西安府所在平原上的大量高坟大冢、渠县的"倾斜之阙"以及鲍三娘墓都表明对应墓地的中轴线是不偏不倚地朝向北方的。

8　几乎总是能够想办法判断出轴线的方向，因为只需要根据保存在原地的一座墓阙、一对雕像或是一座祠堂即可推断出朝向。如果仅存坟冢的话，则只能判断轴线，但无法得知朝向。然而现场基本上总是存有线索的，从而可以让人消除疑虑。但是如果出现类似秦始陵的墓地，现场情形表明轴线应该在南面，也就是说与仪制规定的方向相反，那么必须谨慎判断，不得将这一指示视为断然的真理。

因此，很明显朝北的朝向规则外，仍然有大量的例外情况。至今为止，中国人在建设墓园墙垣和墙基方面都循规蹈矩、严格遵照日晷指示行事❾，那么，又缘于何种理由令他们容许了这样的"不规则"呢？

对此问题，我们曾尝试着在巫术或信仰等方面寻找满意的答案，却无果而终。自汉武帝统治时期以来，黄老之道获得了广泛认同和发展。我们相信汉代墓地的布局应该与"风水"密切相关。但是，并不意味着我们需要在此类天书中冒险跋涉寻找答案，因为墓地的现场本身就能清楚地说明问题。下面就是我们观察到的几点：

1. 如果相对于墓地的中心而言，场地呈现出均衡的地势面貌，那么墓地应该是规则地朝向北面的。

2. 如果场地呈现出地貌差异较大的情形，那么在选择墓地所在位置时，应该是尽可能地令景观的对称轴与地形、地势的走势相符，而且这一方向就被当作了轴向，与其本身的方位角无关。

下面，我们随便画出了一些景观元素，旨在为上述第 2 条规则提供例证。最佳的选址点为 A、B、C，与之直接相邻的地势相对于最长的倾斜线 AX、BY 和 CZ 是对称分布的，因此墓地的入口应该为 X′、Y′、C′❿。如果无法觅得最佳选址点，则不得不退而求其次将坟墓安置在 D 点，这样一来可以将轴线选取为地形的走势线 Dt1，或者选取背景景观位于该线和 Dt2 之间的中线方向（图 11.1）⓫。

由此可见，墓地的朝向选择是一个具体和地形地势有关的选址问题。

影响坟墓朝向选择的要素有三点，即子午线的方向、地形地势以及景观分布的对称性。第一点在空间中是恒定的；第二点是由所选场地的地形情况来确定的；只有第三点是具有任意性的，因为人们既可以选择小范围的对称轴（在不得已的情况下，该轴线可与最长倾斜线合在一起），

9　至少在中国北方各省是这种情况。

10　在所显示的场地中，最佳选址位置应为 A，因为它兼顾了上述两条规则。可以想象在一座城市周围的一定半径范围内，可以找到的此类位置的数量并不多。

11　绵州的杨府君墓（图 5.2）为我们提供了关于汉代墓地在位置和朝向方面的典型实例。

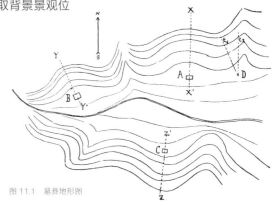

图 11.1　墓葬地形图

12 参见第十章的内容。有时候确实存在一些横向的小室，但是迄今为止未在其中寻得任何棺木或石棺，故而推测这些小室可能只是用来祭祀的祠堂而已。

13 在早年由沙畹君翻译为法文的《水经注》段落中，曾描述过一位郡守张伯雅墓地建有围墙。*Édouard Chavannes*（沙畹），*Les Pays d'Occident d'après le Wei Lio*（魏略西戎传笺注），*T'oung-Pao*（通报），vol. 6, No. 5, 1905, pp.519–571.

也可选择可见范围内全部景观（即视力所及范围内的墓地全景）的对称轴。值得注意的是，每当遇到起伏不平的地势时，这个以审美意识为最终导向的第三点即会被运用到朝向的确定中，而且还会发挥主导性的作用。在本文第一章，我们详细介绍了秦始皇陵，它堪称陵墓选址的代表作，是墓地构造的经典之作。

那么，问题便接踵而来：当坟墓的轴向不是朝北的时候，棺木应以什么样的方位来安置呢？对于这个问题，最确切的答案依然深埋于地底下。从目前所了解的情况来看，这种情况下，极有可能棺木的轴向和坟墓的轴向是保持一致的。在一个整齐的、如几何学般严谨的整体墓地布局中，墓室必须与墓地和坟丘的轴向平行，棺木的摆放亦是如此。事实上，轴向一旦确定，那么在建造坟墓和履行仪式的过程中就必须按照惯例行事，将该轴向视为子午线一般。对于这一活动的某种固定的仪轨规范，期待能获取更多的实地信息，帮助我们洞悉其中的奥妙。

虽然未对地下坟墓进行挖掘勘查，但是对崖墓的考察却提供了一些事实迹象：坟墓的轴向是按照我们在上文列出的第 2 点规则来确定的，依据的是崖壁的垂直线。倘若崖壁是倾斜的，则依据的是最长的倾斜线。无论是墓道、墓室还是石棺都是与该线垂直的轴向线平行分布的 [12]。

墓地的围墙及入口

从现有的调查结果来看，毫无疑问帝王陵墓是筑有真正意义上的围墙的，其规模与城墙相当。然而对于那些身份稍次的高级官吏而言，大部分情况下其墓地围墙仅仅是象征性的存在 [13]。这是我们通过对墓阙功能的研究而得出的结论，但对此并没有准确的文献材料作为支撑。

通往坟冢的通道被称为"神道"，即"魂灵之道"。其分布通常都是根据墓地自身的中轴线来设计的。神道与墓园围墙的交汇点构成了神圣之地的入口。皇家陵园的入口两侧伫立着标志性的塔楼 [14]，而

195

达官贵人的墓园入口两侧则建有墓阙。

中国人在距今不远的年代所建造的各级各类墓园，无论其规模大小如何，都是只设有一处入内通道的，并沿通道两侧设置一些成双成对的雕像。然而，通过对汉代皇家陵园的实地考察，我们相信在建造之初是开有四条神道的，但是无从知道这四条神道是否都是"可通行的"，或者其中三条的存在仅仅是为了对称设计所需。

当一些陵墓的坟冢四周残存土制围墙遗迹时，倘若正对四边形封土的边线中央位置的那部分围墙尚存的话，便总是能够在其间看到一处缺口，无论是南面的围墙还是其他任何方向皆不例外。在对西安府渭河北面咸阳原上的各墓地进行考察时通常都符合这一点，故而就是存在极少数例外也可以不提。汉成帝延陵（图 1.18）的平面布局可以说明这一问题，该墓址上的一座围墙遗迹依然清晰可见，它所处的位置让我们确信其不应该属于墓地的外部围墙，而是紧邻壕沟的护墙。同时，有一点情况依然显而易见，那就是如果各个通道通向的都是坟墓的壕沟，它们就应该是从外部围墙的四面入口处开始铺设的，一直延伸到紧邻封土处的壕沟。

《皇览》中的一段文字指出如下内容，进一步为上述地形数据提供了支撑 [15]：在汉朝在建造帝王陵墓时，会在围墙中设计四扇大门，开通四条通道，且 "足放六马" [16]。

唐代留下了一处墓地实例，举世闻名的武则天皇后于 700 年左右下令为其母亲建造的"顺陵"，现今依然可以通过现场所遗留的动物雕像辨识出陵墓四条神道的位置分布。沙畹曾于 1907 年到访此墓。我们也在 1914 年赴现场考察并绘制了该墓地的分布图（图 11.2）。据观察，位于封土南面的那条神道应该为主道，它所穿过的一道围墙已被毁坏，那里应该曾建有一座大殿。我们在坟冢的北面、东面和西面分别发现了一对狮形石兽，而且它们到坟冢中心点的距离基本相等，据此判断，这座墓园肯定还设有另外的三条神道。唐朝建都于汉长安城东南方向，其地四周分布着不少气势恢宏的汉墓遗迹，唐朝人在建墓时总是会竭力地模仿汉朝的墓地布局形式。武后之母的 "顺陵" 距离咸阳汉墓群的大分布轴只不过几公里而已，而且，

14   这种塔楼也被称为"阙"。唐高宗乾陵的两座塔楼至今依然存留，中国的考古学家们正是用"阙"这个词来称呼它们的。

15   De Groot, Religious system of China, p.406.

16   译者按：《后汉书·礼仪志下》注引皇览曰："汉家之葬，方中百步，已穿凿为方城。其中开四门，四通，足放六马。"［宋］范晔：《后汉书》志第六《礼仪下》，第 3144 页。

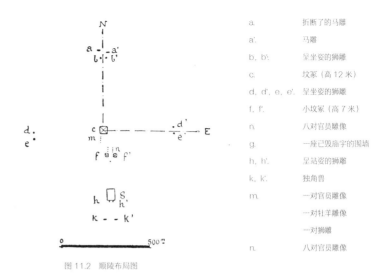

a.	折断了的马雕
a'.	马雕
b, b'.	呈坐姿的狮雕
c.	坟冢（高 12 米）
d, d', e, e'.	呈坐姿的狮雕
f, f'.	小坟冢（高 7 米）
n.	八对官员雕像
g.	一座已毁庙宇的围墙
h, h'.	呈站姿的狮雕
k, k'.	独角兽
m.	一对官员雕像
	一对牡羊雕像
	一对狮雕
n.	八对官员雕像

图 11.2　顺陵布局图

17　与此相反的是，唐高宗乾陵所在
　　位置地势非常起伏，故而在当初
　　肯定仅设有一条神道，也就是如
　　今依然可以看到的两侧排列着一
　　些雕像的那条神道。

18　参见图 2.7。

地势的平坦也有利于进行亦步亦趋的模仿 [17]。如此看来，顺陵的四条神道似乎并不属于一次创新之举。

回到本书第二章的内容，谢阁兰在考察霍去病墓地时，曾在那尊精美的人兽相搏雕塑的对称位置处发现了一块埋于地下的残石片 [18]，看起来似乎是属于一具类似雕塑的基座。如果此说无误，基本上可以确定该墓地曾在南面和北面各设有一条神道。

神道两侧的建筑

对于分布于神道两侧的建筑，目前我们仅知道有墓阙和位于外部的雕像，而在墓阙和前方广场之间很有可能还存在其他的雕像，或许在此类雕像之间会穿插设置一些墓碑，又或许墓碑就分布在南面神道的轴线范围内，其碑面正对着进入墓地的观者方向。

197

墓阙

毋庸置疑，墓阙是神道两侧最为重要的建筑[19]。武梁祠墓阙上的铭文指出，建筑双阙总共花费了十五万钱，而置于前方的一对狮形石雕总共只花费了四万钱[20]。《隶释》中针对武梁祠石阙给出了这样的注释，指出"武绥宗使石工孟季为其兄造阙，为钱乃十五万，孙宗作狮子亦四万，则一阙之费比碑十倍"[21]。

沙畹在踏勘了河南和山东境内的石阙建筑之后，得出如下结论：

这些石阙现已渐孤立，考其最初应为构成一扇入口之两侧标志物，而这一入口则是连续性围墙的开口之处。[22]

按照沙畹的看法，石阙的子阙部分其实就是已经消失的墓园围墙的象征。

本文所考察的石阙遗存，其子阙的外侧多装饰有雕刻图案，那么这个部位就不会用于与围墙连接，由此可以肯定它并非一面墙体的开端部分。因此，只能将其视为用来纪念曾经存在过而汉朝时期已不再用于围合墓地四周的墙体。虽然这种假设的推断实属合理，但是通过对四川境内墓阙的考察研究之后，我们更偏向于另一种解释：在该省境内，子阙模仿的并非是墙体建筑，而是与主阙结构相同的木制楼阁。主阙及子阙的整体结构形成了一个概括化的形象，其仿效的是带有侧面单坡屋顶的双楼阁结构。这样的楼阁在同时代的宫殿和官舍建筑中是高耸于其正门入口处的，石阙正是将这个楼阁通过雕塑化的形式塑造了出来[23]。

22 Édouard Chavannes, Les Mémoires historiques de Se-ma-Ts'ien, II, p.65. V, p.406; Séraphin Couvreur, LI KI, p.496.

23 可以参考的例子如函谷关大门，见于《亚洲艺术》所刊载 Mallon 藏品中的画像石复制图，类似鲍三娘墓中的砖块侧面上的双塔楼结构。G. Van Oest, Arts Asiatica（亚洲艺术）, No. 2, Bruxelles: Librairie d'art et d'histoire, 1914.

19 由于墓阙上的铭文习惯于以"神道"二字结尾，考古类书籍通常用"神道碑"来表示那些实际上是墓阙而非墓碑的建筑。

20 现存武氏祠石阙上题刻："建和元年，太岁在丁亥，三月庚戌朔四月癸丑，孝子武始公、弟绥宗、景兴、开明，使石工孟孚、李弟卯造此阙，直钱十五万，孙宗作狮子，直四万。" Édouard Chavannes, Mission archéologique dans la Chine septentrionale, vol. 1, p.102.
译者按：参见顾森主编：《中国美术史·秦汉卷》，济南：齐鲁书社，2000年，第193页。

21 参见第六章王稚子阙介绍。

24 值得注意的是这些石柱是"根据四个方位基点"成对地安置在祭坛周围的。沙畹曾撰文指出，由于祭坛被修建成一座坟冢的形状，整体的布局就成为一座拥有四条神道的坟墓。Édouard Chavannes（沙畹），*Le T'ai Chan. Essai de monographie d'un culte chinois*（泰山—中国古代祭神探讨），Paris: Ernest Leroux, 1910, p.179.

25 参见第五章。

"阙"一词除可指墓阙外，还用以指称入口大门两旁的门楼。此外，还能表示置于皇家宫殿之外用来张贴诏书的塔楼。最后还存在一种含义，是指在泰山举行封禅仪式时竖立在祭坛周围的石柱 **㉔**。

《隶释》针对孟台阙给出的注释清楚地阐明了石阙的用途之一 **㉕**：向渔民和樵夫标明禁地的界限（以提示他们不得入内放牧或者伐木）。如此一来，石阙就替代了缺失的围墙起到了告诫的作用。与此同时，路人也可通过阙上的铭文了解墓主的姓名和头衔。

雕像

在墓阙之外，也就是在墓地范围以外的地方，立有一对动物雕像。自汉朝至今，它们所占据的位置按惯例都被视为后方公私建筑物的一部分。例如在官衙大门前方，会在对应的位置安置一对龇牙咧嘴的石狮。如果大部分文献资料记载可靠的话，那么东汉时期高级别官吏墓地在打造此类雕像时总是选用狮子形象。然而，我们也认识到中国金石学家在谈及雕像时所采取的疏忽大意的态度，他们常常不经分辨地把这些雕像统称为"狮子"或"师子"。其实，我们在雅州的高颐墓和樊敏墓所看到的置于墓地外部的雕像更像是老虎而非是狮子。

在墓地内部，沿着神道两侧设立相向而立的雕像、墓碑和石柱 **㉖**。但是，汉朝此类建筑的分布问题，至今依然没有任何考古数据提供过准确的说明。因此我们不知道上文描述过的霍去病墓那尊雕塑本应安放的具体位置，其所在地如此靠近坟丘，肯定不可能是属于墓地外侧的雕像。所以，除非它本身属于前广场建筑装饰的一部分，否则就应该是墓道上的最后几尊雕像之一。关于前广场的问题，我们将在稍后展开详述。

26 石柱。《四川通志》在关于李业碑的评述中指出，在墓地上残存的物品中有一些石杆。此外，我们在安放高颐碑的那座小祠堂中看见了一些柱脚，似乎曾是用来借助一块榫头插入竖立状的石制物品的。译者按：［清］常明：《四川通志》卷六十，第33页。

在南京及其周围地区原址保存着一些陵墓神道，为我们提供了梁朝时期的墓道[●]实例。按照从外到内的顺序，墓道石刻包括如下元素：一对动物雕像（根据墓主的社会身份选择狮子或者有翼神兽Chimère）、第一对石碑、一对带凹槽的石柱[●]、第二对石碑。通过这八件对称物品的分布勾勒出了一条既宽阔又短促的通道。时空流转，转眼到了唐朝，随后又进入赵宋，墓前雕像的数量在不停地增长着，墓道也随之变得越来越长，到了明朝开国皇帝朱元璋孝陵建设时，更是达到了巅峰状态。

前广场

我们把由神道通往墓冢前方的那片宽广空间，称之为"前广场"（并不确定这一叫法是否合适）。构成前广场的主要建筑是用作祭祀的祠堂。武梁祠[●]作的石刻上有一段铭文谈到了建于祠堂前方的一个"坛"以及一块叫作"墠"的场地。"坛"和"墠"很有可能对应的是现代坟墓前用来摆放祭祀器皿的空地上所竖立的石桌[●]。

自从沙畹的相关研究刊布之后，墓地祠堂的形态构造已渐为人所熟知，其功能也得到进一步阐释。有一点似乎显而易见，那就是祠堂仿效了伫立在帝王陵园前方的皇家宗庙的角色，与墓前石阙一样，它是保留在大型墓园中的木构建筑的缩小版模型。

通过对高颐墓和樊敏墓的考察，我们了解到有一种固定类型的石碑，是用来刻写死者的族谱和悼词的[●]。通常的情况是，石碑、墓阙和祠堂一起构成了墓地建筑可见部分的主要元素。根据保存至今的一些实例的相对尺寸来判断，体量巨大的石碑是不可能放置在祠堂内部的，石碑应该是位于室外，安置在碑座之上，最可能的位置是在祠堂的前方。体积轻巧的祠堂应该只能放置死者的灵位或小型雕像。

31　译者按：《水经注》卷三一《漻水》："汉安邑长尹俭墓东，冢西有石庙，庙前有两石阙，阙东有碑，阙南有二狮子相对，南有石碣二枚，石柱西南有两石羊。中平四年立。"及"水南有汉中常侍长乐太仆吉成侯州苞冢，冢前有碑，基西枕冈城，开四门，门有两石兽。坟倾墓毁，碑兽沦移。"［北魏］郦道元撰，陈桥驿校证：《水经注校证》，北京：中华书局，2007 年，第 724 页。

27　大家知道在汉朝末期颁布的限制奢侈法废止了在墓地建雕像的做法，但是到了梁朝时政府又对此重新开了绿灯，只是附加了一些限制性的条款。

28　根据柱体上装饰画像中的内容来判断，这些柱子似乎充当了汉代墓阙的角色。

29　*Édouard Chavannes, Mission archéologique dans la Chine septentrionale, vol.I, pp.105-106.*

30　译者按：《礼记》"祭法"篇："设庙祧坛墠而祭之。"［汉］戴圣：《礼记注疏》卷四十六《祭法》，辑入《景印文渊阁四库全书》第一一六册，第 255 页。

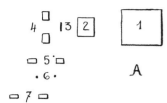

图 11.3

A. 尹俭墓（187年）
1. 坟冢　2. 祠堂　3. 墓碑
4. 石阙　5. 狮雕　6. 柱子　7. 羊雕

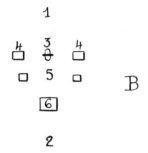

B. 州苞墓（160年）
1. 或 2. 坟冢　3. 墓碑　4. 马雕
5. 墓阙　6. 祠堂

北魏郦道元在《水经注》中描写了几座汉代墓葬。在其记下这些文字描述的时候，墓地内的相关建筑和雕塑均依然保留在原地[32]。

在尹俭（约187年）墓地中，祠堂[33]位于坟冢的西面，而墓阙则立于祠堂之西，墓碑耸立在二者中间。由此，其墓道似乎就沿着任意走向而延伸了。

在州苞（约160年）墓地中，因其坟倾墓毁，墓碑被移到了墓阙以外，位于两匹石马中间。

在尽力理解文本记载的同时，我们针对所指出的位置重建了一幅示意图（图11.3,A及B），但是其中依然有几处并不能完全确定。

弘农太守张伯雅墓地比其他墓地规模更大，但是对其描述愈显得含混不清，无法确证[34]。

……经汉弘农太守张伯雅墓。茔域四周，垒石为垣。隰阿相降，列于绥水之阴，庚门表二石阙，夹对石兽于阙下[35]。冢前有石庙，列植三碑。碑云：德字伯雅，河南密人也。碑侧树两石人，有数石柱及

32 按照魏朝时期实行的分类方法，高颐碑因其方形底座应归为"碣"一类，而樊敏碑因其龟趺碑应归为"碑"一类。此外，"碣"与"碑"还有一处区别，那就是"碣"的顶部是棱面的，而非龙形卷缠花饰型的。因此高颐碑根据其顶部应划分为"碑"，而根据其下方形状却应划分为"碣"。碑石不同形状的等级划定似乎不是在魏朝和梁朝以前出现的（因为在魏朝时，只有前三品官员才有资格立碑）。此外，我们也不知道墓碑的使用是从哪个年代开始的。欧阳修（1007-1072年）将之视为东汉时期的一项创新之举。但是大部分作者将使用碑石的开端时期归为周朝初期。译者注：欧阳修敏锐地认识到碑碣多为碑主门生故吏所立，碑文中所记勋绩功德，多有不合事实处，不能一味信以为真，在《集古录跋尾》中指出："自古碑碣称述功德，常患过实"。对此，他选择去取的方法是"惟取其世次、宫、寿、乡里为正，至于功过善恶，未尝为据"。欧阳修认为，碑志的生命力在于真实准确，"事信言文，乃能表见于后世"。他对碑志内容真实性的提倡还贯穿于自己为他人撰写的墓志中。[宋]欧阳修：《集古录跋尾》卷四"魏贾达碑"条目、卷九"唐白敏中碑"条目，《石刻史料新编—第一辑》，台北：新文丰出版公司，1977年，第17865、17914页。

33 文本中使用的是"庙"这个词，而非"祠"。

34 *De Groot, Religious system of China, p.445.*

35 意为石阙之外：在做此类描述时，总是假设墓地是自下而上朝着墓冢延伸的，而事实正如我们在研究墓地现址时所见，只不过是正常的布局形式而已。

201

诸石兽矣。旧引绥水南入茔域，而为池沼，沼在丑地，皆蟾蜍吐水，石隍承溜。池之南，又建石楼、石庙，前又翼列诸兽。但物谢时沦，凋毁殆尽。❸

将这段描述文字中提及的诸元素编入一幅画卷，即可得到如下所示内容（图11.4），墓地的原本面貌可能就是该图所呈现的模样。但是，这些文本的准确度并不足以让我们能够得到真切的近距离实感，仍需要更多的实地考察来验证。综合起来，我们可从中得出如下结论：一些墓园的前广场上可以安置相当复杂的各类装饰性内容，说明在遵守基本布局规则的前提下，墓地设计常常体现出非凡的创造力。

崖墓外部空间的营建

乍一看去，崖墓与坟冢式墓地似乎是两种截然不同的类型。然而，倘若我们将几处大型崖墓的分布图与一个普通坟丘的四周环境示意图进行比较的话，会发现两者之间存在明显的共同之处。通过在崖面半露柱和墓地石阙之间确定入口的做法，山崖的垂直面对应的是地面墓园入口两侧竖立着墓阙的墓地外部围墙。这两种情况采取的都是可供自由出入的进口和迎客式的墓道，而非封闭式的大门。崖墓将墓阙刻绘于门洞两侧代表了墓道的简化形式❸（此外，也可能在外部布置一些兽类浮雕）。至于内部空间布局，门厅则完全对应了普通墓地的前广场。某些门厅会在墓室的两条墓道之间设一处居中的凹室，这一布局情况与关野贞先生在孝堂山进行挖掘时所发现的墓葬布局细节如出一辙❸。两者之间存在的唯一区别就是孝堂山墓地的地道是从墓地下方而非从侧面穿过的。很明显，这一区别的存在是由两种墓葬形式的差异和技术的需要造成的，原因在于土质的墓道不能在同一水平面上沿着墓室延伸，因为墓室是位于地面水平方向上的。与之相反的是，在巨大的岩石结构中，这一布局却是最容易被实现的。

36 译者按：［北魏］郦道元撰，陈桥驿校证：《水经注校证》，第518页。

37 与之相反的是，对于那些安置在具有很小倾斜度的悬崖中的崖墓，墓道以路堑的形式延长了。

38 Sekino Tei, Stone mortuary shrines with engraved tablets ot ancient China under the latter Han Dynasty-II, pp.234-236.

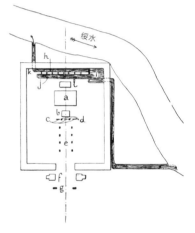

图 11.4 张伯雅之墓

a. 墓冢	b. 石庙	c. 墓碑
d. 人物雕像	e. 兽雕及石杆	f. 石阙
g. 动物雕像	h. 承溜	i. 沼
j. 水渠	k. 檐槽唬口兽雕	l. 石楼

汉代墓葬艺术　　　　L'ART FUNÉRAIRE A L'ÉPOQUE DES HAN

Chapter 12

墓冢

对于汉代陵墓艺术的研究而言，除了现存于西安府附近的一处特别庞大的皇家陵墓群之外，并没有其他的基础性材料可以采用。在本书第一章中已经对这一墓群进行了相关的描述。现在我们要做的便是尝试着重构这处建筑遗迹的最初布局。

根据既有经验，我们假设墓冢的四周围着一道壕沟，沿着壕沟内侧建有围墙保护，而且，有一些与围墙大门相对应的轴向堤坝从壕沟上穿过。这一假设从两个方面得到了印证：首先是在西安府境内所存的坟冢实例，均非常清楚地保存着具有缺口的围墙遗迹❶；其次是建于汉代之前的一座墓冢，其围绕着封土的壕沟依然完整地保存着，现场甚至能看见一条可以通行的穿过壕沟的堤坝以及其他堤坝曾经存在的痕迹。这一具有重大考古价值的墓地是谢阁兰于 1917 年在南京地区考察时发现的。❷ 该墓建于公元前 6 世纪，其墓主虽然是一位半蛮族血统的吴国王子，但是此墓显示出的墓葬习俗明显地与中原传统墓葬习俗具有紧密的联系。从推论的角度而言，对于墓冢四周的壕沟，可以解释为以其与邻近水渠之间进行贯通，犹如可以将墓冢四周如此平整的原因解释为耕地不断蚕食而导致的结果一样。

但是，我们还是希望能通过对具体墓冢的详细考察，探讨一些技术方面的可能性，从而支撑上文所做的假设。

2 谢阁兰所作的这一部分研究工作的报告曾发表于《法国远东学院学刊》。*Victor Segalen*
（谢阁兰），*Le tombeau du fils du roi de Wou (Ve siècle avant notre ère)*（吴王子墓）.
Bulletin de l'École française d'Extrême-Orient（法国远东学院学刊），*Tome 22. 1922,
pp.41-54.*

205

墓冢的建造

取土

墓冢的建造包括巨大的土方工程，在这一工程所包含的所有步骤中，取土最可能采取大相径庭的实现方法。一种方式是从墓地以外的范围内寻找土源，这就意味着昂贵的运输费用，但是这样一来坟冢的建造就简化了——只需要将土堆放在露天修建的墓室上方与初始地面平齐的高度即可；另一种是从坟冢的四周范围就近取土，这样一来可以缩短运输距离，但是建造方式的复杂程度会大为增加。

根据《汉书》[3]中一段文字的记载，汉成帝刘骜在其即位之初便下令为自己营建规模巨大的陵墓。浩大的工程造成巨大的苦役，众多家庭被迫举家前往工地劳作，管理施工的官员们更是滥用职权、倒行逆施，如此种种都激起了天怒人怨，以至于当时的监察官员都请求天子停下建设工地，并且成功地说服了他。

这座名为"昌陵"的寿陵虽然作为"延陵"的替代动工了，但却没有最后完工。劳民伤财数年后又返回重建"延陵"来取而代之，重新采用当时通行的建造模式进行修建[4]。

然而，昌陵受到的最大指责便是在建造时未在"方中"范围内取土，而是舍近求远到远处取土，由此加剧了人力耗费。此外还有一点也受到了质疑，那就是其墓室是从地面水平面上起建，不能很好地保障对尸骸的充分保护。

这一轶闻故事有助于我们排除另一种假设可能的方法。不仅如此，上述详细说明非常重要，可以对墓室是在低于地面的水平起建的这一方式起到补充支撑的作用。这里我们还要指出内容一致的两点：

1. 汉朝时通常用来指称墓地工程的词汇为"取土及复土"[5]。
2. 《汉旧仪》中有一个段落记载："方中用地一顷。深十三丈，坟高十二丈。"[6]

3　De Groot, Religious system of China, p.430.

4　即本书第一章对汉成帝陵墓的介绍和图 1.14 所描绘的结构图。有一个比较有意思的地方值得一提，那就是这座墓地是以"延"字来命名的，而这个字的词义之一便是指通往墓室的土沟。

5　Édouard Chavannes, Mission archéologique dans la Chine septentrionale, vol. I, p.9.

6　这一小段是本书第十一章注释 1 中所引用内容的后续部分。依据当前的长度进行估量，记载中所给出的测量数值分别对应的是 43 米和 40 米。De Groot, Religious system of China, p.405.

建造程序

下文对帝王陵墓的修建流程进行重构再现。

陵墓的营建者首先会在所选场地上划出茔域的外限边界，从而形成一个占地约为四十多公顷的长方形地块。接下来便会在中间位置（或许是在中心稍微偏北的地方）划定一个侧边为300步的长方形。在此界限内让人进行掘土，挖掘的深度可达二十多米❼，在此过程中预留出沿轴向分布的四个堤坝的位置，或许还会在中央留出一个平台结构，令其凹陷程度稍微逊于四周。按此方法挖掘，并将掘出的土壤运到"方中"之外。这一系列的操作即为"穿土"（图12.1,A）。

地下墓室修建在挖掘区域的中央位置，其起建高度必须比壕沟的最深处高出不少，以保障排水性能，但是与四周的地面相比依然要低出很多。根据司马迁的记载，在修建秦始皇陵地宫之时，"穿三泉，下铜而致椁"❽。关于浇铸青铜的注释无论是确有其事也好还是传说也罢，都充分体现了基坑修建工程的细致程度。这个基坑的深度可能非常大，从而会将挖掘工程所达到的巨大深度填补掉很大部分。

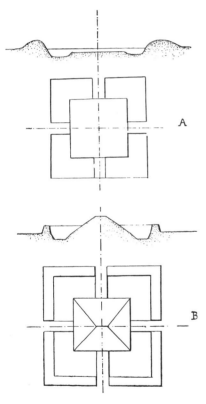

图12.1 一座皇家陵墓的修建步骤

7　上面给出的43米的数值明显是谬误的。我们可以将可能的深度计算出来，虽然计算中所使用的某些因素是假设性的，但是对结果的偏差影响并不会特别大。根据所记载的汉成帝墓和汉昭帝墓（图1.17，fig10及图1.18，fig11）的横向尺寸取平均值，并结合覆斗形夯土坟丘的可能高度40米，可以得出如下结果：坟墓的体积：420 000立方米；围墙的体积（假设其高度为7米、宽度为15米）：140 000立方米；位于原地面高度以上的部分的总体积：560 000立方米。根据对现场勘查的信息，壕沟的宽度可假设为60米，扣除掉堤坝部分，其深度应为24米。

8　修建者在试图挖掘至二十多米的理论深度时，工程通常很有可能会被含水层所阻。遇到这种情况则别无他法，只得在划定范围之外取土，以满足修建足够高度的覆斗形夯土坟丘所需的用土量。本句的涵义请参见 *Édouard Chavannes, Les Mémoires historiques de Se-ma-Ts'ien, II, p.194, note 1.*

207

一旦地下陵墓修成，并且覆盖上了石板或者建好了穹顶结构 ❾，放置在方中周围的土壤大部分就都已经被用于回填了。通过设置的缺口和堤坝，人们将余下的土壤倾倒在坟墓之上，并且逐层逐层地夯实，从而形成高大的坟丘。而剩在外围的土壤则被用来修建围墙。这一系列的操作即为"复土"（图 12.1,B）。

浩大的工程量

在古代，最让世人印象深刻的工程莫过于疏通航道、修筑堤坝以及修建被称为"台"的多层高台。在秦帝国时期，老百姓、战俘和苦役犯都被征召来承担浩大的工程，包括贯穿整个帝国的驰道、万里长城、各地桥梁以及城墙等。然而，根据司马迁的《史记》以及《四川通志》的记载，几乎没有任何工程在劳力的集中需求上能与秦始皇陵的修建规模相比，因为后者为了实施取土复土的"双向运输"以及修建巨大的地下宫殿，征集的人力量达到了 70 万之多。

有汉一代，皇帝陵寝的修建依然被视为整个帝王统治时期最为重大的工程。躬行节俭的汉文帝心忧子民，不愿因一己之私，让徒劳无用的浩大工事增添民众的负担。他心中所虑的是帝陵的修建一事，因此颁布旨意在符合形制的前提下将土方工程的规模降至最低 ❿。某些史书作者将造成帝王陵墓奢华之风愈演愈烈的责任归咎到了霍光 ⓫ 身上。身为大司马、大将军的霍光乃汉武帝的宠臣，负责主持武帝陵寝的建造。史书作者们声称，霍光弃礼制于不顾，致使陵墓的规模超出了正常的尺度，并将巨额财物大肆聚集在地宫之中。对于亲身从咸阳茂陵墓道上走过的人们而言，文人们的上述指责很明显是借笔泄愤，是为了宣泄对这位圣宠过隆的达官显贵的不满，因为汉朝开朝皇帝的陵寝规模与汉武帝的大致相当，两者加在一起还抵不上秦始皇陵规模的四分之一 ⓬。话说回来，此等诽谤之言也再次反映了当时普通民众的心态，在他们看来，帝王陵寝

9　对于非常重的石棺，很可能是在修建地下建筑的上部结构之前就先移入到了基坑之中。

10　参见本文第十章，《史记》甚至记载汉文帝是被埋葬于"天然封土"之下的。这位大史学家记下的此言很明显是错误的，只是为了表达敬意而已。他所居住的地方距离文帝陵寝不过半日路程而已，不可能不清楚封土是真材实料的夯土堆建，而且规模并不小。丘陵地势为陵墓提供了天然台基，这也是产生善意的混淆之言的起源所在。

11　本文第二章中曾介绍过霍光所属的霍姓家族。

的修建工程显得多么浩大。

至于达官贵胄阶层，尽管其坟墓的修建规模要远比帝王陵墓小出很多，在中国普通民众眼中却也依然属于最为重大的事件。在项羽本纪中，司马迁为了显示江东霸王项羽的叔叔、大名鼎鼎的项梁自年少时期就才气过人，做出了如下描述：

> 每吴中有大繇役及丧，项梁常为主办。[13]

封土形貌

根据我们所知的所有实例，秦朝和汉朝的坟墓采取的是一种矩形底金字塔的衍生形状。此外，在《礼记》中记载的一个段落提及了其他形状坟墓的存在，显得颇有意义。在谈及刚为孔子修建的坟墓时，子夏对一位观者如是说[14]：

> 昔者夫子言之曰："吾见封之若堂者矣[15]，见若坊者矣，见若覆

12　由于笔误的原因，我们发表于《亚细亚学报》的文章中所给出的关于"始皇帝"的覆斗形封土的体积估算结果是错误的。应该是 500 万平方米，而非 50 万平方米。而且我们所依据的只是现存的情况，并没有假设地宫建筑的起建高度是大大低于地面的原始高度的。现在看来，是必须要将这一假设条件考虑在内的。通过新的计算（当然也是假定性的）我们得到了这一结果：如果单就运土任务即能够派遣一万名人力同时劳作的话，即使工人们的效率非常可观，挖掘壕沟以及修建封土的工程亦必然不会少于三年的功夫。司马迁所给出的数据似乎并无丝毫夸大。*Jean Lartigue, Victor Segalen, Premier exposé des Résultats Archéologiques obtenus Dans la Chine Occidentale par la mission Gilbert de Voisins, p.411.*

13　*Édouard Chavannes, Les Mémoires historiques de Se-ma-Ts'ien, II, p.249.*

14　*Séraphin Couvreur, Li Ki, p.179.*

15　在周朝的时候，"堂"字的含义是宫殿主厅所在平地的前面部分，进入时需走位于侧面的楼梯。*Séraphin Couvreur, Li Ki, p.20.*

夏屋者矣 ⑯，见若斧者矣。"从若斧者焉。马鬣封之谓也。今一日而三斩板 ⑰，而已封，尚行夫子之志乎哉！

在子夏的这一系列对比中，第一种情况最容易被理解，因为它对应的是汉代常见的一种形式，即长方形底的削顶金字塔形。与第二种情况相关的似乎是截面为梯形的非常长的一种封土形状。第三种情况语焉不详。至于第四种，在（斧及马鬣）双模式下，似乎符合半月形的封土形式；在四川省境内如今的大部分墓地内，即使封土不是一样的，至少在挡土墙方面采取的都是这种形式。

· · ·

建造封土的最后一道工序是怎样的？是否像我们在西安府周边地区所见的那样，只是覆盖了一层草？或者是在上面栽种了树木？抑或是铺上了石板或者砖块？在这个方面，无论是现场考察成果还是文献材料都未能提供具有说服力的相关信息。有一点可以肯定，那就是古代在封土上栽种树木是惯常的做法，无论是坟墓还是土地神位皆如此。然而在《礼记》⑱中却肯定了这样一种做法，即"易墓，非古也"。由此推断在编写该著作的那个年代，墓冢上应该是光秃秃的。汉代大型坟墓在几何形状上的规则性让人产生了如下印象，而《礼记》中的这一段话更是起到了证实的作用：封土堆是沿着中轴线对称分布的，沿中轴线隆起尖脊在天空映衬下显得分外突出。倘若有了树木遮蔽，就会让中轴对称线变得不再规则，这样一来又该怎么解释如此清晰利索、刻意而为的轮廓线条呢？

霍去病墓是唯一保存着石块覆盖层的墓地。正如我们所知的，其设计是模拟的一座山的形状，旨在蕴含一种特殊的历史寓意。因此封土上石块的铺陈似乎并不是当时汉代建筑设计者所为。《西京杂记》认为其墓上有金属板块形式的覆盖层，但是我们知道这本书的内容并

16   "覆夏屋"：顾赛芬在其译文及其词典中对该词语给出了两个不同的解释。译文中的解释为低矮宽大的坟墓，上面覆盖着瓦片，仿若大屋顶。而我们觉得其词典中给出的释义似乎更为合理一些。

17   对此顾赛芬给出了一个很贴切的注释，指出"板"涉及的是板状的模具，其形状类似于一种无底箱，在夯土时用来支撑泥土的。由此看来，孔子墓的原始高度应该只有三个模具的高度（大约 2 米左右）。

18   *Séraphin Couvreur, Li Ki.T'an kong, I, 2*（礼记·檀弓 I, 2），I, p.179.

不可靠，其记载也就不具备更大的可信性。因此，汉帝国时期的封土是光秃无覆盖物的这一假设应该是最说得通的。然而，学者们已经在朝鲜发现了用大石块完全覆盖着的覆斗形坟丘，这些坟丘建于汉帝国灭亡几个世纪之后，人们故而可以推断存在下述可能性，那就是这个假设情况只不过是后面的考古研究者凭空捏造的。

汉代墓葬艺术　　　L'ART FUNÉRAIRE A L'ÉPOQUE DES HAN

Chapter 13

墓葬的地下建筑

无论坟墓建造采取的是先露天修建再覆盖泥土的形式，还是在巨大岩石块中开凿而成的，都具有共同的布局特征：一条连接一间或者几间墓室的墓道，墓道上面遗留的槽口依然标示着闸门的位置。有时候墓室只不过是在墓道的基础上增宽放大一点而已，而有时候则十分规范地以类似于套房的房间分布一样，清晰明朗地区分出来。

关于汉代坟墓地下建筑的文献和考古材料依然十分有限，基本上仅局限于本书开篇两部分中所谈及的资料内容 ❶。因此需要补充性地使用与汉朝临近年代相关的资料，从而为汉朝的情形提供佐证。

在上一章中曾提及一处墓地，谢阁兰认为其墓主是吴王之子。该墓地道为一条长长的通道，夹在两面厚实的墙体中间，顶端的天花板是由大石块构成的两层叠加式结构。该墓道设有两道连续的关闭装置，并没有明显增宽的部位。

在时间上穿越了十几个世纪之久，在空间上则跨越了分隔扬子江和朝鲜的千山万水，人们却再次发现了石质墓室，它们比吴国的墓室更像西方的巨石建筑。这便是沙畹于 1907 年到访过的一处覆盖着石板的覆斗形坟丘。它们由一个表面平整的巨大扁平石块构成，放置于一些竖立着的石头之上，酷似布列塔尼地区的石桌坟。不同的是这些穴室却被设计在一个更高的位置，似乎并不是用来安置尸骸的。通过研

1　马伯乐先生曾指出，在浙江余姚附近有几处被强行破开的墓地，很可能是建于汉朝的。派蒙提耶（Parmentier）先生在东京（越南北部地区）目睹了一些汉朝的墓室，内有画像砖。*Henri Maspero*（马伯乐），*Rapport sommaire sur une mission archéologique au Tcho-Kiang*（中国浙江考古简报），*Bulletin de l'Ecole Française d'Extrême-Orient*（法国远东学院学刊）. *Tome 20, 1914, pp.1-75; Parmentier Henri*（派蒙提耶），*Anciens tombeaux au Tonkin*（东京古墓考）. *Bulletin de l'Ecole trançaise d'Extrême-Orient, Tome 17.1917, pp.1-32.*

213

究，沙畹想到了一种假设情况：这些可能并非墓室，而是祭祀的地方。此外，在邻近位置有一些没有覆盖层的覆斗形墓冢，沙畹在里面发现了成套的墓室设置，设有一条墓道和两个墓室，两室之间通过另外一条甬道分隔开来。一些日本考察团在这一重要的考古宝地中进行了发掘，在里面找到了一些建造灵巧的空间，采取的是由石梁和石板堆叠而成的八边形穹顶，并且还绘制有装饰性的壁画。我们将在下文中再谈及壁画内容。考察人员在这些房间中发现了一些棺材碎片，从而可以确凿无疑地确定建筑的用途。

继朝鲜封土石室墓的建造年代之后，我们的旅行将沿着时代的长河溯流而下，来到距今较近的宋朝和明朝时期，考察队旨在借助传教士们在四川和山东境内偶然而为的搜寻工作，找到更多与坟墓地下建筑有关的真实可靠的遗存和描述 ❷。

墓道

为了通过墓道实现与外面世界的连通，有两种可能的方式可供选择：有横向石板的下垂式坡道，这是埃及人所采用的方式；设有竖向墓门的斜式坡道，此种方式尤其被摩利亚（Morée）的穹顶式坟墓所采用（通往地下古坟的墓道）。古代中国所采用的是第二种。

自古以来，墓道似乎都拥有一种象征意义：通过它，封闭于墓冢之下的亡魂便可以享用祭品。但是，墓道的存在首先满足的是技术层面的需要。倘若没有墓道的话，地下坟墓就必须得露天修建了，而且只有在举行完葬礼之后才能"复土"。事实上，通常是在墓主离世前很久就已经开始修建墓地，对于帝王陵寝而言，更是在登基之初就开始动工。如果采取这种修建方式的话，就必须长期让坟墓处于敞开的境况下，况且四周还堆积着大量的被挖掘出的泥土，这种状况一直要保持到皇帝老儿乐于闭眼的那一天为止。与之相反的是，采用墓道的方式就可以令地下坟墓的修建预先完工，并且将封土堆夯筑盖好，与此同时预留一个入口，以便于墓主在活着时能够亲眼看到其最后休憩

2　可以参考劳佛尔先生的工作，以及牧师方法敛（Frank H. Chalfant, 1862-1914 年）博士在山东潍县的考古调查和发掘。涉及的是拱顶形式的砖砌墓室，划归为宋朝时期建筑，与我们所知的汉代墓室相当类似。
译者按：Berthold Lauter, Chinese pottery of the Han Dynasty. Appendice II, p.313; Frank Herring. Chalfant（方法敛）. Early Chinese writing（中国古代文字考）. Memoirs of the Carnegie Museum. Vol. IV, No.1. Pittsburgh: Carnegie Institute, 1906, p.30.

214

地的完整形貌，包括墓内和墓外的情形，并且在细枝末节上还能按其意愿进行打造。

看起来有一点似乎无法得到合理解释：倘若墓道存在的话，那么当封土的基部在雨水冲刷下裸露出来时，墓道的石质覆盖层为何没有露出地面？事实上，如果地下坟墓的起建面是与毗邻地面的高度平齐的话，定然就会出现上述情况。但是，如果正如我们所看到汉代陵墓的修建情况那样，其起建面是被设置于更深一些的地方，那么，冲刷堆积而来的泥土反而会将墓道掩埋保护得更为深入。

在山东省的武氏家族墓中，墓道先是从祠堂下斜向穿凿而过，然后在其前方位置终结。因此，应该会有一个横向截面露出地面，我们推测有两种封闭墓道的形式，一是其作为关闭装置的石板有可能是竖向插入墓道的，而且墓道顶部的石质覆盖层就应止于该石板处；二是简单地在地面修筑几面矮墙来延长其覆盖面，用以支撑一个斜向截面的边缘。事实上，崖墓（参见第九章图 9.4）的倾斜面正是采取的第一种竖式关闭装置，而且所有的崖墓实例都表明了无论其现场情况如何，这都是唯一被采用的解决方案。通过现场测绘图，我们试图重现汉代地下坟墓最常见的分布格局（图 13.1）。参照该图可知墓道的开口位于祠堂的正前方。可以想见，人们不会任由墓道口敞开在这个地方妨碍祭祀活动的展开，而会采取非常妥当的方式将其处理好。具体工作方式而言，通常采取如下两种方式：或者是在埋葬逝者之后将坑穴填平封闭，或者保留祠堂前方空地的敞口而不去理会它，另外开辟一条通往祠堂的地面通道。关于墓道数量和墓葬中埋葬人数的关系问题，从目前所了解崖墓的实例可得知它们并不是一种有序的对应的关系，而是一种比较随意自然的选择。

墓道不仅是将棺木送入墓中的通道，也是盗墓者进入墓室中攫取财富最方便的途径。因此，墓道如同要塞的吊桥一般，对其进行有效封堵就显得尤为重要。在古时候，习惯于将墓道的开口处用泥土覆盖起来，然后种上杂草和荆棘，以便于与周围地貌混同为一体。而在现代墓地里，坟墓的入口却是十分明显可见的。这种更加讲究排场的习俗可能是自汉代时开始流行的，崖墓的情形即为此提供了确

215

凿的实例。

对于颇具一定规模的坟墓，墓道的关闭设置是双重的：外侧的门由两个竖向的石板构成，石板嵌入到了门框和门楣的槽口之中，门上横插着一根棍状物 ❸；里侧的关闭设置要么与此类似，要么就是采取砖砌墙体的封闭形式，被安置于退后几米的地方。

在所有已知的实例中，此类墓道的结构都与墓室甬道的结构相似：如果是砖室墓那就是砖砌的拱顶形式（鲍三娘墓），或者由靠在挡土墙上的成组石板构成（吴王之子墓），在岩石中（崖墓）则采取了在崖面上削切的方式。在朝鲜的坟墓中，点缀墓道的装饰画像与中央墓室的装饰画像相似。由此我们可以推断墓室和墓道是在很晚的时候才被区分开的，因为最初的墓道只是一条有覆盖物的笔直通道而已❹。

墓室

过了里侧墓门之后，便从甬道通向了一间墓室，其面积比甬道增大了许多，可以单独构成整座墓葬的空间。但是，一些更高级的墓地则会设有好几间墓室，主要的墓室是用来安置棺木的，而其他的单间或多间墓室则是用来放置陪葬的金银珠宝的。有时候人们称其为"鸿洞"，即"很深的洞穴"❺（图 13.1）。《西京杂记》中有一个段落谈到了三间式布局的墓室，其中一间安置棺材，另外两间中放置着石床，

3　在嘉定府的河对岸有一座坟墓的入口处设有一道假门，上面用雕刻的方式展现了此类棍状物的形状。由于它是扁平状的，可以推断原物很可能是采取的青铜材质。

4　Victor Segalen, Le tombeau du fils du roi de Wou (Vᵉ siècle avant notre ère), p.47.

5　De Groot, Religious system of China, p.425.

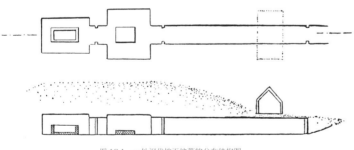

图 13.1　一处汉代地下坟墓的分布结构图

并设有雕像。换言之，也就是设有两间放置财宝的地方，并且是与主墓室相连通的。

中国人在建造墓地时，总是会采取相应的措施以防地下坟墓受到被水淹没的危险。他们会设置一些排水沟以保障地下建筑的干燥。如果与秦始皇陵相关的葬俗记载是真实的话，那么人们在修建陵墓时甚至会在地面上浇铸青铜材质的底板，以便获得完全密封的墓基。

石棺

从词源角度看，"sarcophage（石棺）"一词有"石头损蚀尸骨"的含义，这样的概念基本上是与中国人对石棺的认识是截然相反的。与埃及人一样，中国人也使用石头制作的盒体将棺木盛装起来，以便于提供更好的保护，并且可以在墓室坍塌的情形下能够起到承受石块、泥土重压而保护棺木的功效。

在汉语文字中，往往难以将"棺"和"椁"区分开来 ❻。在很远久的年代里，有可能还没有做出这一区分：《仪礼》指出，人们为了达到保护棺木的目的，会将厚木板码在一起，堆积成"井"字形。这即可能同时是墓室及石棺的起源。

在四川省境内考察时，我们注意到某些棺材是安置于山崖上开凿的简单凹室之中的，并利用一道砖砌隔墙将之封闭了起来。我们既可以将这样的封闭凹室视为墓室，也可以将之视为设有侧门的石棺。从

---

6 有时候甚至难以与"棺材"区分开来：在沙畹所翻译《史记》中记载有与蔺相如相关的段落，使用的是"石棺"一词，也就是石头制作的棺材。此外，在高延介绍的《西京杂记》中有一个段落，用的是"椁"一词，其规模可容纳 40 人之多，里面放置着一些石床和石屏风：由此可见这里所指的是堆积珍宝的房间，而并非"石棺"之意。但是，《西京杂记》只是六朝时代人伪托汉代人所作，并不能完全采信。*Édouard Chavannes, Les Mémoires historiques de Se-ma-Ts'ien, p.170; De Groot, Religious system of China, p.289.*

译者按："魏襄王冢，皆以文石为椁，高八尺许，广狭容四十人。以手扪椁，滑液如新。中有石床、石屏风，宛然周正。"［晋］葛洪撰，周天游校注：《西京杂记》卷第六，西安：三秦出版社，2005 年，第 258 页。

这一点出发，劳费尔先生曾想到要在崖壁中寻找石棺的起源：人们一开始时可能是在岩石中开凿出小室以安置棺材，然后想到了将内壁拓展开的做法，最后甚至就将整块开凿出的岩石都完全取出来了，以将其运往距离采石场甚远的墓地里。可以肯定的是四川省内的崖墓遗存提供了可供想象的所有中间状态：某些石棺依然是四面都是与岩石体相连的，有的是三面相连，有的是两面，而有的则只有底面是连着岩石层的。但是，如果按照劳费尔的理论，就必须假设埋葬于山崖中是最初的葬俗形式，这就与历史文献所记载的事实完全不合，所有的文献内容都清楚无误地讲述了中国传统上埋于坟丘下的土葬形式，以及可以移动的石棺是如何形成的。汉字表示"外棺"的"椁"字依然使用的是代表"木头"的偏旁，这一点也验证了上文提及的石棺的起源问题：石棺最初是由一个厚木板构架组成的，可能是在之后逐渐采用了石头材质，旨在令其变得更为坚固耐用。在这种情况下，葬于岩石下的想法可能就是在开凿石棺的采石场中诞生的 [7]。

司马迁讲述了如下故事 [8]：

周武王之伐纣，并杀恶来。是时蜚廉为纣石北方，还，无所报，为坛霍太山而报，得石棺，铭曰"帝令处父不与殷乱，赐尔石棺以华氏"。

这一轶闻的来源与《史记》一样可靠，也十分具有启发性。结合对其进行的评述分析，并联想到金石碑刻著录在中国历史文献中的重要性，可以得出如下结论：

1. 作为汉代初期的主要历史学家，司马迁认为人们很可能是从公元前 12 世纪起就开始使用石棺一物的。

2. 在司马迁生活的时代以及在此之前，帝王们均十分重视石棺的质量，并派遣专人到远方寻觅高品质的石材以便打凿。

3. 在汉朝之前的某个年代，人们找到了一具外观华美、颇显尊贵的石棺，司马迁抄录下了该石棺上所刻写的铭文内容 [9]。倘若相应的释义是正确的话，那么该段铭文记载的石棺的制作年代应为周代。

7　文献中有早在夏代时，已存在着砖砌石棺的葬俗，但是无法得知所记载是否真指石棺而非椁室。 De Groot, *Religious system of China*, p.282.

8　Édouard Chavannes, *Les Mémoires historiques de Se-ma-Ts'ien*, II, p.4.

9　这一假设是由沙畹推理并提出的。Édouard Chavannes, *Les Mémoires historiques de Se-ma-Ts'ien*, II, p.5.

汉代墓葬艺术　　**L'ART FUNÉRAIRE A L'ÉPOQUE DES HAN**

10　在这里我们还要提到如下引文：
　　"齐高帝（479–482 年）之子为
　　益州牧（四川省），发现了一座
　　古墓。内有石棺一具。" De Groot,
　　Religious system of China, p.413.
　　译者按：本文将南朝齐高帝萧道
　　成事迹误以为是公元前周代时
　　期，所以导致得出如上结论。

11　Édouard Chavannes, *Les
　　Mémoires historiques de
　　Se-ma-Ts'ien, II, p.176.*

12　参见本书第十章内容。

在期待新的考古发掘工作为我们带来补充信息的同时，我们认为石棺的使用很有可能追溯至周代初期，至少帝王们在这个年代已开始了对此物的使用 [10]。这种葬俗在秦国时期已经开始普及起来，秦人惯于从盛产"玉石"（一种材质坚硬、脉络分明的石材）的"北山"之上取石以凿造石棺 [11]。

装配式石棺

通过本次考察，我们寻访到的石棺基本上由一具石槽和一个棺盖组合而成。当然，也发现了少量的砖砌棺体 [12]。其实，在对山东省境内某些墓葬和画像石的考古调查中，一些学者发现了该地区在汉代曾经存在过一种由石板装配而成的石棺，所用的石板和建构祠堂的画像石是一样的。劳费尔在其名著 [13] 中描述了一种他将其命名为"墓穴（vaults）"的画像石板。但是，劳氏文中所指出的石板尺寸却是与石棺相符的，如果将其认定为墓穴的话尺寸太小，此外，墓穴和石棺之间还存在一处重要的区别，那就是它们装饰图案的位置的差异。

墓室的装饰图案位于其里侧，而石棺的则位于外侧。这样的布局才是合乎情理的，至少按照中国人对待墓葬的态度，从生者的角度来说是合乎逻辑的，而且，我们在四川考察时所见到的情形莫不如此 [14]。

13　Berthold Lauter, *Chinese grave sculptures of the Han period. London: E.L.Morice,
　　1911. pp.1–45.* 在该文中，劳费尔先生并不认为石板装配起来可以构成石棺。

14　沙畹曾在其著作中刊布了郭泰（卒于 169 年）碑拓片，如今保存在介休后土庙真武大殿廊下。该碑
　　石刻有铭文的正面已经大部分模糊不清了，而其雕刻有图案的背面却保存良好。沙畹介绍："根据
　　正面的铭文判断，该碑应该是立着的，而背面的雕刻图案却显示出它应该是倒卧的，这一矛盾让我
　　们甚感迷惑。"拓片面积为横 1.4、纵 0.6 米，但是根据装饰图案的布局判断，很明显石碑的右部被
　　折断了，几乎缺失了三分之一的部分，也就是说初始的尺寸应该为横 2、纵 0.6 米左右。这一尺寸与
　　石棺的棺盖大小对应。如果按照这一信息来判断，可假设具有装饰图案的一面位于上方，观者可以很
　　自然地横向观看；而刻有铭文的一面则位于下方，朝下摆放，便于死者从其所处的位置进行纵向阅读。
　　Édouard Chavannes, *Mission archéologique dans la Chine septentrionale, II. p.247.
　　fig.182.*

所以，如果劳费尔所描述的石板是属于石棺的话，其装饰图案应该分布在其外侧 **⑮**。

在此，我们仍坚持在上文第九章中所指出的观点，由形状特别的砖石镶合而成的石棺确凿无疑地存在于汉代的墓葬当中。

棺材

《礼记》中的一个段落经常为人所引用 **⑯**，它指出舜帝和夏代使用的是陶棺，殷商及周代使用的是木质棺材。天子的棺材是四层式的，至于其他达官贵人的棺材，其层数则会根据死者的身份尊卑依次递减 **⑰**。在制作这些棺木外裹层时，除了使用常用的木材和灰陶之外，汉人还会采用原本用以制作军用护胸甲的水牛皮或犀牛皮，经过特殊方法对其进行鞣革处理后，再包裹棺木。木头棺材的制作，不能使用金属钉子，只是通过双燕尾榫来实现各部件之间的接合。这种制作工艺，在现在依然被沿袭下来。木质棺材，依靠完全封闭式的榫合来保障缝接处的密封性，并且在棺木上髹饰以大漆令其具有防水性能，并且不会腐烂。

从考古学的角度而言，在四川省境内的墓穴中看到的陶棺是唯一的客观证据。它们的尺寸与一尊睡姿的尸身大小完全相符，所以不太可能被设想为是用来套在一个厚木头棺材外面的。但是，这个尺度的陶棺还是能够在其内部纳入一具皮质内棺，并在外面再套上木质的保

15 我有幸目睹了这些石板的一块残片，它们被巴黎收藏家查尔斯·维涅（Charles Vignier，1863–1934 年）所收藏。它带给我的第一印象，是根据结合榫头的位置来判断的。劳费尔和沙畹的文章都收录了该残片的复制件。*Berthold Laufer, Chinese grave sculptures of the Han period, No. IX; Édouard Chavannes, Mission archéologique dans la Chine septentrionale, album, pl, N°1263.*

16 *Séraphin Couvreur, Li Ki. T'an kong, I, 1*（礼记·檀弓 1，1），*I, p.118.*

17 第三层内棺被称为"椑"，只有皇帝和皇子才有资格使用。*Séraphin Couvreur, Li Ki. T'an kong, I, 3*（檀弓 1，3），*I, pp.184–185; Sang-ta-ki, II*（丧大记 2），*II, p.249.*

汉代墓葬艺术　　**L'ART FUNÉRAIRE A L'ÉPOQUE DES HAN**

18 Séraphin Couvreur, Li Ki
（礼记）, II, p.249.

护层。当然，这一猜想并未得到具体的考古实物所证实。

考察队所获知的棺材都不具有任何的雕刻装饰。根据一处文字记载，在汉代时，棺材的外面分别被涂上了象征空间四方的颜色，或者画上了对应的象征符号。棺盖上很可能涂的是象征中央的黄色，上面描绘了日月图案。

棺材里面使用丝绸覆盖，会依据死者的尊卑选择相应的颜色 [18]。

随葬品

有时候会在墓室，或者石棺与棺材之间放置一些象征性物品，如乐器、壶碟、酒器等 [19]。但是作为死者陪葬物的绝大部分物品都会摆放在一张石桌之上，或者放置在开凿于墓室墙壁中的小凹室里。根据某些记载来看，石桌应该位于堆放随葬品的房间中央，并有一些代表奴仆形象的俑像围绕在周围。然而至今为止，还没有任何考古学家能够有幸亲身涉足这样的房间，并目睹原封不动的陪葬器物 [20]。因此，我们所能做的只是将从汉墓中发掘出来的不同种类的物品列举一番。

19 Séraphin Couvreur, Li Ki
（礼记）, II, p.256.

1. 陶制小雕塑。其表现的内容不仅限于各种各样的人物形象，还有房屋、塔楼、水井、家畜等。在上文已经引用过的专著中，劳费尔对汉代的墓葬陶制雕塑进行过深入的研究。

2. 用来盛装谷物、酒酿、肉品或液体的器皿以及祭祀盘，是用土陶制作并涂绘色彩的或者经过了上釉处理。

20 祭器被摆放在青铜材质的桌面上时，就会留下一些痕迹，从而可以据此确定其原先的位置所在。在宝鸡发掘出土的原属于清代官员端方所拥有的青铜禁就是这种情况，该批藏品最近被纽约大都会博物馆（Metropolitan Museum of Art）收藏。

3. 青铜器，其用途很可能与陶器相同，出现在更富有阶层的坟墓中。对于东西方博物馆中所收藏的成千上万的青铜器，鉴于我们对其出土情况不甚了解，所以还不可能将源自地面上的寺庙宫殿的青铜器与发掘于地下坟墓中的青铜器区分开来。故而还不能有效区分墓葬铜器和祭祀或纪念用的铜器，而且最有可能两者之间本来就没有正式的区别。

4. 铜镜。悬挂在墓门之上或者堆放在墓室角落处，很可能是与

221

它们能够将光线聚集于金属之中的功能有关，认为设置铜镜之后可以将聚集的光线重新投放于黑暗之中。

我们并不能确切地知道是什么时候开始在陵前墓园放置石头雕塑的。《西京杂记》中有几个段落提到，在两座分别建于公元前 7 世纪和公元前 3 世纪的坟墓中有人物或动物形象的雕像，但是这本书的内容不具权威性。目前为止，还没有任何中国古代雕塑的来源可以被确定无疑地归属于墓室。

如果与盗取皇家陵寝相关的描述内容足以为信的话，那么地宫的各房间中曾埋葬着数不清的奇珍异宝，包括珠宝、贵重金属以及堆叠成山的绫罗绸缎。而且还会将书籍文牍陪葬在墓中，例如在 281 年的时候，人们就从一座建于公元前 3 世纪的坟墓中发掘出了《竹书纪年》、《穆天子传》以及其他的一些资料文献 [21]。

合葬墓

一座坟墓似乎是为一个特定的死者而建的，而现实中却可能常常埋葬有好几具尸骨 [22]。崖墓为此提供了确凿无疑的考古实证。

讨论合葬墓的问题，必须将位于同一茔域中的多个墓地与位于同一封土堆下的多个墓室区分开来。在汉帝国时期，每代帝王都有专门的茔域划分。对于个人而言依然，茔域构成了一个家族共有的特许区域，其族人们要按照辈分排行葬于其中。至明代时甚至连帝王陵墓也开始遵从此俗，对茔域的分配进行细致规划，这种做法也逐渐得到了全社会的普遍认可。一家之主会在茔域中为其妻妾、管事人员和奴仆们提供身后的安歇之地。但是，不同于普通百姓墓葬，皇后一般都会拥有自己单独的坟茔。

原则上讲，埋葬在同一封土之下的做法似乎仅限于一家之主及其正房妻子。《礼记》中有如下记载 [23]："卫人之袝也，离之。鲁人之袝也，合之，善夫！"孔子的意思是说，有一种情况是丈夫与妻子的墓室形成了彼此分开的两套布局，每套都配有单独的连接甬道，正

21　译者按：《晋书·束皙传》记载，晋武帝太康二年（281 年）"汲郡人不准盗发魏襄王之墓，或言安釐王冢，得竹书数十车"。[唐]房玄龄等：《晋书》卷五十一《列传第二十一》，北京：中华书局，1974 年，第 1432 页。

22　Séraphin Couvreur, Li Ki（礼记）, I, p.110.

23　Séraphin Couvreur, Li Ki（礼记）, I, p.262.

222

如程公洞的室内结构（参见第九章图 9.15）中所显示的情况一样，而另一种被称为"合之"的情况，到底指的是同一套地下布局中的两间墓室，还是指的如同我们在上文中已经举过一个例子中的双石棺并行下葬的形式（参见第十章图 10.11,D），依照我们现有的常识，还不能对这个问题做出准确判断。

但是，有一点是毫无疑问的，那就是汉代的坟墓通常都是埋葬着多人的。一些墓葬营建了整个家族的地下居所，当有新的亡人时再重新打开并将其置入其中，而且，在必要时还会进行扩建。在这些地下居所中为主子设有位于里侧的墓室，而下人们则只能葬于主墓之外，位于入口附近的位置，因为他们的职能应该是守护在四周。第七章中给出的结构图本身就能说明问题，同时我们也期待通过考古发掘工作能够发现一座可以辨识出每名死者身份的墓地，以获得新的补充材料进行更深入的研究 ❷。

24　正如我们在《考察成果首次汇报》中所指出的，我们曾希望能在嘉定附近的彭山找到这样一座墓地；至少描述该墓地在发掘时（1157 年），还能见到清晰的题刻文字。据记载，墓中埋葬着张夫人、其子伟伯，伟伯的妻子、儿子以及多名后人。*Jean Lartigue, Victor Segalen, Premier exposé des Résultats Archéologiques obtenus Dans la Chine Occidentale par la mission Gilbert de Voisins, p.44.*
译者按：本书作者在此处所指墓葬，应为洪适于南宋绍兴丁丑五年（1157 年）所见，东汉建初二年（77 年）武阳（现彭山）崖墓题记"张宾公妻穿二柱文"的内容："维兮本造此穿者，张宾公妻、子伟伯、伯妻、孙陵在此右方曲内中。维兮张伟伯子长仲，以建初二年六月十二日与少子叔元俱下世。长子无益为之祖父穿中造内，栖柱作崖棺，葬父及弟叔元。"参见 [宋] 洪适：《隶释》卷第十三，《隶释·隶续》，第 148-149 页。

Chapter 14

画像及铭文

画像

可以将汉代墓葬装饰艺术所涉及的主题范围划分为如下几类：

1. 表现现实主义风格的内容。
2. 表现历史或传说的内容。
3. 表现神话题材的内容。
4. 表现象征意义的内容。
5. 装饰性质的图案。

表现现实主义风格的内容

在墓室的壁面刻绘有一些反映狩猎、战争、各行各业、舞蹈和家庭等日常生活场景的图像。这些画面内容反映了两种情况：第一种是专门与死者相关的，或将其置身于豪华盛大的仪仗行列，或描述其正在自家宅邸里进行会客宴饮的场景；第二种则是雕刻艺人从已有的模型中进行自由挑选，然后呈现在那些用来体现装饰艺术创造力的空白墙面上。沙畹对山东省画像石上的大量现实主义风格图案进行了分析，针对对应年代的物质生活细节得出了一系列意义非凡的结论。

考察过程中，我们再次看到了在西部地区的墓阙上曾出现过的车马行列画像。鞍辔呈现出类似的风格，但是车厢的描画更为简化，华

225

盖的形状貌似遮阳伞。由于现今在四川省境内已全然不见厢式马车的身影，而且骑马者的数量也大大减少了，故而这些马车形象的资料价值愈加显得重要。既然在汉代时期该省内曾使用马车这种出行工具，就说明当时的道路网络已经达到了一定的发展程度，在这样一个地势崎岖的地区，这无疑是通过艰巨的施工才能实现的。根据相关的历史记载反映，秦汉时期在西部诸省内进行过大规模的、组织严密的军事防御建设，这些画像也从侧面进行了证实。

墓阙不能像墓室壁面那样能够提供围绕多样化主题展开的连续性画卷的丰富空间。所以，尽管四川省在汉代时期应该是一个时兴狩猎的地区，我们却没有找到像山东地区画像遗存中多次出现过的那种狩猎景象，但是，在墓阙自身局限的画面中，我们见到了多幅张弓射向栖息在树枝上的鸟儿的画面，沈府君左阙上工艺精湛的小型浅浮雕作品（图3.16、图3.17）十分清晰地显示出由双弧形短弓及箭筒构成的猎人装备。在渠县境内"单阙"的介石层上，石雕艺术家以挥洒自如的笔法雕刻出了一支仪仗队伍。队伍中出现了一些仆役形象，通过他们的姿态动作判断，应该正在挥舞着网兜，而且与山东浅浮雕画像中出现的网兜类似。然而由于石阙表面的部分毁损，已经抹去了这些细节内容。

一幅狩猎场面在其西阙上占据了重要位置，而且刻画尤为精致。上面出现了一只猫科动物，正飞身扑向另一只体型更小的动物，锋利的爪子已经抓住了它的猎物，而一名男子则竭尽全力地拉着前者的尾巴往后拽。这一场景可以有两种不同的诠释：或者猎物是身型大一些的那只动物，它所扑向的小动物只不过是充当的"诱饵"角色，而埋伏狩猎的男子抓住了猎物的尾巴试图捕获它；或者那只大兽是经过训练用于狩猎的，而那只小兽就是猎物了，男子抓住大兽的尾巴是为了阻止它逮住猎物后吞下肚去。

第一种假设不怎么说得通，因为哪怕猎手显得如此体格魁梧、强壮结实，甚至就算是刻画的是与徒手捕虎的大力士的传说故事相关的题材❶，所呈现出来的动姿还是太过冒险。而第二种假设也同样反映了驯兽者的胆气过人，并且还具有类似的依据支撑：在中亚地区，当

1　这曾经是暴君纣王帝辛（公元前12世纪）的游戏项目之一；夏桀（公元前16世纪）曾生撕水牛和老虎。

226

2　*Édouard Chavannes, Les Mémoires historiques de Se-ma-Ts'ien, II, p.2.*

3　在王延寿所作的著名描述性诗赋中有这样两句话："奔虎攫挐以梁倚，仡奋鬣而轩鬐。" *Édouard Chavannes, Mission archéologique dans la Chine septentrionale, vol. I, p.31.*

地人会利用某些野兽，尤其是猎豹，来辅助狩猎。另一方面，中国人也实行猎鹰训练活动，并且驯养"两犬可敌一虎"的凶猛猎犬。此外，如果相关中国历史记载（尤其是司马迁的记载）是可靠的话，那么，自从远古时代起就有驯兽的做法。比如说，秦人的祖先大费就曾"佐帝舜调驯鸟兽，鸟兽多驯服"❷。

在该场景中的众生相中，第二位站立着的人物正准备用一把剑或者一根棍棒发起对猎物的攻击。就其姿势判断，他的攻击对象好像不是兽类，而是前方的另一猎物。至于刻画的兽类，则定然是一只猫科动物：显得分外挺直的头部姿势❸以及长长的脖子都让人联想到了薮猫。由于石头表面漫漶，已经很难确认猎物究竟是何种动物了。有的情况下看起来像一只野猪崽，而其他情况下看起来可以确定是一只猫科动物，与追捕它的动物相似，只是体型更小。如果此说成立，那么或许涉及的是一只同类动物，是表现猎人在其年幼时抓捕它以便进行驯服的故事。

在这一类表现现实主义风格的画像中，还有那些以独立高浮雕或者浅浮雕形式所表现的动物形象。它们可能具有某种象征性意义，但是从目前的研究来看，我们并不能完全辨识其具体内容。它们并没有像周代和汉代时期的动物形青铜器那样，体现出其复杂的身体构造以及鲜明的属性特征，它们可能与汉代之后被列置于墓地神道两侧的文臣武将形象一样，也属于死者在逝后世界的陪护。在上古时期，帝王们会命人在其广阔的离宫别苑中设置兽圈或地窖，里面圈养着许多珍禽异兽，并且以此类"藏品"之多而引以为傲。如此看来，汉代时期所刻画于墓地的这些动物形象，则应该是以现实生活中所豢养的动物为其原型的。

在此，我们要再次提及支撑墓阙拐角部位的托架构件，在四川地区所见到的基本上全都是以力士柱形象呈现的。一些力士柱很明显具有猴子类的特征，而大部分则是头部硕大、身体矮壮的蛮族男子形象。无论是其类型的多样变化还是姿势的别致生动，均清晰地表明了他们是根据真实原型进行刻画的，其原型应该是承载重负的外族奴隶形象。尽管河南和山东地区墓阙上并没有出现力士柱，我们还是在山东画像

227

石上以线刻形式呈现的屋舍图像中发现了他们的身影，但大多数都是具有猴类特征的类型。在一些陶器制品中，还存在以熊头或者蹲姿熊的形象为底座的器皿样式。

表现历史或传说的内容

这一类型基本上全由山东建筑古迹上的画像构成，四川省的墓阙没有为其做出任何贡献❹。或许是缘于石面的保存状态欠佳，或者是因为当地的装饰艺人历史和文学素养的欠缺，导致此类图像缺乏准确的表现和细节刻画，由此使得曾仅存于世的少量此类场景亦不得被辨识出来。例如关于独轮车的画面❺，我们只有通过与用同等手法刻画于山东画像石上的独轮车结合起来才可以做出准确判断。

表现神话题材的内容

出现在山东地区的神话题材图案中，我们可以看见发生在蘅皋芝田之间和昆仑蓬莱之处的仙界景象，以及雷神统领下的假面行列方阵。与其作为比较，我们发现四川地区墓阙上的浅浮雕作品中也蕴含着较多此类题材的画像。其中，西王母系列似乎是雕刻匠人们十分熟悉的题材：神秘的西方君王端坐于宝座之上，伴于两侧的分别是象征日出和日落之域的神兽，身旁不远处还有一些由神异动物所组成的仪仗队列，应该是属于其统治领域之下的众生。我们可以在其中看见六足马、九尾狐、双头鸟及独角兽等等，都属于象征吉祥之意的奇禽异兽。

表现星宿方面的神异图像并没有怎么被体现出来，只有那些最为大众熟知的诸如月兔、三足乌还有嫦娥之类的形象才被涉及，但这些图案的象征意义大于其神话意义。

4　译者按：在本书作者所考察的四川地区汉阙、石棺画像中，仍有较多表现历史题材的内容，如高祖杀蛇、博浪沙捶秦王、季札挂剑以及荆轲刺秦王等等，只是未能将其辨识出来而已。

5　参见第三章"墓阙，沈府君阙，雕塑"部分内容。

228

6　Édouard Chavannes, Les
Mémoires historiques de
Se-ma-Ts'ien, I, p.44, note 4;
III, chap. XXVII; Ch'ung Wang
（王充著）, Alfred Forke（佛尔
克翻译）, Lun-heng（论衡）.
Leipzig: Harrassowitz, 1907,
p.106.

7　此处并不宜于对该主题展开天
文学方面的评述，因为势必会
引出一些非常复杂的问题，参
见 Léopold de Saussure（索绪
尔，1866-1925年）, Les Origines
De L'Astronomie Chinoise（中
国天文学的起源）, T'oung-Pao
（通报）, Vol. 20, No. 2, 1920,
pp.86-116.

表现象征意义的内容

四川地区墓阙在图像方面最大的贡献在于对某些形象的象征价值的彰显，尤其是"四宿"，即根据黄道星宿的象限所做的分组 [6]，其象征含义既与空间的四大方位对应，又与一年中的四季相吻合 [7]。人们还以"四宫"或"四灵"来指称它们。其传统的对应模式如下：

在位置安排上，代表东西两个方向的象征符号与相应方位之间的关联体现得最为突出，至少在四川省境内是这种情况。因为从理论上而言，坟地的轴线是南北走向的，而墓阙是位于坟家的南面，所以两座墓阙会分别立于东西两个位置。当刻画有白虎和青龙的形象时，它们总是被安排在墓阙的内侧出现（至少在渠县地区是这种情况），从而令沿着墓地轴线由远及近的人们可以将两个图案同时收入眼底。从观察者的角度而言，青龙位于其右侧，而白虎则位于左侧。当然，这种情况基于墓地的轴线是正确分布的，这一规则便是合乎逻辑的，但是，一旦轴线有异则就另当别论了。举个例子，如果轴线是东西向的，人们会期待在右边和左边分别看到的应该是北面和南面的象征。而事

朱鸟	对应天上的区域，中心为"鹑火"（水蛇座之心）	南宫	夏
玄武或龟蛇 [8]	对应天上的区域，中心为"虚"（宝瓶座之肩）	北宫	冬
苍龙或青龙	对应天上的区域，中心为"太火"（心宿二）	东宫	春
白虎	对应天上的区域，中心为"昴"（昴星团）	西宫	秋 [9]

8　关于该符号的双重含义请参见 Édouard Chavannes, Mission archéologique dans la Chine
septentrionale, vol. I, p.47.

9　对应关系并非总是遵循这一体系而成立的：如果参考《书经·尧典》卷一的内容，会发现里面
记载着如下做法，即皇帝派人在东方根据对"朱雀"的观察来确定春天的开端，在南方根据对"青
龙"的观察来确定夏季的开端，在西方根据对"龟蛇"的观察来确定秋季的开端，在北方根据对"白
虎"的观察来确定冬季的开端。季节和方位基点之间的对应关系是一致的，但是对黄道象限而
言存在着一种循环对调。
译者按：金履祥注：《书经注》卷一，北京：中华书局，1991年，第3页。

实上却并非如此，因为总是青龙在右而白虎居左。由此可见，这些象征符号的出现只是为了确定茔域的习惯性罗盘方位标识，从而以虚拟的方式设定了举行仪式的方向，并不考虑具体的地形情况下所采取的墓地朝向。

至于代表南面和北方区域的象征，它们的设置并没有如此明显的指向性。因为所有的墓阙相对于坟冢位置都是位于其南面的，并不存在任何的南阙或北阙。但是，从另一角度而言，每尊墓阙都必然有朝南的一面和朝北的一面，但是这两面通常不可能被人同时收入眼帘。所以，最常见的设计方式 **❿** 就是将这两个象征图案都放置在朝南的那面之上，由于我们总是假设观察者是面朝墓阙朝北而行的，所以墓阙的南面是最为显眼的一面。人们于是将两个象征图案以垂直的方式进行分布，让朱雀在上、玄武居下。这样的做法明显是缘于一种与我们截然相反的绘图习惯，因为我们习惯于将北面置于图纸的上方。这样一来，当观察者逐渐走近时，他首先看见的必然是四个象征图案，就像我们看到的风信旗上的首字母一样，它们在其眼中便显得一目了然。

这样的分布方式会产生一种结果，那就是为了遵循对称原则，就必须将代表南方和北方的象征两次呈现。对于我们而言，对称意味着相似性，而对于中国人而言，对称却是一种有区别的双重体现形式：对称的两个符号必须分别体现"阴阳"体系之中的两个对立面。与北方的象征符号相比，南方的象征符号呈现出的是阳性特征，在其重复出现的过程中，右边（东面）的图形与左边（西面）的图形相互对比就体现出了"阳"的特征。渠县诸墓阙在图像层面上为这一规则提供了最为奇特的证据。右边的主阙与左边的并不相同：很明显一只是公雀，而另一只则是母雀，形成阴阳的对比。而且，在沈府君阙上，雕刻艺人还以独特的表现力强调了二者之间的这一对立性 **⓫**。

代表空间四方的象征不仅仅出现在墓阙上。在崖墓外立面的门楣区域，我们也能看见青龙白虎相向表现在环状玉璧两侧的图案 **⓬**。朝鲜的古代墓冢因为良好的保存状态和其呈现出来的重要考古发掘意义而显得弥足珍贵，其四方象征符号就经常被绘制在这些墓中的墙面上，

10　在冯焕阙上，龟蛇图案是出现在朝北的那面上。

11　在汉帝国时期，以此种方式区别化体现出来的南面象征符号有可能或多或少地与神鸟"凤凰"等同了起来。凤凰包括了两个性别（"凤"为公，"凰"为母），但是体现了不同的象征意义，代表着吉祥之兆。

12　在这个外门楣上，白虎位于右边，而青龙则居于左边。我们在上文中已经指出了这个由于疏漏而造成的特殊之处。

230

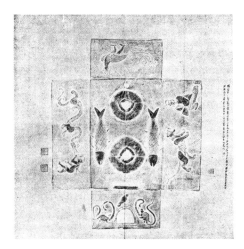

图 14.1 土炉

并且单独构成了整个装饰背景[13]。不仅在门厅的壁面上，也在其棺木上，均呈现了同样的象征图案。考古学家在一座朝鲜古冢中发现了一具漆木棺材的残片，上面留存的图像依然能够辨识清楚，是一只朱雀的形象。

许多汉代铜镜上依然可以找到"四灵"的图案，其中很大部分体现出了卓越的铸造工艺。在放置入墓中的陶质（图 14.1）[14]或青铜材质炉灶模型（图 14.2）[15]的四个侧面上，"四灵"是最常见的装饰图案之一。收藏家吉斯莱（Georges Gieseler）的藏品中有一只奇特的玉琮[16]，上面便刻绘了这一主题的图案，而且显示出了出类拔萃的表现技巧。我们在此处还要提到劳费尔先生所发表的刻绘于一具石棺上出现的线刻装饰图案，尽管这一作品诞生于唐代时期，但其资料价值依然十分重要。

图 14.2 青铜炉

13　为我们提供这些中国古代绘画精品样本的出版物包括《国华》杂志，亦可参见《朝鲜古迹图谱》等。有一点值得指出，那就是在一个墓室里，入口的墙面被门分隔成的两块板壁上有两只凤凰的形象，而三面整墙则分别被一只具有象征意义的其它动物占据着。*The Kokka*（国华）. *Vol. XXIII, No.276. Tokyo: The Kokka Publishing Company. 1913; The Kokka*（国华）*. Vol. XXV, No.294. Tokyo: The Kokka Publishing Company. 1914; Sekino Tei*（关野贞）*. Chosen koseki zufu*（朝鲜古迹图谱）*. Seoul: Government General Museum*（首尔：国立博物馆）*, 1915.*

14　《神州国光集》曾刊布过一只土炉的拓片复制作品。在这一土炉模型上，乌龟的形象重复出现了两次，分别位于炉门的两侧。黄宾虹，邓实编：《神州国光集》第八辑。

15　这尊青铜炉的绘图曾被收录在《考古图》中。译者按："有柄温壶（炉）"，［宋］吕大临等：《考古图》，上海：上海书店出版社，2019 年，第 152 页。

16　在这一件玉琮上可以清楚地辨认出虎、龙及龟蛇的形象来，但是第四种动物比较特殊，好像是猪的样子。*Georges Gieseler*（吉斯莱）*, Le Jade dans le culte et les rites funéraires en Chine sous les dynasties Tcheou et Han*（楚汉时期中国祭祀和葬礼中的玉器）*. Revue Archéologique*（考古学期刊）*, vol. 4, 1916, pp.61-118.*

对上述四大象征图像的零碎表现显得更为常见。好几尊汉代石碑上，都在其上方和下方分别刻绘着代表南面和北面的象征图案[17]。在另一个造型奇特的青铜制品上，一只朱雀高高地栖息在龟背之上，从而形成了这件凤龟镫的高脚部分（图 14.3）[18]。其他的青铜器皿上出现了龙虎成双出现的形象（图 14.4）[19]。至于它们单独出现的情况，以下材料可供读者参考：一只雕塑非常生动精美的白玉虎雕佩饰（图 14.5）[20]、以及一组由龟蛇群雕图像形成的青铜镇（图 14.6）[21]以及在一幅源于公元前 25 年的在碑石下方出现的象征玄武的龟蛇图（图 14.7）[22]。

有一个奇特的现象，那就是在四川尤其是在古时的巴国区域内，被人们习惯视为最典型的墓葬图案的四个方位象征物居然没有被任何文献予以阐明。历史上，此类图像的资料非常丰富，《华北考古图录》中也大量汇集了相关的复制作

图 14.3 青铜凤龟镫

图 14.4 青铜龙虎灯

图 14.5 白玉虎雕佩饰

---

17   沙畹曾对《隶续》中出现的碑石复制图进行研究，指出代表南方和北方两大相反方位的象征图案出现的频率非常之高。此外要说明的是，这里涉及的碑石都是属于四川地区的。*Édouard Chavannes, Mission archéologique dans la Chine septentrionale, vol. I, p.254.*

18   译者按："有柄凤龟镫"，［宋］吕大临等：《考古图》，第 130 页。

19   译者按："龙虎鹿卢灯"，［宋］吕大临等：《考古图》，第 133 页。

20   图 14.5 为吉斯莱收藏品。*Georges Gieseler, Le Jade dans le culte et les rites funéraires en Chine sous les dynasties Tcheou et Han, p.102.*

21   根据其风格来判断，这组群雕可能属于梁朝作品。
      译者按："书镇"，［宋］吕大临等：《考古图》，第 156 页。

22   这一象征图案并非是单独出现的，因为碑石上的文字说明了两侧都曾经有龙的图案（定然是白虎在左青龙居右的形式）。

图 14.6 龟蛇青铜镇

232

图 14.7　玄武图案

品 **㉓**。这些古老的象征图像在文明程度没有那么发达的省份依然受到推崇，但是，在传统的诗书礼仪之邦的地区则被忽略了，从而让位给历史场景和道家仙术之类的主题。事实上，我们在河南和山东的墓阙上发现了象征四灵的形象，它们的布局很不规范，有时以两个一组或者单独的形式出现，也有的间歇性地穿插在其他图像之间，而且有的时候根本没有怎么考虑方位的因素。河南省的太室阙就属于这种情况：

白虎出现在西阙的北侧；青龙出现在东阙的北侧；朱雀位于东阙的南侧。

以上布局基本上是合乎规矩的，而少室阙上的情况则是这样的：

青龙位于西阙的东面；青龙和白虎分别位于东阙南面一只羊头图案的两侧。

在山东武梁祠的双阙上，子阙外侧的装饰图案为一只老虎，正在追逐一条龙。该图案的象征意义应该是季节的更替，而不是建筑与空间朝向之间的关联。

23　在沙畹翻译的《隶续》段落中，内容涉及的是属于四川一处石质墓室的一些石头的拓片。第 3 块和第 4 块石头的上方刻有"朱雀"的图案，下方刻有口中叼着一个大圆环的两个牛头。我们从中辨认出了沈府君阙上的装饰图案。根据文字说明，石头立起来时高为 5 尺，所以可以肯定是两阙的南面拓片，而非墓室画像石的拓片。此类混淆事件在中国考古学家身上经常发生，因为他们在进行描述时并没有直接参照对应的实物。*Édouard Chavannes, Mission archéologique dans la Chine septentrionale, vol. 1, p.19.*

除了"四灵"之外，象征图案还包括一些意味着好兆头的吉祥之物，用来被雕刻于墓室中的天花板上。沙畹已经提供了一些象征祥瑞的图案的名单及其对应意义[24]。便于我们辨别在其他遗迹上以单独形式或不完整的组合形式出现的这类图案。

在河南省境内的墓阙（太室阙和启母阙）上，以及在众多的陶土制品上，都可以发现一只羊头的正面图案，有时候两侧还分别饰有青龙和白虎的图案。其象征意义尚不清楚。那个成为四川墓阙上让人最为印象深刻的图案之一的奇特的"屋架怪兽"亦是如此。或许，我们可以将这一兽面理解为各种冬眠动物的综合呈现体，因为在中国人看来，这类动物在每年反复进行的睡眠和重新苏醒现象对阴阳之间的必要交替起到了辅助作用。在神秘的坠入"阴"的最深处之后，冬眠者在"阳"到来给予其力量时重新苏醒，沿着天梯拾级而上，就像候鸟和洄游的鱼儿在春季时返回故乡一样，从而汇入到宇宙和谐的宏大交融乐曲之中。不过，我们上述理解方式也纯属假说。

这一奇特兽面也可能是饕餮的变异形式之一。早在墓阙出现之前，饕餮图案就随着青铜器的发展而得到了普及，对其意义及源头进行研究将是很有意义的事情[25]。我们也只是暂时将饕餮与口叼多角环的牛头形象等同起来，因为，四川有些地区的墓阙上也能看到这样的牛头图案，是与朱雀形象对称分布着的。

用于仪式场合的物件，如"六器"[26]，其实是日常所使用的物件，但是由于其具有特定的象征意义，所以被经常汇集刻于一尊墓碑的同一表面上[27]。

---

24 *Édouard Chavannes, Mission archéologique dans la Chine septentrionale, vol. I, p.167.*

25 对于"屋架之兽"还有另一种可能的解释：或许是一只在地下穿行的、嗜好食用尸骨的怪物（参见第十五章的内容）。然而在一个墓葬建筑中呈现这样一只不祥之兽好像不太可能。

26 译者按：六器即六玉，分别为：玉璧、玉琮、玉圭、玉琥、玉璋、玉璜，古代祭祀天地四方的礼器，即以璧礼天，以琮礼地，以圭礼东方，以琥礼西方，以璋礼南方，以璜礼北方。

27 译者按：参见〔宋〕洪适：《隶续》卷五，《隶释·隶续》，第358页。

装饰性质的图案

在被我们视为简单装饰的图案中，很可能其中一大部分至少在其被雕刻成型之初是拥有特定含义的，只是随着历史变迁，其代表的寓意逐渐被人所遗忘。然而，其中仍有一些似乎只是用以填充空白或者充当画面构成元素的。此类图案中包括从青铜纹饰中借鉴的几何图形；包括窗棂的格栅、云纹；果实的图案；尖端对着尖端拼凑而成的或者相互套叠在一起的菱形图案；山峰的剪影，铜钱及铜钱模子，甚至模仿屋顶边缘的齿形边饰等等。

碑铭

在汉朝时期的墓地上，可以在如下位置发现碑铭：

1. 墓阙；
2. 石碑；
3. 石质墓室的壁面；
4. 雕塑及石柱。

这里，必须对后世所撰写的"纪念性铭文"、"题记"以及真正意义上的"丧葬铭文"做出区分。

后世所加刻上去的"纪念性铭文"，有时候是死者家属或门生、故吏等在其埋葬之后，甚至数年之后补刻上去的，是为了添加赞美之词或者描述葬礼情形、相关建筑的修建花费、修葺或改善工程等，而有时候是前来缅怀者刻上去的。此类铭文并不包括在墓葬建筑的整体布局结构之中，刻写者会利用其画面的空白处，甚至会修改、毁坏原先的部分画像。至于"题记"，则本身即属于被刻画的场景内容之一，具体而言是对场景或内容、人物的注释说明，只有当死者本人的形象出现在画面上时才会与之产生直接的关联。

235

真正意义上的"丧葬铭文"包括墓阙及单个或多个墓碑上的铭文。

相对于山东、河南等地，四川地区的墓阙铭文体现出了非常清晰的类型特征。它一定是与墓阙同时代诞生的，至少具有铭文的墓阙都是属于这种情况。这些铭文的编写形式基本上是固定的：内容非常言简意赅，使用的大多为端庄的隶书，给出的信息包括年代、死者的姓名（有时候还有字、号）、尊称头衔以及生前所历任官阶职位，但不包括任何评论性内容。铭文通常为两个部分，每部分都会标示出死者姓名，并且都是一个完整的独立结构。在沈府君墓阙上，死者被授予的头衔是在右边的铭文中所指出的，而生前陆续所任地方官职则是出现在左侧铭文之中。然而这样的分布形式似乎并非是一种既定的规则，冯焕阙则是在右阙上标明职位，而高颐阙和王稚子阙均在双阙上都提到了死者生前历任职务。

铭文的第一个字往往是指所属朝代，有时候是以"神道"二字收尾，有时候是以"墓道"二字结束，有时候也将"阙"字放在最后。无论何种格式，使用的均为所有格关系（如李皇子之阙此类的形式）。但是，仍有一些墓阙铭文没有任何收尾格式。

简言之，四川地区的墓阙铭文属于古雅端庄的典范，只包括适合路人所能了解的信息内容，而且清楚地在入口处指明了墓地的名称，所以，能获得历代金石学者的赞誉也属名至实归[28]。该类型的阙铭很可能遵从的是一种古朴的观念，尽管时过境迁，这种思想依然在中土之国的西部地区延续了下来[29]。

四川地区的墓阙铭文，有时候也会被刻在遮掩屋顶面板下榫接端枋子露出的端头之上。

从碑铭学的角度来看，墓碑的功能如同墓阙的功能一样，也具有清晰的定义，但是其定义适用性并不局限于某一个地区或省份。表示头衔的部分往往用篆体写成，置于铭文前端最重要的位置。按照惯常的撰文方式，在指出了死者的"名"与"字"之后，便会开始洋洋洒洒、极尽华丽地描绘其家族谱系，一直追溯至尧舜时期甚至黄帝时代的贤臣良将。随后，墓志铭便开始谈到死者的天性优点以及他所受过的良好教育，当然，也不会忽略其美德及孝行。接下来就是死者生前的政

236

治生涯，一直叙述到其辞世为止。这一部分往往会涉及同时代的政治或军事背景。墓志铭的最后一部分由赞誉之词构成。构思铭文的工作几乎总是由死者的一名亲属来担任，他会用如诗般的风格来美化这一部分，表达对其离世的悲痛之情，并歌颂其生前的丰功伟绩。作品创造者会签署姓名，铭记书写者及雕刻艺人的名字，并以版本记录的形式标注出日期。

尽管研究中国金石学的学者家们保存了大量汉代墓碑的拓片和文字记录，但是这些碑铭得以原地保存的却为数极少（据我们所知，只有樊敏墓阙属于这种情况）。所以，从目前的情况看，我们并不能了解汉代的规制是必须同时立有一块颂扬碑或者没有 **㉚**，这块石碑是否必须在建阙的同时由死者后人来修建，而其他的石碑则可以由门生故吏在其后祭奠、拜访时竖立上去 **㉛**。虽然无从对其进行印证，但是上述情况很可能真实存在。

28　参见本文第五章沈府君阙描述。

29　正如我们所知的，武梁祠中用肥厚的字体所写成的铭文是后世加上去的。在武梁祠墓阙上，最初确实有一篇标出了死者头衔的铭文存在，但是其篇幅颇长。根据保存至今的文字片段来判断，该文的编写风格似乎属于碑铭的形式。*Édouard Chavannes, Mission archéologique dans la Chine septentrionale, vol. I, p.230.*

30　本文虽然没有明确表明我们研究的对象的身份、地位等，但我们所谈的一般都是那些大人物的墓地，因为只有他们的墓地才有遗迹留存。

31　如武斑碑就是属于这种情况，我们觉得它不像是墓地真正意义上的丧葬主碑。与之不同的是，武梁祠的铭文则是属于由死者后人所立之碑的碑铭。*Édouard Chavannes, Mission archéologique dans la Chine septentrionale, vol. I, p.96；104.*

237

汉代墓葬艺术　　　L'ART FUNÉRAIRE A L' ÉPOQUE DES HAN

Chapter 15

丧葬观念

坟墓是死者的永久居所，正如活人的居室能用做参考让我们了解当时的生活所需及其习俗一样，研究中国古代墓葬可以让我们了解到在两千多年前，中国人认为死后的生活应该是什么样的，应该需要些什么[1]。然而，相比于现世的世界，对逝者之域进行重构难度显然更大一些，因为相关的需求都是想象出来的，相应的习俗也都是虚拟而来的：一方面，从生活常识的角度出发，死后世界其实只是一种虚幻，但是，信仰是不允许承认这一点的，所以人们会采取折中的方法对待它。与信仰神灵一样，亡魂也被视为真实存在的：在为他们准备的食物中，有热气腾腾的肉菜及丰盛的美酒，其间还会象征性地穿插一些素食以供享用。

前文已经指出，时至今日中国人的墓葬习俗依然是讲究排场的，但是相比于古代则远远不如。众所周知，营建墓地的奢靡风气在汉帝国时期达到其顶峰。如此奢华的厚葬习俗反映了汉代人对于来世生活的强烈信仰，但是，从墓葬发展的情况看，这种信仰的浓烈作用无疑远远不及其最强盛、最纯净的时期。从中，我们可以看出一种传承数千年的先古风气的遗存，而此类遗风当代人往往已经不能完整理解了。但是，从艺术史研究的角度来看，汉帝国墓葬艺术的重要意义不仅仅在于其强烈的信仰，更在于其所呈现的物质文化和文明的高度发展水平上。而当我们尝试通过考古遗存和遗物的发现和研究来重建当时的普遍信仰时，其所揭示出来的文字记载的疏漏以及与之相关的各种矛盾之处仍然让人感到震惊。

1　高延在其著作的第四章中已经针对这一主题进行了非常全面的研究。该学者得出的结论是以古时资料以及时俗观察为基础的。我们在本章中重提这一主题，只是为了把以建筑遗迹为依托所获得的一些新的信息添加到其结论之中。

239

尸骨的保存

2　［汉］司马迁：《史记》卷一百二《张释之冯唐列传第四十二》，第 2753 页。

　　远古时期的丧葬习俗似乎是将死者尸骨保留在其生前居所之中，而活人们则不得再入内居住。但是这一习俗与定居文明的发展并不相容，所以，这种方式在我们所研究的年代之前很久就已被时人所废弃。有汉一代，人们首先寻求的是永久地妥善保护好逝者的肉身，不让其遭受毁坏。所以，先民们将墓室建在地下的深处，或者是开凿于坚固的岩石之中。不但选用最为结实耐用的材料来建造地下墓室，而且还发明了最为坚固的建造方法，如拱顶墓室即可使地下建筑能够承受大量封土的压力。将棺木放置在一具厚重的石棺之中，既可防范偶尔闯入墓室的鬣狗和豺狼来咬噬尸骨，也可以减少骨骸被坍塌下来的泥土压垮的风险。同时，古人为了保护尸骨，防范虫子咬噬及腐烂的发生，还采取了多重棺材套叠的做法，使用了通过鞣革而不会腐烂的犀牛皮、髹饰以大漆的木材、包裹青铜以及水银等材质来制作。在史书中，我们读到了这样一段描述：

　　　嗟乎！以北山石为椁，用纻絮斫陈，蒙漆其间，岂可动哉！❷

　　保护尸骨更为周详仔细的防范手段是用来对抗潮气侵蚀的，尤其在诸如中国中西部这类气候条件下，潮湿的空气是非常致命的损毁因素。地下坟墓会选址建造在大片石块构成的地基之上，谨慎地避开了渗透的风险。在四川境内的山崖墓葬中，通往外界的墓道被设计成了斜坡的样式，还在石门下方设置了一些排水沟。到了汉代时期，或者更晚一些的时候，甚至会把棺材通过金属链条悬挂在半空，而链条则挂在固定于拱顶上的圆环之中，从而使棺木不会接触到地面和墙壁以防止潮气侵蚀。

　　某些材料因为具有很好的保存功效而著称，如玉石、水银和含有树脂类的木材。时至今日，在中国和日本地区被视为最佳的棺木，依然是用具有防腐功效的上等木材制作而成。最好的原料是一种被称为"乌木"的材料，一些树木在发生泥石流时被摧毁而深埋在地下，

3　《后汉书》记载赤眉起义军进入
关中，攻占长安后，焚烧了皇宫，
又盗掘各帝陵。
译者按："发掘诸陵，取其宝货，
遂污辱吕后尸。凡贼所发，有玉
匣殓者率皆如生，故赤眉得多行
淫秽。"［宋］范晔：《后汉书》
卷十一《刘玄刘盆子列传第一》，
第483-484页。

4　De Groot, *Religious system
of China*, p.99.
译者按：原文出自［宋］李石《续
博物志》卷六："秦穆公（公元
前659-620年）时，有人掘地
得物若羊，将献之。道逢二童子，
谓曰：'此名为蝹，常在地中食
死人脑。若欲杀之，以柏东南枝
捶其首。'由是墓皆植柏。"［宋］
李石：《续博物志》卷六，北京：
中华书局，1985年，第80页。

5　译者按：据《宋史》记载，真
宗宸妃下葬"用水银宝棺"，仁
宗即位后，"亲哭视之，妃玉色
如生，冠服如皇太后，以水银养
之，故不坏。"［元］脱脱等：《宋
史》卷二百四十二《列传第一》
后妃上李宸妃条目，北京：中华
书局，1977年，第8617页。

千百年后因干馏而变得致密坚硬，人们将其从地下挖掘出来制作坚固耐用的棺材。曾有文献记载，当"赤眉军"于公元26年盗掘西汉诸帝王陵墓时，发现陵墓中被玉石包裹保护着的尸体依然保持着完好无损的状态❸。

尸身遭到毁坏的危险成了中国人心中挥之不去的梦魇，从而引发了一系列幻想，进而丰富了更多的民俗内容。很可能是因为曾经从古代墓地中挖掘出过动物雕像，所以人们便想象地下世界充满了善于掘地的动物，它们嗜好吞噬尸骸，而且身坚如石，能够穿过墓室的墙壁和石棺的厚壁。为防范它们，则需要借助各种神奇的方法，如某些植物精油就能够将其摧毁，于是有了在坟丘上种植柏树的习俗❹。

除此之外，人们还会制造种种迷雾以误导危险的闯入者。有实例表明有些墓葬在习惯放置尸身的地方只留下了一具空棺木，或者并未安放真身的棺木，而将真正的死者尸骨埋藏在其他无法找寻的地方。

数千年来，中国人在寻求有效保存尸体的方法过程中，并没有找寻到像埃及人那样用防腐香料进行保存肉身的完美方案。但是他们已经接近这个方向了：塞进九窍的玉块就是为了阻碍空气进入五脏六腑之中。到了宋代时期，人们甚至将一名皇后的尸身浸泡在水银液体当中❺。然而在道德层面，从孔子生活的时期开始，人们就一直在讨论一个问题：保持尸体的完好状态是否真是能保障来生无忧的必要条件。孔子可能指出了祭祀是一种有效的促使"魂魄"合一效果的方式，即精神之魂和身体之魄。然而，从大众的角度看，他们肯定将身体之魂与尸身混同了起来，或者至少将二者紧密联系了起来❻。

先秦至两汉时期，中国逐渐形成了两种对待尸骸的新观点，与普罗大众的传统信仰截然相反。一种是由文人儒生所提出的，从实用角度出发的朴素观念，另一种则是道家从形而上的角度所提出的。

6　此处可以参考《后汉书》中的一个段落，讲述的是发生在121年的一次请愿活动："一门七人，并不以命，尸骸流离，怨魂不反，逆天感人，率土丧气。"沙畹在《华北考古图录》中对此文字进行了翻译，*Édouard Chavannes, Mission archéologique dans la Chine septentrionale, vol. 1, p.50.* 译者按：原文参见［宋］范晔：《后汉书》卷十六《邓寇列传第六》，第617页。

241

儒生们之所以对保存尸身不腐提出异议，首先是基于这种做法所耗费的巨大财力。自从世纪元年以来，中国就缺乏森林资源，必须花费巨额资金从边境省份或者域外之地运进建造墓葬的木料，制作石棺的石材亦是如此。不仅如此，坟墓的建造还为民众带来了沉重的劳役负担以及无法忍受的苛捐杂税。《礼记》的作者借孔子之口清清楚楚地表达了不应该在墓地建造上铺张浪费的观点：

苟亡矣，敛首足形，还葬，县棺而封。人岂有非之者哉。❼

广为流传的观点是人死后会在另一个世界与其祖先团聚，为了在先人面前表现得体礼貌，所以得让死者衣以文秀，衣冠整齐再下葬。但是，儒家学派为了支撑其朴素的实用观点，声称在上古时代人们只是简单地拾以薪材包裹尸身，既不起高坟大冢，也不使用石棺云云❽，其实，这种说法又与儒家经典《礼记》的内容几乎是矛盾的，因为按照后者的记载，早在舜帝时期时人已经使用棺椁下葬了❾。

王符《潜夫论》对"浮侈"之风的严厉批评❿，以及汉文帝对厚葬习俗所导致的后果的相关思考⓫，均为反对在保存尸骸方面大肆浪费的做法提供了不同角度的论据。

《后汉书》中有一段文字涉及生活于汉武帝时期的杨王孙（公元前140-前80年），从形而上学角度为反对厚葬的奢靡之风所提供的论据达到了非常高的思想高度，并体现了其柏拉图式的理想。杨王孙向弟子们安排自己的后事，要求他们将自己的尸身赤裸地放置于土洞中下葬。他就此番安排作了如下解释，认为如果精神之魂必须升天，

10　译者按：王符在《潜夫论·浮侈篇》中对当时社会中所盛行的"子为其父，妇为其夫，竞相仿效"厚葬风俗进行了严厉的批评："今京师贵戚，郡县豪家，生不极养，死乃崇葬，或至刻金镂玉，襦梓、楩、楠、良田造莹，黄壤致藏，多埋珍宝、偶人车马，造起大冢。广种松柏，庐舍祠堂。"这种风气不但遍及全国，而且："东至乐浪，西至敦煌，万里之中，相竞用之。"参见王符：《潜夫论·浮侈篇》，载入《述古堂影宋写本》，上海：上海古籍出版社，1990年，第20页。

11　译者按：《史记》记汉文帝遗诏曰："盖天下万物之萌生，靡有不死。死者天地之理，物之自然，奚可甚哀……厚葬以破业，重服以伤生，吾甚不取。"参见〔汉〕司马迁：《史记》卷十《孝文本纪第十》，第433-434页。

7　Séraphin Couvreur, Li Ki. T'an kong , II, 2.

8　译者按：此观点出现在孔子所编纂的《易经》中的《系辞》部分。"古之葬者，厚衣之以薪，葬之中野，不封不树，丧期无数。后世圣人易之以棺椁，盖取诸大过。"《系辞下第八》，《周易》，辑入《景印文渊阁四库全书》第七册，第108页。

9　Séraphin Couvreur, Li Ki. IX, 23.

12　译者按：［汉］班固：《汉书》
　　卷六七《杨胡朱梅云传》，第
　　2908 页。

13　*Séraphin Couvreur, Li Ki, T'an*
　　kong, II, III, 14.

那么尸体的自然归属应该是回归其最初的来源地——黄土，而一切试图逆道而行的做法都是徒劳无益的：

> 且夫死者化为尘泥乃物之所归。归者得至，化者得变，各返其真，返真冥冥，乃合道情。……精神者天之有也，形骸者地之有也。精神离形，各归其真。[12]

此外还有一种类似的看法，孔夫子将之归为哲学家季子的观点：

> 骨肉归复于土，命也。若魂气则无不之也，无不之也。

丧葬礼仪

以祭拜为中心的丧葬仪式是献给死者灵魂，而非其肉身的，而灵魂则通过一系列神秘法术被固定在了写有其名讳的牌位之中，从而萦绕在家族的祖庙内，而不是停留在其墓地空间。所以，按照先秦以来的正统观念，坟墓并不是适合举行重大丧葬仪式的地方。公元 58 年，东汉明帝前去探望了父亲汉光武帝刘秀的陵墓，并在那里举行了祭祀典礼[14]。但是，这一违背祖制的做法遭到了监察官员的非议，他们按照古老的规制指出只有葬礼才能在陵墓处举行，而祭祀仪式则必须在祖庙中操办，并严厉指责道："坟墓中躺着的是身体之魄，若视之为活者，则是缺乏辨别能力。而祖庙是精神之魂安歇地，若待之若死者，则是有失人道。"

14　译者按：永平元年春正月，帝率公卿已下朝于原陵，如元会仪。汉官仪曰："古不墓祭。秦始皇起寝于墓侧，汉因而不改。诸陵寝皆以晦、望、二十四气、三伏、社、腊及四时上饭。其亲陵所宫人，随鼓漏理被枕，具盥水，陈庄具。天子以正月上原陵，公卿百官及诸侯王、郡国计吏皆当轩下，占其郡国谷价，四方改易，欲先帝魂魄闻之也。"［宋］范晔：《后汉书》卷二《显宗孝明帝纪第二》，第 99 页。

243

上述记载表明，中国传统认识中祖庙是重于陵墓的，同样观点也通过儒家经典得到具体阐释，如《礼记》中所做的下述规范：

过墓则式，过祀则下。 **⑮**

然而，对古代墓葬建筑的了解让我们产生了以下印象，那就是在葬礼结束之后，坟墓的地位并没有被忽略，而是有亲朋好友频繁地前来探望。建于坟丘之前的祠堂，正是这样一处供后人用以祭祀死者的场所。沙畹在武氏家族墓阙上抄录下来的下述信息更是加深了这种根据建筑遗迹而产生的印象：该地不仅建有一个祠堂，还设有一处祭坛和一片小广场。而《礼记》却清楚地指出，祭坛和空地属于宗庙的附属建筑，是用来为那些因相隔太远而未能在宗庙中为之单设立祭堂的祖先举行祭祀典礼的地方 **⑯**。这些祖先的牌位平时就摆放在公用祭堂之中（对于皇家宗庙而言即设在第六及第七间祭堂里）。当皇帝要祭拜其高祖父时，就会将其牌位请出来安放于祭坛之上；老百姓亦然，在举行祭奠仪式时，甚至连其高祖父的爷爷的牌位都会被通通请出来摆放于空地上接受祭拜。

有了这样的比较，就不得不使我们产生一个疑问：在汉代时期，祖庙和陵墓的区别是否真像儒家经典给我们造成的印象那样泾渭分明？对此，需要强调的一点是，《礼记》的编纂成书其实是与这一系列变更过程同时发生的事情，而且，汉儒们竭力将其推崇的礼仪主张呈现为回归上古的做法，也正说明了在现实中，汉代晚期已经逐渐开始将其祭拜的中心放到墓地中去。

至少下面这一点是明显的事实：基于对逝去先人的孝行和义务，也基于相互攀比的虚荣心的满足，每家每户都会在财力能及的范围内将墓地尽可能地修建得更为风光。如果茔域四周没有围墙保护的话，就会在入口处竖立起石质墓阙，并在上面标明墓主的姓名和头衔。沿着通往墓冢的神道两侧列置各类动物雕塑，设立巨大的墓碑作为死者的纪念性建筑，上面的铭文陈述了死者的家谱及生平，以华美浮夸的辞藻将赞誉之词永久地镌刻于石头之上。当这些郡县长官或者将军的

15　*Séraphin Couvreur, Li Ki. T'an kong, II, 11, 23.*

16　*Séraphin Couvreur, Li Ki. Tsi-fa, 5.*（祭法，5），*II, 262.*

244

17　译者按：［晋］郭象编：《庄子注》卷一《内篇·逍遥游》第一，《景印文渊阁四库全书》第一〇五六册，第6页。

后人命人对其父亲的坟墓进行美化时，并不担心会被书呆子们指责为"缺乏辨别能力"。

死后生活的必需品

墓葬用途的起居用具

如果根据其逝后住所的起居陈设来判断，我们可以看出墓主是一位生活讲究之人，既懂得享受，也知道为自己谋求舒适的起居用具、细心照料以及体面的膳食条件，有时候甚至还需要一位年轻貌美的女子来暖一暖自己这把老骨头。那些严肃艰苦的禁欲理念所指导下的与黄土为伴的生活方式，还是留给没钱没势的酸迂儒生吧。

上文已经列举了为保障死者安歇无虞而采取的种种防范措施。但是地下坟墓不仅仅是一座保险库，更是一处永久居所。所以需要用华丽的雕刻图案来装饰墙面，画面中需要展现死者生前优渥的生活。墓主人可以在闲暇无聊时卧榻赏画时，重温帝国辉煌的过去、在星宿图形中翱翔万里、面对八卦图进行一番点评："抟扶摇羊角而上者九万里，绝云气，负青天，……翱翔蓬蒿之间。"[17] 可以拜见神秘的西王母，在神山仙境中展开一场激动人心的围猎或战事……在身体之魄愿意时，甚至可以从棺木中出来驰游八荒。棺椁四周堆满周全齐备的日常所需，包括侍女、武将；战车、马车及盏碟、炉灶等等，均以彩釉陶土材质制作而成。此外，还有分布着羊群和猎犬的庄园、横木上饰有龙头的水井以及以三只呈蹲坐姿势的熊为底座的粮仓等等。凡此种种，都能让墓主回忆起其庄园生活的历历往事。如果墓主生前是武将的话，则设有多层哨塔及哨兵和弓箭手，这些会让他忆起在西部边境进行巡回视察的情形。墓穴犹如一个微观世界，而墓主则是这个世界的君王。而且，墓穴并非是沉浸在黑暗之中的，以动物油脂为燃料的长明灯正徐徐燃烧着。倘若储备的油烧尽了的话，还有悬挂在拱顶上的铜镜可以反射出神奇的光芒。

至于饮食方面，则设有一个由石头或者青铜制作而成的条案，上面准备了装饰着丰富图案的器皿，里面盛装着谷物、美酒和肉菜。一条甬道连接着墓室和祭堂，墓主可以前往祭堂，去深嗅祭品散发出来的热气，享受新鲜食物的美味，并查看下子孙们是否很好地表现了孝心。

甚至到了墓室之外，这种排场依然延续着。但这一切的设计，究竟是为了死者所需还是仅仅为了对生者起到教育作用？长长的墓道除了引导送葬行列的功能外，还具有其他的作用吗？"墓道"亦所谓"神道"，即"魂灵之道"，这里的"魂灵"所指的并不是封闭于墓室之中的有形之魄，而是无形之"魂"，即自由飘动的精神之魂。《礼记》借孔子之口说道：

> 众生必死，死必归土，此谓鬼；魂气归天，此谓神。合鬼与神而享之，教之至也。❶

根据智者们的想法，这样的汇合是发生在祖庙之中的。但是身体之魄是如何前来赴约？按照更为严密的逻辑推理，汉代的民众信仰应该认为两者汇合是发生在墓地之中的，具体而言是在墓室墓道的入口处。当逝者的精神之魂被高大的石柱所吸引，在墓阙上读到了自己的姓名，就会按照墓地的众多标识分布被准确无误地引向墓冢之中。这时，竖立着众标识的茔域便成了"神"的降落地，并进一步引导他前往其肉身的安歇地。

哲学家们之所以针对亡者的奢侈苛求之风表示了如此激烈的抗议，是因为要满足这些需求就必然导致野蛮无度的挥霍行为。逐渐地，延续已久的仪式上所使用的一些物件，例如稻草扎成的人形、粗糙且不适合家用的请鬼敬神的碟盘等等，随着时代的进步，在文明不断发展的过程中获得了材质上的进步和完善，而渐趋成熟，再加上随着礼仪制度的衰颓，替代了如石雕、青铜器和真实的牺牲品这些被视为贵重的随葬物品的做法。

我们可以推断更为合理的另一种演变模式：在远古的时代，埋葬

18　译者按：［汉］戴圣：《礼记注疏》卷四十七《祭义》，辑入《景印文渊阁四库全书》第一一六册，第 275 页。

246

死者时会以活埋或祭祀的方式让其妻妾与奴仆来殉葬。但是，如果这种习俗在远古中国曾经存在的话，那么，从文献记载来看，相关的记忆在战国时期其实已渐被世人所淡忘。所以哲学家们才能够在其重新出现时，将之视为一种体现堕落之风的新做法，或者一种从域外传来的野蛮风气。这种猜测可以从历史记载中得到下述关联：通常认为秦王室的先祖为突厥人，他们在以强大的武力吞并六国时将以活人作为牺牲的做法传播开来。但是，这并不意味着活人祭祀的做法是源于突厥的。我们可以看到，当秦国统治者每每获胜时，会急不可耐地以野蛮疯狂的方式大肆举行皇家祭祀仪式，在这种盛大豪华的典礼中，按照通常的礼仪制度规定需要拜祭的天神名单对他们而言太短，他们甚至会新创诸如"天君"这类神祇的名单序列。由此我们可以这样推理：秦国统治者采取了同样的贪多求全态度来对待墓葬仪式，他们认为那些文明教化的中国人仅仅满足于使用节省型的象征物的做法与其自身的强大实力并不相称，于是决定用真实殉葬品来取代它。

汉朝统治者君临天下之后，"用活人陪伴死人"的习俗似乎在厚葬习俗得以扩散的同时也遭到了严厉禁止。垂死者往往会显露出享用此种待遇的强烈意愿，但是其妻妾和奴仆都对追随他共赴黄泉的前景表现出了强烈的厌恶，有时候会利用智慧的方式逃脱陪葬的厄运。

秦国那位威权天下的宣太后预感到死期将近，表示希望以自己的情夫殉葬，出令曰："为我葬，必以魏子为殉。"其情夫听说后，通过一位睿智可靠的朋友庸芮将下面的话传给了她，逃脱了被殉葬的厄运：

> 若太后之神灵明知死者之无知矣，何为空以生所爱，葬于无知之死人哉！若死者有知，先王积怒之日久矣，太后救过不赡，何暇乃私魏丑夫乎？[19]

陈乾昔卧病在床，自知余日不多，于是就向他的兄弟和儿子交代后事，并命令他的儿子尊己说："如我死，则必大为我棺，使吾二婢子夹我。"他的儿子当时没有提出反驳。陈乾昔死了以后，他的儿子说："以殉葬，非礼也，况又同棺乎？"最终没有杀父亲的小妾以殉葬[20]。

19 译者按：〔汉〕高诱注，〔宋〕姚宏续注：《战国策》卷四《秦二》，《景印文渊阁四库全书》第四〇六册，台北：台湾商务印书馆，1983 年，第 217 页。

20 参见顾赛芬译《礼记》对陈乾的记载及对陈子车故事的描述。*Sétaphin Couvreur, Li Ki. I, pp.229-230; 226-227.*

247

至于陈乾昔所言用以安葬三人的棺木，目前尚未发现，有待考古学家们在中国黄河流域或西亚奥隆特斯河流域（Orontes）去发掘。前文我们曾指出，在四川崖墓中有设有两个格子的石棺存在。无论它们的用途是怎样的——是用来装一名死者和一名陪葬者的，还是用来按去世顺序先后安置夫妻二人尸身的——都可以为相关的文字提供支撑，证明汉代人相信人死之后还要继续生活，而且在此期间灵魂的所需与生者的生活所需是相同。

回归自然的思想

倘若一个墓葬里面单单陈列一些反映墓主纯物质需求的物品，则把汉代人的思想设想得过于简单粗俗了。他们考虑的还有其他一些更高层次的复杂想法，虽然没有影响到墓中陈设，也至少影响到了装饰布局。

中国哲学的中心理念是宇宙和人之间紧密相依的关系。[21]

葛兰言（Marcel Granet，1884-1940 年）通过对中国传统经典著作的研究，得出上述结论，而我们对汉代建筑遗迹的考察工作也同样清楚地印证了这一判断。

墓葬建造者对坟墓方位的重视，已经表明了坟地和空间之间的依存关系。在上一章节中，我们曾指出过四川墓阙上最常见的图案是四个方位的象征，而且也是通过这些象征（或者其对应的色彩）来指示石椁和棺材的各个面向。这种方位象征可以构建起一张虚拟之网，用以包裹死者肉身并与宇宙万物联系起来。但是，这些象征符号对应的并非一个一成不动的静态世界，正如人们所建构的虚拟空间形态那样，它是一个在阴阳的对立统一下不断产生无穷变化的宇宙。青龙与白虎象征着阴阳两面，既相互对立，又互为平衡。图像中，它们若以一上一下的形式呈现，则显示了两极之间的和谐共存；若是以一个追赶另一个的形式出现，则表示必然存在的交替关系。对于墓葬的装饰

21　Marcel Granet（葛兰言），La Vie et la Mort（论生死），Annuaire de l'Ecole pratique des Hautes Etudes（高等研究实践学院年刊），1920.

艺术家而言，可以借助三足乌和月中兔、阳燧和阴燧、饕餮以及所有隐喻流星、星宿、冬眠动物、候鸟和洄游之鱼的多种符号来多样化地体现阴阳两极，同时，图像的丰富性本身也有助于阴阳之间的循环更替。整个墓葬仍然遵循阴阳对应和交替原则，埋葬死者的地下坟墓其属性为阴，则需要集中地加强阳气，所以，这也是在墓地中设置高大的石质阙楼和石柱以象征正午的原因之一。

这样一来，亡魂便与宇宙及其生生不息的更新交替规律建立了联系。首先，死者的魂灵要经历一段神秘而漫长的阶段，这一阶段的时间长短是由其社会地位所决定的。在此期间，魂灵的力量日趋衰落（从祖庙中的祭祀供奉就可以看出这一点：随着时间的流逝，逝者的牌位会被逐渐移到次要一些的位置，几代之后甚至会被后人所忽略），慢慢地走向彻底的解体，并进而滑落到九泉之下，在去历经死后冰冷之旅的同时，也到达了他生命循环的临界点。然而，在阴气到达极盛点的那一刻也意味着阳气正在萌生回转，那个游荡着迷失亡魂的黄泉之地同样也是一个生命的蓄积池，从中诞生出新的生命轮回。在春回大地时来此地招引亡魂，利用绽放的花朵的芬芳来引导它们走向生命新的开始。

坟墓保护措施的无效性

为了防止尸骸遭到毁坏，时人想方设法用到了一切可能的预防措施。但是，在讲究排场相互攀比的心理作用下人们习惯于大力装饰墓外环境，而且对"事死如事生"观念的信奉导致墓穴成了财富的聚集地，进而为死者招致危险，令所有的防范手段都失去了其预期的功效。要知道，在贪婪心理的驱使下，盗墓者会变得比鬣狗还要饥渴，并且会像那些能穿墙而过飞檐走壁的神兽一样身手不凡。

为了对抗盗墓者，就必然采取先进的防范措施。皇家陵寝的四周成了真正壁垒森严的营地，不仅在周围设有深深的壕沟及高大的围墙，还会在陵园里专门驻扎着一支守护军队 ❷。对于重要程度次于皇陵的

22 西汉时期实行迁移富商百姓到皇陵附近居住形成陵邑的做法。这一劳民伤财的做法在东汉时期被废止了。

高官显贵的坟墓，也会通过坚固的围墙和沉重的石门来进行保护，甚至会用铁水浇筑封闭石门，还会在门外修砌砖石层进行加固。在《史记》专门描写秦代事迹的篇章中，司马迁对旨在保护秦始皇陵墓牢不可破的重重机关进行了描绘。当时的建造者可谓极尽机巧之能事，以至于在墓道中设置了自动弓弩手，而且防范意识也达到了极点，在举行安葬仪式的当晚就将所有知道地宫秘密的工匠们囚禁埋葬起来。然而，即使机关算尽，也只不过是徒劳而已，仅仅三年之后陵墓便被反叛的军队打开，甚至连始皇帝的尸身也被付之一炬。

厚重的墙垣抵挡不住侵犯者的步履，而森严的律法也同样无济于事。事实上，侵犯墓地在中国古代历来都被视为所有罪行中的极恶，这一点可以从汉文帝时期的一则轶闻中窥见一斑。有一名盗贼溜进供奉皇帝先父的宗庙中，并盗走了一些玉佩饰，缉拿归案后被当时著名的法官廷尉张释之判处斩首之刑。汉文帝则认为应当诛其九族。张释之据法以争，说道：

> 法如是足也。且罪等，然以逆顺为差。今盗宗庙器而族之，有如万分之一，假令愚民取长陵一土，陛下何以加其法乎？

此外，张释之还针对修陵墓一事表达了如下见解：

> 使其中有可欲者，虽锢南山犹有郄；使其中无可欲者，虽无石椁，又何戚焉！ [23]

由此可见，中国传统墓葬观念中存在前后不一的矛盾之处，从而也对逝者的死后安宁造成了重大影响。修墓时的挥金如土为的是让死者在逝后世界亦能保障高水平的生活标准，结果却招来了掘墓之祸，令尸骨遭到了四散零落的下场 [24]。

23　被盗的宗庙位于长陵，是祀奉汉朝开国皇帝、汉文帝之父汉高祖刘邦的宗庙。读者可以将这一段文字与本文第十一章中所引用与祠堂，祭祀相关的段落联系起来理解。由此可见，一方面规定相比于坟墓，人们应该更加尊重宗庙，而另一方面又表示侵犯坟墓是比侵犯宗庙的性质更为严重。这两者之间无疑是矛盾的，但这也反映了地宫中所埋藏宝藏的价值非同小可，所以也是可以理解的。译者按：参见[汉]司马迁：《史记》卷一百二《张释之冯唐列传第四十二》，第2755页。

24　在秦王朝被推翻之后，秦始皇陵遭到了项羽大军的洗劫，在唐朝末期时，又遭到黄巢军队的入侵。西汉的皇陵在公元25年左右被赤眉军大肆盗掘。190年，董卓在洗劫洛阳之后又下令挖掘了东汉的几座皇陵。值得注意的一点是，在改朝换代之后，一些新王朝的统治者也会对前朝的皇家陵寝进行特别保护。191年，孙坚让人将一年前被董卓洗劫的东汉皇陵进行修复和保护。关于对陵墓的值守问题，公元前195年，汉帝国统治者安排三十余户人家迁往秦始皇陵附近，负责守陵工作。963年，宋太宗下令迁移百姓，分别负责看守从尧舜时期起的各朝帝王的陵寝，并为之提供供奉祭祀之物。

Chapter 16

汉代的造型艺术

（以墓葬建筑为中心）[1]

建筑艺术

　　从上古到秦汉时期，不仅是各路枭雄逐鹿天下，英雄辈出的时代，也是大兴土木广筑城垣的年代。虽然中国的史学家们记载下了无数远古时期所完成的大规模修建工程，如暴君纣王辛耗费民力所打造的鹿台等等，但是，其描述语言的单调匮乏表明当时的记载并未在真实可信性方面下功夫。这是中国传统文字记录的一贯弊病。仅仅相隔数代的后人们在描述其祖先的容貌和事迹时，依然会用到身长十尺、寿愈千年、能修建齐天高塔和云霄楼阁之类的描述，实则并不可信。当汉代史学家们对秦帝国建筑进行描述时，它们大部分已经遭到不同程度的损毁，但是，由于相隔时代接近，与之相关的资料和回忆特别丰富，其记录和描述应有部分尚具有参考价值。在汉以后的学者关于长安和咸阳的文字描述中，大段大段地列举了始皇帝嬴政命人修建的宫苑楼阁，鳞次栉比分布于帝都之内，绵延不绝于渭河以北的丘陵原上，以及通往秦始皇陵寝的道路两侧。读到这些记录和描述时，我们深感其中的夸大其词。历代文人们对前朝事迹进行了文过饰非的描述，意在痛斥秦始皇的穷奢极欲而导致秦朝统治走向其灭亡之路。这些文字记载中，在事实真相与文学描述性内容之间存在一个连接点——秦始皇

1　在本章中，我们的研究对象仅涉及建筑和雕刻领域。倘若要对这个年代的各种艺术形式进行整体研究的话，还需要将陶瓷、青铜器和玉器也包括进来，然而这些领域已经得到了广泛的研究，因为其文物形式是可以移动的物件，所以能够飘洋过海来到我们的博物馆中或者藏家的手中。现如今，相比于建筑和雕塑，世人更了解陶瓷、青铜器和玉器这些艺术形式。本章的内容旨在让大家能够同样地了解中国古代的建筑和雕塑艺术。

253

陵。这一"证物"在规模、位置和形状上都明确无误地证实了记载与事实之间的完全吻合。因此，有理由相信文字记载中的桥梁、宫殿和庙宇都曾在秦代帝都中有过宏伟壮丽的存在。这些对古代建筑的描述文字是真实可信的，但是，不幸的是，我们并不能从中得出更多关于建筑层面真实的具体信息。

汉代以降，相关的文献资料大大增加，描述也更为详尽。并且由于墓葬建筑的存世提供了相应的文物证据。通过将古代文献记载与考古实物数据进行对比分析，有助于更好地获知历史真相。

建筑技术的发展，受制于可用的材料。汉代的建筑材料有：

泥土　山岩　陶砖　石头　木头

考古遗存为我们寻找到了泥土、山岩和砖块类材料的直接证物。石质材料的汉代建筑遗存更是具有双倍的研究意义，因为它们既是由石块拼合起来装配而成的石质建筑，也是汉代建筑实体存世至今的形象代表，其形制及装饰体现了当年最为普及的木构建筑形式。

泥土

土方施工并不仅仅在建造设有壕沟和垣墙的墓冢时才扮演极为重要的角色。古代中国的地貌主要由冲积平原和黄土高坡构成，很少有大面积的岩石结构分布。如同古代迦勒底（Ghaldée）地区，金字塔及高耸的土墙是其建筑的核心元素。在中国亦是如此。文献中对中国古代最宏伟建筑"台"的描述可以让人清晰地了解其结构形式。"台"是由一层一层叠加起来的露天平台所构成的，这些平台的直径从下至上逐渐递减，人们可通过外面的阶梯爬至台顶。北京的天坛就体现了此类建筑模式的传承，此外，著名的"煤山"[2] 也属于该类高台式建筑。我们知道，远在周代晚期，小山丘已是祭祀场所的传统形状，无论是祭天、祭地、祭土地老爷的地方还是埋葬死者的坟丘，皆惯于建成这一形状[3]。

2　译者按：即景山，位于北京故宫北面，是穿越紫禁城纵贯全城中轴线的制高点，民间俗称"煤山"。参见明人沈德符《万历野获编》煤山条："相传其下皆聚石炭，以备闭城不虞之用者。"以及刘若愚《酌中志》宫廷规制条："万岁山，俗所谓煤山也。故老云：土渣堆筑而成。"［明］沈德符：《万历野获编》，北京：中华书局，1959 年，第 604 页；［明］刘若愚：《酌中志》，北京：北京古籍出版社，1994 年，第 138 页。

3　墨西哥的古代建筑有时候会神奇地展现出与中国古代的坟墓及宫殿底座的相似性。托尔特克人的太阳金字塔就是如此：它似乎是原貌复制了秦始皇陵封土堆上的三个台肩结构。

254

泥土是建造"台"和军事防御建筑的主要材料。而对于居住性质的宫殿楼阁，用材比例则是相反的：木材会占据首要位置。尽管如此，这些建筑物依然是在夯土基座上建造而成的，所遵循的建筑理念与采取地下式基座的建筑理念截然不同。位于北京的皇家宫殿是建设在一个高台之上的，高台表面覆盖着大理石，需通过外面铺设的阶梯才能上去。通过对开封府宋代宫殿遗存的考察，可以看出其高台部分依然非常重要，它们占据着一个更为显著的位置。

只要在一些旧时古都的附近进行考察，很容易可以发现一些古代宫殿的基座。我们在西安府附近发现的一个长方形大山丘，就应该是一个宫殿的屋基。其形状显得修长，由好几个大小不一的叠加层组合而成。它采取的并非中心对称的形式，而是按轴线对称，看上去呈现出与坟墓封土截然不同的外部形态。

山岩

尽管中国西部的黄土高原上分布着数量众多的穴居式住所，但穴洞的开凿工艺却是在四川地区才达到了很高的技术水平和完美程度。早在战国晚期，四川地区已被纳入秦王国的一部分，但是直到汉帝国时期当地依然沿用一种自身特有的穿凿岩石的建筑方式，或者是依据分布于水流及河谷沿岸的悬崖上柔软而密实的砂岩材质对外来技术进行了改良式运用。对外来技术的学习和改良在古代中国普遍存在。众所周知，中国的西邻印度早在世纪元年前就开始了普遍开凿洞穴的历史，尤其是满足宗教活动的洞穴大量得到开凿。两地在洞穴开凿方面某些相似之处，让我们想到了蜀国的古代居民是否直接从印度人那里学到了开凿岩石的技术，从而能保证所凿出的门厅和墓室建筑的天花板不会有坍塌的危险。然而，没有任何证据表明在我们所关注的汉代时期，在印度和西藏之间确实存在过直接的交流活动——就像如今通过连接巴塘和打箭炉的道路所进行的那种交流活动。但是，在几个世纪之后，开凿技术和工匠们确实进入了中国境内，并带来了一种源于犍陀罗地区的工艺。然而，他们是通过另一条道路进入中国的，也就是从北面绕过西藏高原的那条通道。这些匠人们手中诞生的首批崖洞作品位于云冈境内，而非西南的雅州地区。因此，我们必须采取审慎的态度，将所观察到的相似之处存在的原因归为材料本身所需而限定的成果。汉代的建筑师和工匠们在处理石材的过程中，尤其是在针对建筑支柱的设计问题等方面，通过自己的探索和领悟，寻找到了某些合乎逻辑的方法。此外，几乎世界上所有使用建筑石材的地方，都存在相应的处理方法和工具设计，使其能够将大石块从岩层中挖掘出来，而这些采石场通常正是学习和改良开凿、雕刻技艺的地方。

　　在第七章所介绍的陵墓石刻中，让人印象深刻的是工匠处理石质材料的大胆明快。无论是对称的、平直的还是立体的画面，都很明显是预先确定好了的，是先描画在纸上继而才运用到岩石上进行工作的。但是，没有任何证据表明石雕工匠会严格遵循碑文撰写者或雕塑绘图者的描绘方式，同时又顺应岩石的自然开裂原理来开展雕刻工作。天然岩洞的天花顶面一般都呈现为粗糙的尖形穹隆状，但这些地下墓室的修造者们并没有仅仅局限于岩洞的天然模式，他们会将墓室的天花板处理得平坦整洁。在天花板的支撑设计上，一旦跨度超过了十几米，就必须使用支柱。据我们的观察，崖墓中主要有两种形式的支柱。其中一种在崖墓内厅的中央位置，通常呈八边形的柱身，并设有基座和柱头。另一种比较简单的支柱，常常设置于大型崖墓的门厅开口位置，它们将建筑正面上的门洞分隔开来，其功能使人联想到印度石窟大门的支柱样式 ❹。然而，在印度只不过是简单的支柱形式，而四川境内的则是矮壮的方形柱体，而且，其结构毫无疑问是在模仿与传统墓阙相似的仿木结构。就八边形支柱而言，我们在山东省的墓葬祠堂中可以找到较多同样的类型。由此可见，上述两种形式的支柱在中国都有原型可循。这一结论至少否定了从印度引入的假设，虽然崖墓内支柱的做法和意义均与之类似，但并不能就此认为它与差异很大的建筑元素之间的相似性。

　　汉代的建筑学家们一定是按照预设好的理念来处理石头的。他们

4　尤其可以参考迦多铎卡伽石窟（Ghatotcach）。值得注意的是，该庙是在公元 5 世纪时修建的，因此其修建年代要比四川的崖墓晚许多。*Sentarō Sawamura*（萨瓦穆拉）．*The Cave Temples of Ghatothkach in Western India*（西印度的迦多铎卡伽石窟）．*The Kokka*（国华），*No. 341. 1918.*

256

用较粗糙的手法将这些源自于另外一种建筑技术的方法（木构建筑的结构）运用到了岩石处理中，同时为了保障建筑的坚固性而采取了必要的让步和调整。首先，洞穴一方面需要防止渗水，另一方面又要模仿多层木头建筑的模式，故而会采取折中的方式，在建筑正面设置了一些突出部分以表现木构建筑的主要内容。其次，在木头类建筑中通常会使用线条和直角转折，但在石质洞穴类建筑中，椭圆形或者圆形则更为合适。所以，在建筑装饰层面上，通常会采取调换位置或改变结构次序的方法来折中表现木构建筑的特点。

陶砖

在四川境内寻访到的众多墓穴，让世人对公元初期所达到的对泥制砖块处理的技术刮目相看。这些陶砖的质量极佳，是通过模子压制的形式制作而成的，上面的装饰图案亦显精巧。砖块的使用方法得当，砖与砖之间的装配连接更是彰显出匠人们高超的手艺。他们深谙因地制宜之道，当建造对象为轻盈型的隔墙时，会采取竖立放置的方式；当建造对象为厚实墙壁时，则采取穿墙石的堆砌方法。他们按照规则无比的横向砌层形式来进行码放，而且对接缝的摆放位置也十分留意，特地将相邻两层的接缝错开分布。尤其能够突显不凡手艺的是拱顶部分的构造，匠人们总是使用特殊的梯形砖块来建造拱顶，采取纵向和横向双嵌接方式，这样的装配连接处理可以使拱顶具有非常可靠的稳定性。

欧洲和美国的收藏界最近收集了数量众多的陶器、双面画像的大型空心砖、用以嵌接房屋管道的方形套接管以及壁灯柱等等。在四川崖墓里有为数不少的装配式石棺，这些石棺具有一些陶制拐角配件和切条式桁架，显示出了汉代的陶瓷匠人们的工艺达到了何等精巧的高度，而且他们还非常善于依据建筑需要来调整其技术手法。

然而，砖块似乎只是在坟墓建筑中才得以使用，虽然很明显汉代人具有建造此类房屋的能力水平，但在描述过的汉代建筑遗迹中我们从未找到任何表明当时可能建造过砖石拱形屋顶或砖石房屋的线索。陶土类材质在建筑中所扮演的角色，应该是仅仅局限于屋顶以及覆盖层、隔墙、水管和烟囱之类的布置细节。

石头

在汉代人所建的石质结构建筑中，唯有祠堂和墓阙依然存世。

祠堂属于小型附带建筑的类型，一面设有宽大的入口，另一面则用石板封闭着，采取的是双斜坡式的屋顶。最简单的祠堂只有五块石板（图16.1），其他更大型的祠堂，如孝堂山祠堂，则具有更为完善的建筑结构（图16.2）。由于其长度超过4米，所以屋顶的每个斜坡面都必

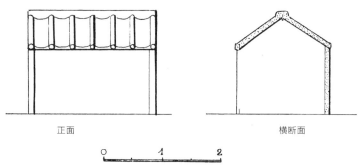

正面　　　　　　　　　　横断面

图 16.1　单门式祠堂

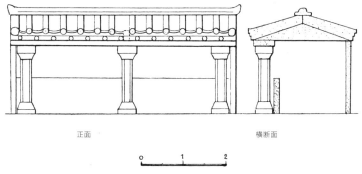

正面　　　　　　　　横断面

图 16.2　双门式祠堂

258

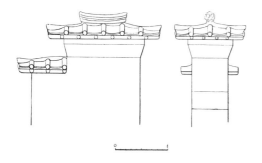

图 16.3 太室阙

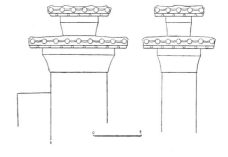

图 16.4 武梁祠墓阙

须由两块并列的石板构成。为了支撑它们之间的连接部位，专门设置了一个宽大的桁架，其靠后的一端嵌入到了最靠里的墙体中，而靠前的一端则由一根柱子支撑着。一块长形石板以两根壁柱为支撑纵向放置着，充当着承梁的功能。该解决方案十分符合逻辑，也很适合这种规模的建筑。因为这种方法是模仿木构建筑的结构和样式而成的，石质材料只能作为小型建筑使用，而不能照原样建设一所真实房屋规模的建筑。

孝堂山祠堂所使用的柱子属于独石结构（参见本书第九章图 9.5，B）。柱身截面为八边形，方形柱头上有数条凹面脊梁以及一面笔直的顶板。其基部复制了柱头的结构模式，但是所形成的喇叭口幅度要略小一些，而且四角斜面的凹度不如柱头的那么明显。

我们在前文所做的建筑学分析，依据汉代石阙分布的三个不同地理位置分别对应三种不同类型区别。位于中部地区的墓阙属于最基础的类型，可以太室阙为例（图 16.3）。以长方形石块按照尺寸不一的横向砌层叠放起来，砌成了一块墙面，用来支撑两个屋顶。矮的屋顶直接放置在墙体截面上，而高的屋顶则由一个略微呈喇叭口状的挑檐结构支撑着。

至于位于东部地区的石阙类型，武氏家族墓阙可以为之提供保存完好的实例。此类墓阙的特征是主阙和子阙之间的区别显得更为泾渭分明，分别由一个独石结构形成。基部和带有偶角斜面的挑檐在比例分布上类似于孝堂山祠堂柱子的基座和柱头。主阙上覆盖有双屋顶形式，而子阙上则没有任何屋顶结构（图 16.4）。

位于中国西部地区的墓阙类型是最为复杂的。子阙在建筑结构上总是与主阙分开的，而且也如同主阙一样盖有一个独立的屋顶。主阙和子阙上的两个屋顶斜坡面的分布形式与位于中部地区的石阙类型颇有相似，但是主阙屋顶具有四个面及两个对称平面，而子阙因为依靠主阙而立，属于侧翼式屋顶结构，其屋顶只有三个面以及一个纵向分布的对称轴。

下面，我们以最为完善发达的西部地区石阙为研究对象，将其区分出三个不同的亚型。我们会概括出各形式所对应的属性特征，并总结各构造元素的基本情况。

第一层架构（相互交叉的厚板）。
中楣。
第二层架构（双斗栱）。
实例：冯焕阙（图 16.5）。
变体：同样的分布情况，但是在第一层架构中设有兽身人面式的托架。
实例：沈府君阙（图 16.6）。

第一层架构（相互交叉的厚板以及力士柱）。
中楣。
第二层架构（双斗栱）。
上楣。
实例：位于渠县的"倾斜之阙"（图 16.7）。

第一层架构（相互交叉的厚板）。
第二层架构（双斗栱）。
中楣。
上楣。
实例：杨府君双阙（图 16.8）。

无论是在位于西部还是中部地区的石阙群中，各石块均是按照横向砌层的方式装配起来的。根据整体建造的需求，不同砌层中的石块

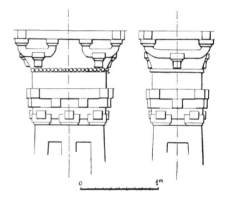

图 16.5　冯焕阙

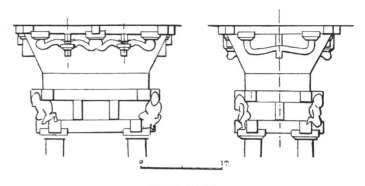

图 16.6 沈府君阙

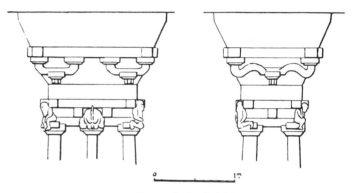

图 16.7 位于渠县的"倾斜之阙"

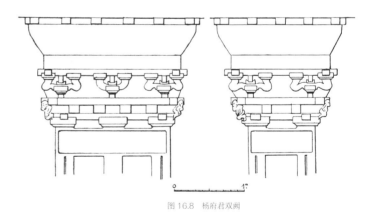

图 16.8 杨府君双阙

261

尺寸不同，而且，同一砌层中的石块也具有不同的长度和宽度，而且无一例外均为规范的立方体。只要在没有遭到毁损的情况下，石阙的每一个装配连接面都呈现出了完美无瑕的笔直度，说明其平坦的表面经过了工匠精细的研磨处理。石阙在建成之初，各石块之间的接缝应该是基本看不出来的。在某些石阙上，我们注意到了有非常典型的切槽，表明各石块之间曾通过双燕尾榫式的扣钉进行加固结合❺。

5　四川石阙和高棉人的建筑遗迹之间具有惊人的技术相似性：对砂岩的使用、各表面所呈现出的完美矫平度（很可能是通过研磨方式实现的）以及通过青铜材质的双燕尾榫进行的结合。

木头

木构建筑至今依然为中国所特有的居所类型，其实早在汉代就已经确定了其基本模式，只不过可能存在几种不同的变体形式而已。

对研究汉代木构建筑有用的考古资料分为如下三类：

1. 雕刻在画像石上面的房屋图。
2. 陶制房屋、塔楼或庙宇模型。
3. 仿木建筑形式建成的石头建筑（墓室、石阙及崖墓）。

前两种资料来源最容易解释，而且也提供了足够的信息，能够有助于我们理解石质建筑的构造。

山东画像石对庭院宅邸的表现是以非常简洁、明确的图像来呈现的，不论表现的是仅容单人独坐的凉亭，还是结构复杂的多层建筑皆是如此。大多数情形下，建筑的立柱都是直接置于地面上的，少量的也设有基座，其具体形式为呈蹲姿的人或兽型，柱身直径自下而上稍微有所递减。无论是在一栋建筑呈横排设置的柱子上，还是在重叠构成的建筑的层与层之间，其承重的方式要么是通过一个简单的柱头来实现（图 16.9），要么就是通过一个各组件呈倾斜状或交叉状的两层或三层式架构来实现。尽管在当代，承重建筑重量的上下双列柱结构已经广泛存在，但是在汉代时并不常有。因此房屋主体无法朝深度方向过多扩展。虽然填充在柱间或者在柱间后方位置竖立的隔墙在石刻画像中并不见，但是画像上却较多展现楼房或塔楼上围起来的栅

262

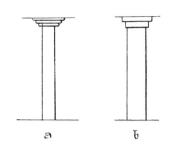

图 16.9　柱头部位

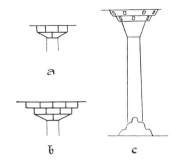

图 16.10　柱子的顶部

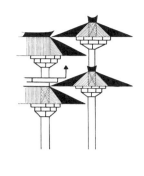

图 16.11　楼阁

6　Édouard Chavannes, Mission archéologique dans la Chine septentrionale, No. 1246.

栏式的栏杆（图 16.16）❻。

　　屋顶为四阿庑殿顶。有时候画像中只呈现一个面，就像是我们从正面观看建筑物时所见到的那样，具体表现为梯形。有时候这个梯形面的两侧靠着两个三角形，这种表现似乎是在从透视法惯例的角度来体现一种"回转叠合"的效果，以此来展现屋顶的两个侧面。瓦片的平行棱边会以立面图的形式来表现。可以从这些画像中看到的屋顶斜坡面之间的接缝，则通过肩脊椽进行了再填缝处理，屋脊上覆盖着端部适当翘起的弥缝嵌条。

　　当建筑设有第二层时，是由立柱（图 16.11）或者男、女力士柱（图 16.12）来提供支撑功能的。

　　用于居住的房屋似乎都不会超过两层，二楼应该是女眷的内室。多层结构的建筑总是采取窄而高的形式，也就是塔楼（图 16.13），其建造体现了别出心裁的设计风格。

　　画像石上展现的大部分建筑物都应该是属于民用或者军事用途，但是《华北考古图录》图册中编号为 1252 及 1253 的画像应该是以庙宇为蓝本绘制的。各立柱都安置在蹲姿动物雕像之上，屋顶为双层结构形式，下半部分比较矮短且制作非常繁复细致，此外，这个画像还体现出了不寻常的奇特之处——它似乎是被固定在立柱之上的。

　　这些画像中对桥梁的刻画均不甚严谨，很难据此对其结构形式有所了解。《华北考古图录》图册中编号为 109 及 136 画像中的桥是

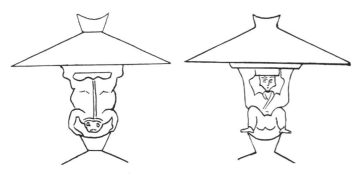

图 16.12　用来支撑屋顶的人像柱

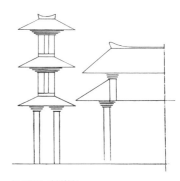

图 16.13　多层楼阁

设有扶手的天桥，由三个组成部分构成：两个斜坡以及一个平直桥面。由于斜坡的斜度很小，就意味着水平推力非常大，这样的天桥是依靠系梁所形成的结构支撑的。秦汉时期，曾经修建了几条贯穿渭河两岸的著名桥梁，这些桥隧工程的傲人风姿是后世中国工程师们无法再现的[7]。十分遗憾的是，如今已找不到任何的图形资料以供我们参考。

　　与雕刻图像相比，陶制房屋模型所提供的信息在丰富性和可信度上要高出很多。但是陶制模型也存在着简化处理的现象。出于模型制作的方便性所需，省略了一些结构的表现，如没有完整地将立式支柱结构显示出来，以至于让人觉得屋顶是直接架在墙体上的。当然，也可能是其所展现的房屋支柱隐藏于柴泥墙所遮挡的结构中，因为，这种建造方式依然在很多民居建造中被使用。

　　劳费尔曾在其著作中对两种类型的陶制房屋模型进行了逐一分析[8]。前者是一处农庄建筑，有一面位于房屋前方的隔墙，上面凿有一个侧门和两扇方形窗户（图 16.14）。房屋的侧面开有一扇老虎窗，侧面隔墙在上方留有一个三角形的开口，应该是用作烟囱的[9]。屋顶

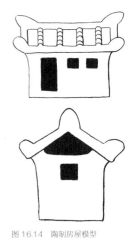

图 16.14　陶制房屋模型

7　如今只有通过一座修建在咸阳浅水河段上的浮桥以及一些渡船才能从西安府前往渭河左岸。明代的地理文献中依然有提及汉武帝、秦始皇及汉高祖时期修建的三座桥梁（西桥、中桥及东桥），说明它们在明代时期依然存世的可能性很小。关于渭河上曾修建的诸座桥梁，可参见《陕西通志》及耶稣会士夏鸣雷（R.P. Havret）的著作《西安府景教碑考》。［清］刘于义监修，沈青崖编纂：《陕西通志》卷十六，辑入《景印文渊阁四库全书》第五五一册，第 834 页。Henri Havret（夏鸣雷），La Stele Chrétienne de Si-ngan-fou（西安府景教碑考），Chang-Hai: Imprimerie de la Mission Catholique, 1895, p.109.

8　Berthold Laufer, Chinese pottery of the Han Dynasty, pl. VI; VII.

9　在山西地区还可以看到以这种方式建造的房屋。

图 16.15　小型庙宇

图 16.16　设有屋顶观景楼的房屋

图 16.17　多层房屋模型（四川）

只有两个斜坡面，屋脊和饰座的制作显得很是繁复。第二个房屋模型比较特殊，有一个显著的特点，那就是作为支撑的主梁的榫接端被装饰成了熊首的样式（图 16.15）。大门为两扇门设计，居中以半开状的形式呈现。隔墙上装饰有木条，是以头部具有花饰的钉子将这些板状的木条固定在支柱上。屋顶形式较为特殊，尽管只有两个斜坡面，但是其末端部位都设有倾斜式的部件，与覆盖四面坡屋顶的倾斜式部件相类似。相比前面的房屋模型，这座小型建筑的制作风格要精致得多，它有可能是表现的一座庙宇。

根据赛努奇博物馆中展出的一座陶制房屋模型制作的绘图观察（图 16.16），清晰地显示出支撑屋架的六根柱子，前后两面各分布着三根。从比例上看，这些支柱都非常粗大，外形与孝堂山石制祠堂的立柱类似，但为了模型制作的方便，选择了更为粗壮的比例。陶屋设有与下方立柱间距相对应的两扇门，开设在一面隔墙上，隔墙的位置相对于柱体稍往后靠。在屋顶上方正中位置耸立着一座观景楼，其正面设有四扇窗户，楼体四周为列柱廊，外围分布着一条镂空设计的栏杆，观景楼上方以四面坡屋顶覆盖，屋顶的各个角都呈上翘状。

陶然士先生曾在四川成都府境内的一座坟地发现了一座陶制小房子，并且为我们提供了图示蓝本进行拍照，这是一座三层小楼，与山东画像石上经常出现的房屋形式相似（图 16.17）。下部分的模型建造颇为简陋，并不能反映其结构特征，而盖顶则由厚厚的陶土层制作而成，显得十分臃肿。然而屋顶却体现了很典型的样式，包括用钉子固定在小梁榫接端上的镶饰、弯曲状的斗栱、上翘的边角、虎爪形饰座以及标志着屋基中央部位的三叉戟等等，完全类似于雅州高颐阙的屋顶设计。

在逐一查看过上述建筑之后，我们对墓阙所代表的汉代建筑形式不会再存疑虑：正如陶土制作的小房屋一样，它们也同样代表着同时代的一些建筑模式，甚至于专用祭祀的祠堂亦是如此。

当然，也有一些地区的墓阙采取了极为简化的处理方式，以至于我们不能将之与任何具体的房屋类型对应起来。另外，像武梁祠之类的小型房屋则仿造的是最简单的建筑类型，例如上文所绘制的由四根

265

熊首立柱支撑的小房子（图 16.15）。

武梁祠墓阙与赛努奇博物馆藏品存在惊人的相似之处。通过图 16.15 与图 16.16 的比较，我们可以确信它们属于同一类型的建筑 **❿**。

雕琢工艺最精细的是西部地区的石质墓阙，可以为我们提供更为丰富的图像信息。在上文我们已经指出，墓阙在功能层面上对应的是位于居所入口两侧的多层塔楼。鲍三娘墓出土画像砖上描绘了此类塔楼的外形（图 16.18），明确地显示出墓阙只不过是用石头材质诠释了这类木构塔楼的样式。至于雕刻在一具石棺上的小塔样式（图 10.13），它与墓阙的外形如此相似，以至于我们都怀疑它是否是直接以木头建筑为原型照搬过来的。

石阙结构为木构建筑的简化形式，以六根立柱构成的簇柱充当了石阙的支撑。如鲍三娘墓画像砖所示（图 16.18），石阙楼部所呈现出来的交叉肋形饰那样，各结构层之间的凸起装饰框条强化了石阙各面的细分部位。这些装饰线条是在模仿建筑木构的印痕，从目前保存最好的石阙样本可看出，框条数目与真实木构建筑上层构架支撑物的数目是完全一致的。由各子阙所表现的侧翼部分往往由立柱所支撑，总体形成如下图所示的结构形式（图 16.19）。上述图例呈现了中国楼阁屋舍的几类基本结构（图 16.10、图 16.17 及图 16.18），这些结构到底与四川地区的石阙建筑结构有何关系，其具体关联内容又在哪些地方。如图 16.18 所示汉代多层塔楼，其中楣（尤其是像第一类和第二类墓阙那样）特别重要，当中楣将两层架构层分隔开的时候，其对应的应是石阙的二级长形隔墙（图 16.10），同时，如图 16.10 及图 16.17 中所显示的楼阁建筑的下层屋顶盖，并不见于石阙建筑上相应的部位，也没有哪一个简化的结构是仿效其设计的，所以，这一点应是石阙建筑和真实木构建筑的一个差别所在。可以认为，这个下层屋顶盖在石阙建筑中被有意地取消了，以便于简化工序并突显其基本构架。对此，我们只能期待考古发掘会发现更多的陶土建筑模型，可以提供这一疑点的答案。

一些崖墓外壁面的建筑结构体现了连续式的多层屋顶的侧面形式，所以其对应的应是上述画像中的多层房屋类型。

10 中国境内的某些地方在修建瞭望楼时，依然存在建造这种样式的屋顶观景楼的做法，尤其是在重庆城长江下游的塔碛镇周围。

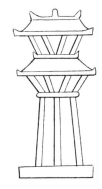

图 16.18 塔楼

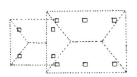

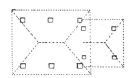

图 16.19
一对石阙所代表的建筑类型的结构图

266

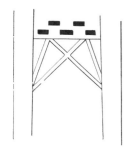

图 16.20 倾斜式的架构组件

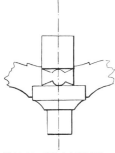

图 16.21 双翼式斗栱的组装

11 我们在如下建筑上发现了此类
实例：
 · 在冯焕阙的各个尖角处；
 · 在崖墓壁面所刻绘石阙的顶
饰上（图 9.16）以及图 16.18 中
所示塔楼的架构上，后者所使用
的是一模一样的方法；
 · 在一些陶土制作的塔楼模型
上，例如赛努奇博物馆最近收入
的一件精美模型（图 16.20）。

汉代中国建筑的屋顶部分十分发达，呈现出适度的弯曲，并且会通过数个斗栱支撑起一套横向伸展的枋架托举起屋顶。如果是多层建筑，就会设计一个阔大的可以挡雨的披檐式屋顶，将下面的各层架构都遮盖起来。

如同希腊建筑一样，汉代建筑的支撑功能依然全由其支柱结构来承担，而墙体只是起封闭作用而已。

各架构都被打造成完美的方正形状，通过合理的设计用榫头和榫眼实现相互之间的固定。最常使用的形式是相互交错的直角结构，多处建筑遗存的实例也表明，斜撑式部件也是当时所常用的一种构架形式（图 16.20）[11]。这些交错结合的平面充当了第二级楼面的基础。为了将各支柱与楼顶连接起来，并为屋顶的突出部分提供支撑，在建造时大量使用了双翼式斗栱，其中间部分有时候也起支撑作用，其双翼呈现为单弧形或者双弧形。这些构件既可以将上部屋盖的重力沿着额枋向下分散，又可以保障连接的牢固可靠性，所以一直被中国的建筑学家们沿用至今。考察队在位于渠县境内的一座石阙上抄录了一个细节元素，我认为上面显示的是一个双燕尾楔。这一细节表明双翼式斗栱是由两块木头配件组装到中央部分而构成的（图 16.21）。

石阙中人物力士柱的使用十分普遍，它们通常装饰在石阙各层架构的拐角位置，用来支撑封闭下层结构的框架交叉点。在山东画像石中的建筑图像上也有出现，起着支撑上层屋顶的功能[12]。

屋顶是最能表现建筑特色的组成部分。秦汉以来，屋顶形式的中国式风格已经发展成熟，且具有很强的实用性。得益于大坡度的斜面及合理的轮廓线条设计，不仅有利于雨水排出，还可以遮住正午炽热的阳光，特别适合黄河流域多雨的春季及火辣辣的夏天[13]。同时，通

12 中国现代建筑不再在拐角处使用力士柱，也不再用力士柱来充当支柱的功能。但是屋顶的尖脊上
经常分布着一些小雕塑，是用上釉的陶土制作而成的。山东的雕刻画像上就显示了此类小雕像，
其使用传统可追溯至汉代。

13 房屋的朝向设计合理，从而令上述设置显得分外有效：建筑正面朝向南方，所以在炎热的季节可
以避开阳光，而在干燥寒冷的冬季斜射的阳光却可以畅通无阻地照射到房屋深处。

过各层枋架、斗栱的精巧布置，使得屋顶可以向外大幅度地延伸，从而能够更好地遮护建筑正面。不仅如此，屋顶上所铺的是宽大厚实的凹面瓦片，并且采取了鳞状叠盖的方式，再加上用来遮蔽拐角缝接部位的屋脊构件，所有的这些设计都保障了完善的封闭性。此外，釉质材料的上乘品质也赋予了屋顶的牢固耐用性。

· · ·

上文我们针对与汉朝建筑相关的考古资料进行了较为深入的客观分析。倘若大名鼎鼎的迪厄拉富瓦（Marcel Dieulafoy，1844–1920年）不认为汉代建筑艺术的灵感之源直接来自波斯和印度的话[14]，我们将会很乐意就此打住对此主题的探讨。

迪厄拉富瓦的研究基础只有单独的一座建筑遗迹以及唯一的一份文献资料，它们分别是位于雅州的一座石阙以及德弗勒雷乐（M.de Fleurelle）从中国带回去的一套关于该石阙的绘图和文献。这位学识渊博的东方学者先是对石阙的架构和屋顶进行了一番描述后，做出了如下结论：

> 各墓阙的横向式屋顶与中国的气候条件并不匹配……阿契美尼德王国宫殿的大露台由厚实的捣密黏土层夯筑建于阔大的地基之上，上方覆盖着巨大瓦片组成屋顶。这样的大片盖瓦与我在萨珊的宝座殿废墟找到的瓦片一模一样，而且也类似于希腊式建筑的瓦片。上述布局形式在气候相对比较干燥的苏西亚纳（Susiane）和迦勒底地区也是可以被接受的，但是与中国人所遵循的传统相悖。在中国必须要保障排水功能的畅通，而且，人们已对屋顶雨水的排出进行了细致研究并具备了完善的解决方案。所以，屋顶上翘的曲线设计就有利于雨水流淌，并且可以在不妨碍窗口采光的前提下对建筑正面起到保护作用。

14　Marcel Dieulafoy, Les piliers funéraires et les lions de Ya-tcheou fou.

迪厄拉富瓦之所以将石阙视为从国外传入中国的建筑形式，是因为石阙所具有的平坦式屋顶结构与他认为的"中国人所遵循的传统相悖"。然而，他所依赖的这一"事实依据"只不过是视觉错觉而已。因为，在德弗勒雷乐所带回的绘图上，屋顶部分之所以看起来是平坦的，那是因为观察的角度相对比较低。其实，所有的石阙屋顶都具有非常明显的倾斜度，如果个别情况下倾斜度显得较弱的话，那很明显将只有一个原因可循，即为了方便石材的处理以及保障建筑的结实度。因为当身兼模型制造者、绘图者或者祠堂建造者的匠人可以自由把握其设计时，他总会在不改变外观的前提下赋予屋顶一个很大的倾斜度。迪厄拉富瓦指出中国本土式屋顶与石阙上所展现的屋顶形式不同，而事实却恰恰相反，它们是完全对应的。所以，我们认为迪厄拉富瓦的分析过程是十分合理的，只是因为对石阙真实情况的了解不清导致其得出了截然相反的结论。

此外，迪厄拉富瓦还基于某些架构细节所反映出来的复杂技术而判断出存在印度风格的影响 **⑮**。要令这一假设论题成立的话，就必须找到一些关于公元前印度地区的木头建筑的资料，并且证明在公元初年印度和四川地区之间可能存在过直接的交流活动。

根据现有的文献记载，秦汉以来，建设者们已经习惯于使用两种大量存在于中国中部和西部地区的材料类型——木头和黏土 **⑯**。无论是在房屋结构还是屋顶设计层面，汉代建筑都已经寻求到了一个与水土环境完全相符的完美模式，而且，这一模式已经如此的至善至美以至于从此不必再作更改了。不仅如此，汉代建筑还具有了一切必要的技术条件和工艺水平。时至今日，这些高超的技术工艺在时代变迁中只是"有减无增"，甚至其中已有部分失传。

和所有的定居人类一样，中国人最初也是从穴居生活开始，并继而在黄河流域沿岸以黄土为材料打造其居所，但是，一旦文明发展达到了一定的程度，令追求更为宽敞舒适的建筑成为可能，他们便开始用木头作为建筑材料，并且发明了覆盖屋顶的瓦片。不同于其南方邻居高棉人用了好几个世纪的时间来学会打凿石制建筑，中国人则巧妙地避开了这一"美丽的错误"，他们一方面掌握了石料的处理工艺，

15　迪厄拉富瓦为自己作出的结论提供了一个依据，那就是汉代的中国屋架工匠使用的连接装配方法都是属于直角形式的。我们可以看到，他这一过于绝对的说法是有失偏颇的。

16　我们知道中国的中部和西部地区曾经到处都覆盖着森林植被。在公元初年，大肆伐木所产生的影响已经开始显现。从那个时候开始，人们就不得不从南部省份、暹罗和印度支那运入木料，用于建筑架构和棺材的制作。

另一方面又没有止步不前、甘于长期扮演屋架工匠的角色，而是尝试着用木头来取代石头建设宫殿房舍。只是在小巧的建筑物或者死人的居所中才继续沿用石料，因为木头对于这些建筑而言不够牢固持久。虽然其后随着佛教的传入，中国人学会了建造砖砌塔楼和窣堵坡，但是这些建筑总是顽固地坚持了其原有的形态而存在，并没有在中国本土产生因地制宜的变化，也没有对本土的建筑类型产生任何影响。

雕刻艺术

在本文第十四章中，我们仅从题材内容的角度对汉代画像艺术进行了初步研究，本章拟从技术及艺术价值这两个至关重要的角度来对其进行重新审视。

汉代的装饰艺人们是按照平面线刻、浅浮雕及圆雕这三种方法来处理石料的，它们之间的差异很大，而且构成了相对独立的三大领域，各自具有自己专属的艺匠。

平面线刻

这是汉代画像遗存中最常见的艺术形式，它具有几类不同的变体形式。第一种方式是雕刻艺人在细磨过的石质表面上以单线描方式刻绘出画像；第二种方式是以轻微下凹的形式将画像雕刻于经过粗凿处理的石面上；第三种方式是在图像轮廓线范围内对形象进行削边处理；第四种方式则是使用雕刻工具对图像周围进行减底加工，从而形成凸出于四周底子几毫米高的剪影状画像。对于第一种及第四种情况，画像会呈现出类似于木版画的模样，从上面获取的拓片可以原原本本地反映出画面内容。我们可以假定这些"石质印版"确实是用于印刷目的的，众所周知，西汉晚期已经存在纸张和墨水了，所以这种假设并不构成年代上的冲突。我们知道，中国人在唐代之前很久就已经开始

270

运用拓片的方法传播图像和文字，这种技术为人们提供了可以移动、具有装饰价值的艺术类型，文人们将之悬挂在书房，并以此为依据展开创作。

可以将镌刻石碑的技法视为石雕艺术的起源。汉字作为象形文字，亦是结构化的图像，所以，制作碑铭和线刻画像石浮雕应该不存在任何技术上的差异，而且碑铭和平雕作品通常是并置出现在画像石中的。

我们知道，文字雕刻工匠并非是文字的书写者。就像今天的印章雕刻艺人一样，他们按照书法家写就的字迹进行雕刻。通常有两种做法，第一是将这些字迹描画在一张薄纸上，再粘贴于石面上依样雕刻；另一种做法则是直接用毛笔等工具将文字摹写于石面上，然后再使用工具进行雕刻。汉代石雕工匠在制作石刻画像时也遵循同样的方法，先将画像内容描画在纸张上，再由艺人将其"誊写"于石头表面上，在此过程中雕刻工匠会严格按照图样而不介入个人理解或诠释进行工作。通过研究按照这种方法产生的众多作品，尤其是沙畹先生所收录的精美汉画图片，我们可以确定雕刻艺人手中的刻刀并没有被赋予任何的自由度，他们并不拥有属于自己的创作空间。武梁祠石刻应属最完美无瑕的雕刻艺术品，它们所呈现的优美形态堪称举世无双。雕刻艺人用流畅的线条来描绘脸部细节；用两条平行的晕线来表现衣袖的边缘；用成排的短线段来体现鱼鳞的纹理；用等距离分布的条纹来呈现鱼鳍上的膜层。在这些处理方法中，我们甚至可以感受到画笔留下的痕迹，更准确地说应该是毛笔的潇洒走势。

所以，石雕技法只不过是一种"运载工具"而已，汉代艺匠们的画作通过它得以传递到了今时今日。

留存至今的汉代画像石上，只有线条和块面构成的画像，但是它们在制成之初是被装饰有色彩的。文献记载，不但是汉代宫殿建筑的内墙上装饰有涂有鲜艳色彩的壁画，墓葬所使用的棺材也会作以彩色。在朝鲜所发掘的石室墓里，也有彩色绘制的壁画。中国古代，甚至会在青铜器上进行彩绘。而且在一个偶然的机会下，考察队还得到了一个涂绘有彩色图案的陶制古器皿盖。毫无疑问，在汉代各类画像和器物上以多种色彩进行装饰是一种常见的方法。如果查看一块经过仔细

271

清洁的山东画像石，我们会发现由于缺乏足够的凸起高度，其画像缺乏立体感，只有通过拓片才能获得清晰明确的图像。设想在当年祠堂半明半暗的光线条件下，或者在墓室内昏暗烛光下，画像石上的图案应该是模糊难辨的。可以想见，费尽气力只为了获得此等视觉效果肯定不是建造者的初衷。另外，我们在查看最具典型的画像石作品样本时，还注意到了其凹陷的底子只是经过了非常马虎的粗凿处理，而图案表面却是经过仔细抛光的。由此我们认为，如同为了让土瓷器皿焕发光彩所绘制红铜色或者黄赭色一样，在画像石粗凿加工的底子里涂绘上色彩层，这样一来，覆盖了涂色层的石板粗凿面就与画像面高度平齐了。而且，很多图像细节在涂绘了色彩的半圆凿痕烘托下，呈现出类似于精美的明代镶嵌画的效果：在暖黑色的漆层背景的映衬下，由纹理型石头、珍珠粒或琉璃块制作而成的图案显得更加突出。

无论这一具有争议性的假设价值如何，汉代艺术和汉代图像能通过对画像石雕刻艺术的研究得以被人了解是毋庸置疑的。汉代画像石已经具备中国绘画的重要特点：艺术表达的重心在精神层面而非简单的造型内容。而且，它已经能够在两个极端——仪式所需和生动创造力——之间实现自由的发挥。

在表现历史类或传奇类题材的画像中，一切都是有意而为、经过斟酌且必不可少的。艺术家会通过一个简洁的图示来诠释一篇文字，这种图示有时候由于太过简单而颇显幼稚，而有时候则兼备了完美的构图和简洁有力的动作设计，故而呈现出很强的表现力。

为了使画像能更好地具备赋予它的功能，人们往往把它划分为几个装饰画像，每个框内又细分为几个画面，就像是一张书写过的纸页被文字分成了行和列一样。

有时候，在想象力最为匮乏的情况下，用来诠释文字的配图仅由一列人物形象构成，而且还难以看清是否每个人物都配有一个标有其姓名的题记框 **⓱**。而且，有些画像中还存在一种可替代题记的变体形式，即象征性符号，这是一种类同于古希腊和西方中世纪时期都曾使用的图形象征系统。如以"矩尺"和"圆规"指代伏羲和女娲 **⓲**；一个华盖下的小人儿代表的是汉成帝；以一只鸟儿为头饰表示的是孔子的弟

17 例如孔子的弟子们。
Édouard Chavannes, Mission archéologique dans la Chine septentrionale, vol. I, No. 105, No. 125, No. 169.

18 同上。*No. 75, No. 123, No. 134 及 No. 156。*

272

19 同上。No. 75, No. 77, No. 116,
    No. 128 及 No. 1271。

20 同上。No. 77, No. 116, No. 128
    及 No. 1271。

21 同上。No. 75 及 No. 104。这些
    故事和图像是对中国传统道德标
    准的说明，可以参见现收藏于北
    平古物陈列所（今故宫博物院）
    的赵孟頫小楷作品《道德经》的
    描述。

22 Édouard Chavannes, Mission
    archéologique dans la Chine
    septentrionale, pl. No. 122
    à droite.

子仲由，等等。汉画像中，更为复杂的构图情况会呈现成群的人物形象，尽管动作姿势仍然非常简单，但是人物彼此之间是具有关联的。几乎在所有情况下，场景设计都采取比较简化的处理方式，倘若没有题记框将之与一段文字故事对应起来的话，我们很难明白其画像内容所代表的含义。但是，当一个生活在同时代的人在观看堪称中国版"圣徒传"的《孝子传》时，一定能够马上认出哪里是"丁兰刻木事亲"[19]；哪里是"邢渠哺父"[20]以及"老莱子斑衣娱亲"[21]等故事情节来。

　　如果需要呈现更大规模的复杂场景，需要大量动态各异的人物形象组合画面，就要求绘图者在构图上作力将自己的想法和构思融入画面。而且，仍然是出于让图画服从于文字表意功能的目的，绘图者会不考虑任何透视效果的表现，仅仅为将整个页面满满地覆盖起来，他会紧贴页面将各个视觉元素一致并列排开。如山东武梁祠的一块画像石上，所展现的"泗水捞鼎"场景[22]就采取了这种稠密的视觉元素的分解式风格。名为泗水的著名河流被刻画于梯形的框格之中，这是周代覆灭时帝国的第九只宝鼎遗失其中的河道。我们可以在框格中看见小船和鱼儿的身影。代表河堤斜坡的各条斜线与一条横向的线条聚合在了一起，而且这条横线被系在斜线之上。横线上呈现出一些正在行走的人物形象，通过右边刻绘的石质台阶可以判断横线代表的应该是拉起宝鼎的纤绳，或者是绘图者想要表达的支在河堤上方的用来吊起沉重的青铜宝鼎的两根起重吊杆。该场景描绘的是一个惊涛骇浪的时刻：巨龙从浪涛中骤然乍现，施展法术阻止秦始皇捞鼎（按照中国的传说，如果他成功捞出并凑齐九鼎，就意味着其王朝成为天命所归），系鼎的绳索骤然断裂。纤夫们皆人仰马翻，纷乱地摔倒在地。各种大小细节无一遗漏：我们可以看见断裂了的系鼎绳索、飞龙的头部、在各条小船上观看捞鼎盛况的民众、皇帝及其众随从，以及退后而立的车马和护卫骑兵队。该场景体现出了一种简化了的古风，略显不自然之感，但是却不乏对现实的体察入微。画面中的大鼎正处于即将坠落的一刻，在右边的吊索断裂的瞬间，大鼎在左边吊索的牵扯下沿着与滑车垂直的方向开始翻倒。创作者将电光火石之间大鼎将倾未倾的画面极其传神地定格了下来。

273

以武梁祠画像石第二个装饰画像内的场景（《华北考古图录》图集中的第 123 幅）为代表，画像使用了与"泗水捞鼎"画像类似的刻画手法，但是在构图上则要高明许多。整体画面的视觉表现力极强，在很好地保持着庄严感的同时，给观者的感受甚至达到了恣肆汪洋的震撼地步。这一场景讲述的是荆轲刺秦王这个世人皆知的轶闻故事。暴君秦王嬴政身侧可谓警卫森严、密不透风，任何人都不得身带武器靠近他（发生了这一事件之后，为了能够发现被觐见者藏匿在身上的武器，宫殿各处入口都换成了由磁石材料打造的门以发现金属器具）。为了能够接近秦王，荆轲将一名秦国降将的首级装在一个盒子中敬献给他，并附上一张秦国敌国的防守布阵秘图。在这个卷成轴状的地图卷中就裹着一柄短剑以备刺向秦王。为了生动形象地刻画这一惊心动魄的画面，创作者选择了荆轲攻击落空后的瞬间：荆轲抓住了秦王嬴政的一只胳膊，试图将匕首刺向他。秦王惊慌失措，惊跳而起，竭力避开来势汹汹的匕首，慌乱中被扯断的衣袖飘落在其身后。一名侍卫被掀翻在地，另一名侍卫则在大声呼叫救兵，第三名侍卫一手持刀、一手持盾，正急忙地奔赶过来。荆轲预感到刺杀暴君的计划即将失败，将手中的匕首像标枪一样扔向秦王，以作最后一搏。此时，秦王已经躲到了大殿柱子后面，从而避开了刺客投来的利刃。此时的荆轲依然处于冲刺的姿势，为了让投出的利刃更快更准，他将整个身子都奋力前倾着，健壮身躯的全部重量都压在了前跨着的左腿上。整个画面的中心人物是刺客荆轲，展现出了气势如虹的英雄形象，双臂高抬，头发像彗星的尾巴似的向后飘飞，烘托出了刺杀暴君者迅雷不及掩耳的矫健身姿以及孤注一掷的毅然决然。

汉代画像石上所描绘的其他场景多属于传奇或想象性质，并没有上述画面那么严肃凝重，显得更为随意自然。但是，这些场景中所描绘的主体人物形象如墓葬主人及其家室成员，为强调其重要性，总是以正襟危坐式的姿态呈现。相对于主要人物拘泥于仪式化的姿势表现，配角们则显得活灵活现、无拘无束。我们可以在这些画面中看到如下表现：骑卫、兵士们扭转着身子扬起马鞭向他人打招呼；小狗欢快地蹦跳着；滑稽的顽猴混入到了仪仗队伍之中；活泼的鸟儿正欢腾地喧

274

哗、飞舞着；野猫和顽童正在屋顶上嬉戏打闹……

最后要提到的是如《华北考古图录》图集中第 110 幅、130 幅、132 幅、133 幅和 138 幅图中所复制的那类石雕画面。这些画面任凭旃旍的想象力自由驰骋，充满了道家祥云掩拥、仙山香雾迷蒙的氛围。这样的画面并不压抑别扭（其时佛教图像尚未将对死后生活的大肆渲染风格传入中国），而是呈现了轻快、梦幻和离奇的韵味。它们表现的是雷神出行时的随行队列：来自衡皋芝田间的拉纤者显得机灵而调皮；马车由多只鲸鲵拖曳着在波浪上滑行，由驾驶云中马车的车夫所驾驭；淘气的小精灵们长着精美的双翼，身后拖着逗号状的云朵。正是"六龙俨其齐首，载云车之容裔。鲸鲵踊而夹毂，水禽翔而为卫"场景的生动写照。

由于在四川境内未曾对墓葬进行过正式发掘，所以目前并没有像山东省那样数量众多的画像石图像提供给研究者参考。能体现四川地区汉代艺术特征的画面是在某些石阙的阙身、楼部的装饰画像内、介石层的侧面等部位的石刻内容，它们所表现出来的技术特点与工艺水平与中国东部地区的别无二致。此类图像在石阙中作为装饰性的图像存在，其画面并不能构成一种完整的主题性内容。它们所反映的有车马出行、步兵骑兵以及狩猎场面等等，有时候还以相对简单的叶旋涡饰或者叶饰类纹样对画面进行点缀。相比东部地区的画像，四川地区的少了一些照本宣科的成分，画面表现更为生动。尽管实例有限，但依然呈现出画像典型的区域性特征：马匹的身姿刻画更为轻快、具有更为突出的前冲感；步兵的动作更为迅疾、节奏感更强；狩猎侍从的迈腿前跨的姿势则显得幅度更大、体现了热火朝天的狂热气氛。这一画面在运动姿势的刻画上所达到的技艺高度将在浅浮雕作品中体现得更为淋漓尽致，从而将西部诸省的古代艺术推向了卓尔不凡的地位。

浅浮雕

浅浮雕与平面线刻存在截然不同的一点，那就是以三维的形式来

275

诠释空间概念。尽管因材料和工艺的限制，其凸起高度有限，但是一旦突破平面绘画的原则，通过对立体的塑造来寻求真实的多维感，便步入了雕塑艺术所特有的表现领域。

相较而言，河南地区石阙上的浅浮雕显得相对笨拙呆板，武梁祠石阙则体现了浮雕艺术更高的层次，而从山东地区几处墓室中获取的（根据劳费尔的推测，或者是从石棺中获得的）画像石则彰显了东方浅浮雕艺术的完美境界。沙畹在其专著 [23] 中对这几处画像石进行了细致的研究。若仅仅以拓片为依据，我们可能会将这些画像石与简单的石质线刻相混淆。但是在观察了画像石原物或者其照片之后，我们会惊叹于灵活机巧的塑造手法、精致无比的雕镂花纹以及恰到好处的光影处理。出自微山两城乡的画像石（No.1241）所达到的完美程度让人叹为观止。画面布局显得游刃有余，上方是四只动物和八个人物形象构成的连续装饰画像，下方是对称伸展的两棵大树，大树的枝条披拂向上各自以单结形式缠绕在一起，中间相邻部位通过一个双螺旋形固定在了一起。画面所形成的鱼纹网格图案象征着坚贞的友谊，反映了艺人自由洒脱且细致入微的创作风格。一些顽猴在树枝间的硕大果实上嬉戏打闹，由一马一羊构成的两个动物形象分别位于两根树干前相背而立，其逼真程度堪称无懈可击。至于制作层面的完善程度，与同时代的青铜器佳作不相上下。框架以及上方各装饰框条之间的半圆形线脚都刻有波浪形的细小纹饰，树干上以密布的细线所刻画的网状体系描绘出树皮的真实状态，甚至小到鸟儿的羽毛及四足动物的毛发，处处都体现了石雕技艺的细致入微和灵巧逼真。

四川地区的墓阙浅浮雕，在适应其石质表面的特性及外部形状时显现出了游刃有余的超凡能力，甚至在同一石阙表面，我们也能观察到石雕艺人表达方法的细微变化。如沈府君阙身铭文上方以浅浮雕形式雕凿的朱雀，其凸起高度与我们在上文所讨论的山东微山两城乡画像石类似，刻画生动而细致入微。朱雀浮雕显示出汉代艺术的稳重、克制且严谨的风格，可与古埃及那幅杰出的代表作相比较：高高栖息在长方形画框上方的那只猎鹰，雄踞在象征蛇王 "永恒居所" [24] 的长方形空间之上。除正面的朱雀形象外，沈府君两墓阙在其相对的内侧

23　*Édouard Chavannes, Mission archéologique dans la Chine septentrionale*, vol. No. 1238 bis, No. 1241, No. 1246, No. 1250, No. 1251, No. 1252 bis, 1253.

24　卢浮宫内的蛇王碑［提尼斯（*Thinis*）时代］。

276

表面，以高浮雕形式刻画了一对各自表现东、西方的象征符号：青龙白虎。相对于正面的浅浮雕技法，因具有相对丰满的浮雕表面，更高的雕塑面显得格外圆润丰满。正如法国南方习惯于呈现成对象征符号的传统一样，中国汉代艺术家也乐于按照阴阳对立的方式原则选择动物形象进行表现。此处，中国传统的青龙、白虎形象分别布置在神道两侧，二者相互呼应，拱卫着神道入口。无论是青龙还是白虎，二者的身躯都综合了虎兽身形优雅的弯曲状以及蛇身蜿蜒曲折且强健有力的特性。石阙表面愈往上走，其浮雕的凸起幅度更加增强。沈府君阙画像中那让人赞叹不已的弓箭手形象，这在那些穿插于斗栱梁柱之间的雕刻场景中显得尤为不同寻常，给予我们的视觉感受已全然脱离了石头表面。然而，在楼部拐角处，以接近圆雕的高浮雕手法来呈现类似于希腊式女像柱的内容形式。时光荏苒，这些力士柱经历太多风雨侵蚀，如今能够看见的只剩将胳膊用力支撑在腿上的沉重姿势以及蜷缩的脊梁。当然，值得一提的还有渠县境内另一座石阙上出现的"猎兽图"，本地的雕刻艺人横贯一个开阔的转折面所进行的创作，令雕刻艺术的所有技巧得到了极致的发挥。这一幅对该场景主题性描绘所创作的版本，可被称为流传至今的中国雕塑艺术作品最激动人心的佳作。

圆雕

霍去病墓地的人兽相搏石雕无论是创作年代还是艺术风格，都是如此的独树一帜，其沉稳的古风更是非同寻常，以至于我们无法将之归入其他的汉代作品序列中。同样，四川省渠县的石雕坐姿虎也是在一块独石中雕琢而成的，足间位置未经镂空处理；与之相反，雅州的走姿虎雕则以镂空的方式，以坚实而独立的柱状四肢为支撑塑造而成的。正是雅州的这一作品，让我们很好地领会了汉代雕塑艺术家的工艺特点和艺术成就。创作者将石料处理成方正形状时手法十分迅捷，在石面上能够清晰地观察到这一简洁打凿过程所留下的印迹。在石兽足部和腹部的平坦部位上，雕凿留下的快速移动的刮擦痕迹清晰可见，可以想象艺匠之手握着凿子熟练迅疾地纵横耕耘的情形。同样粗犷迅捷的处理手法也见于对翅膀和胡须的雕凿上，而只有在塑造脊梁的骨节以及从羽翼中伸展出来沿肋部下垂的健羽时，才表现出了石雕工艺的细腻情感。虎形石雕展现出了沉雄博大的写实风格，同时也因其简化的处理手法而略显粗暴。看到这样的一幅佳品，让我们叹息无法对汉代的雕刻作品了解更多，因为它们能够幸运存世的实属寥寥无几，而且基本上都是残缺不全的。基于目前的发掘现状和我们的了解，我们相信在未来的发掘工作中会有更多的重大发现来增加我们对中国艺术的认识。

. . .

就目前东亚艺术的整体情况而言，西方学者总是习惯于去辨识、讨论那些可以被归入印度风格影响的作品，或者是可以通过印度及其他媒介受到欧洲风格影响的作品。希腊式佛教艺术在公元 4 世纪末开始传入中国西北地区，继而散播到了中华大地的其他区域。在龙门石窟开凿的时代，希腊式佛教艺术的影响范围随着佛法的传播，一直扩散到了被法国人称为"蓝色之江"的长江流域一带；同时，海上途径传入的佛教和佛像艺术也渗入了中国南部沿海诸省。在艺术发展史上，从来没有任何影响过程能比这个更明显、更毋庸置疑。但是，通过对中国艺术的了解，我们认识到希腊艺术的移植之所以能在中国结出如此繁茂的花朵，其根本原因在于她是被嫁接到一棵已经成年的成熟植株之上的，这一植株本身就具有旺盛而健康的汁液。自古以来，中国总是能凭借自身强大的文化及浩渺的社会经验将异族征服者同化。因此，当佛教艺术浸入一个本来就充满创造力并拥有成熟艺匠门类的国度时，其影响至多也仅能停留在一定的表面程度。很快地，那些原本专属于犍陀罗艺术的内容就会在重复的过程中逐渐被摒弃，而本土艺

278

术的固有品质又会再次显现。我们始终认为，远东艺术尤其是前佛教艺术时期的艺术，均是根植于中国艺术固有的土壤的。无论释迦牟尼造像最早传入中国的确切年代是何时 ㉕，但是，佛教艺术对中国艺术的影响，是在汉帝国覆灭之后很久才开始持续产生作用的。因此，汉代是中华雕塑艺术稳健发展到繁盛顶峰的时代，其影响力覆盖大半个亚洲之广，持续时间多达二十个世纪之久。

汉代雕塑艺术以构造的牢固和平衡性为其特征。当我们参观云冈和龙门的佛教神殿时，双目因观看那些时而巨大、时而袖珍、毫无章法地并置摆放于龛窟之中的石窟雕塑而感到倦怠。继而当我们置身于如沈府君石阙这样的建筑面前时，目光落到了这些石阙的倩影之上，会欣然发现这一切都是独立的，且符合逻辑，并遵循了有关材料属性和人类视觉自然法则的伟大艺术成就。四川地区的这些雕塑作品，在形式和主题上形成了一个巨大的资源宝库，艺术家会根据具体的装饰需求谨慎地从中汲取灵感。石阙上所装饰的各类图像系统，如同覆盖其上的攀缘植物一样，只是其形式和主题的附属内容。汉代艺术，具有古典艺术庄严、肃穆的品质，它是周代青铜匠人所创造的令世人崇敬的艺术奇迹的延续。这一特点，从山东到中原，到西南边地的画像石及崖墓建筑上均得到完美体现。其影响延续至今，在北京这座历史古城的城市规划和建筑构造上，依然可以看到汉代艺术和观念的深刻

25　关于佛教教义传入中国的时间问题，沙畹曾刊文讨论，认为，蕴含有佛教寓意的关于"明帝感梦"的著名传奇故事是在 11 世纪末才被创作出来的。伯希和随后发表了评论文章，对此作了肯定，伯希和后来还专门撰文讨论明帝感梦的说法，指出这个故事的构思是在后世真实的佛像传播影响下形成的。马伯乐亦持同样观点。同时，上述作者均认为，仅凭将几尊雕像运入到宫廷之内的事迹，并不足以对中国雕刻艺术的前途命运产生即刻的影响。*Édouard Chavannes, Les Pays d'Occident d'après le Wei Lio; Paul Pelliot*（伯希和），*Chine*（中国），*Bulletin de l'École française d'Extrême-Orient*（法国远东学院学刊），*Tome 3, 1903. p.375; Henri Maspero*（马伯乐），*Le Songe et l'Ambassade de l'Empereur Ming*（汉明帝感梦遣使求法考证），*Bulletin de l'École française d'Extrême-Orient*（法国远东学院学刊），*Tome 10, 1910, pp.95-130; Paul Pelliot*（伯希和），*Meou-tseu ou les Doutes Levés*（牟子理惑论），*T'oung-Pao*（通报），*Vol. 19, No. 5, 1918, pp.255-433.*

影响，中国首都所有的一切都井然有序地按照事先绘制的图纸进行施工，每个构成部分都具有精确严格的尺寸限制，相互之间会根据内部需要彼此贯通、连接，所形成的整体形象就是中华帝国的缩影，也是中国人宇宙的缩影。

通过艺术创作而激发的火花溅落到汉帝国的广袤地区，便吸收到了不同的营养补给：在中国东部地区，这束火花虽已达到了炽热的程度，但只不过是照亮了显然受到方仙道家影响的几个小小篇章 **❷**；在中原地区，其艺术痕迹则点亮了各类陶制器皿的绘画浮雕作品；而在四川地区，火花幻化成作品中刻绘的那些飞奔驰骋的战队，生动夸张的人物形象，如昆虫般活跃蹦跳，用纤瘦之腿骑在奔腾彪悍的马匹身上的狩猎人物和场景，凡此种种，均无不体现了其影响痕迹。汉代的工匠们在创作时，极力捕捉一种姿态的突出特征、一个动作的典型姿势，以粗犷而传神的手法将其定格下来。他们对描绘对象的概括抽象能力是如此出类拔萃，让我们真实可靠地领会了事物的天然韵味。对动物形象的刻画，也得益于艺术家对动物骨骼架构和肌肉组织的了解，尤其是对猫科动物厚实而紧绷的皮肤线条的精辟掌握，他们能仅凭高度简化的寥寥几笔，便达到非同寻常的艺术表达力。

这一艺术是如此之阳刚，以至于不能表达人类情感全部的内容。它不懂温柔，不懂怜悯弱小，也不懂信仰——至少是不懂得神圣之类的概念。但是，它懂得尊重高低尊卑，懂得对父母、死者和君王的孝敬和忠诚，通过这种艺术形式，让世人感受到一种对形式和力量世界的崇敬和合理信奉。

这一艺术又是如此地协调一致，与这个通过巨大努力创造出长达二十余世纪，让异族羡慕甚至害怕，而其内部却又充满繁荣活跃历史的民族是如此的相配。这样的艺术难道真是源于国外？是从波斯、印度、斯基泰和迈锡尼经由小亚细亚和西伯利亚传入的？我们觉得，在对当地的历史情况不甚了解时，做出这样断言还为时过早。迄今为止，青铜器是中国过去时代造型艺术的唯一见证。而这些青铜器可上溯的年代要远比特洛伊时代古老得多，却已经展现出了老成精炼的技艺和艺术特征，也显示出了影响汉代艺术的某些基本特质。

26 按照我们的看法，完全不能像看待佛教那样将道教视为一种在华施加外来影响的手段。道教信奉二元对立式的宇宙观，生根于中国哲学思想的最初本源。尽管古典主义的严格作风也同样属于纯粹的中国产物，但道教似乎扮演着其本土对立物的角色，因为它体现出来的是一种天马行空的想象力。

280

汉代建筑和艺术，自基督元年甚至更早起就保持不变而且延续至今。我们坚信它应是诞生于通过人类神秘变化发展所创造出的东亚文明这一熔炉内，而不是外来影响的某种突变结果。虽然，中国人确实是引进了一种外来宗教，但是他们依然顽强地保留了自己原有的信仰。而相比于在传教人员滔滔不绝地宣教下所接受的关于几层天几层地狱或者神灵转世的教理，一个民族构思其生前死后住宅的方式则要显得更有意义、更为本质。

对汉代雕塑艺术而言，值得我们从其本质和源头入手进行考察、研究，唯其如此，我们才会发现它是在最遥远的东方文明之光照耀下，由人类灵巧之手打造出来的绝无仅有的严密整合体。

汉代墓葬艺术　　　L'ART FUNÉRAIRE A L' ÉPOQUE DES HAN

Appendix A

冯氏家族的碑刻

1　我们会在下文中对这句话作出相关的解释。

2　译者按：[宋] 洪适：《隶释》卷十三，《隶释·隶续》，第145-146 页。

3　高句骊是属于汉帝国东部蛮夷部落的一部分。在汉朝时期其势力范围包括沧海郡，位于古代齐国的边界。"夏六月，高句骊与秽貊寇玄菟。"译者按：[宋] 范晔：《后汉书》卷五《孝安帝纪第五》，第228 页。

虽然冯焕墓地现存石阙上仅保留着一通简短的题铭，但是有关冯焕及其长子冯绲的生平事迹，仍保留着整套文献记载。《后汉书》将收录这些铭文的各种解读附在了关于冯绲的篇章后面，从而可以让后人了解到身为官宦的父子二人的生平事迹，以及其中某些细节情况。

墓阙铭文属于颇受中国金石学家所看重的文物类型。《金石苑》中刊布了冯焕碑拓片的模写本，我们可以从中欣赏到该碑刻的书法风范。《隶释》在抄录了铭文内容之后，还附加上了从《后汉书》中摘录的下述信息，表明冯焕仕宦经历主要在汉安帝（106-125 年）时期，曾任幽州刺史，于建光元年（121 年）离世。洪适还补充了冯焕在 119 年收到诏令升任为豫州刺史的信息，这一点在《后汉书》中并没有提到。

在《隶释》所提及的其他碑刻遗存中，有一座"冯焕碑"，这座碑在宋代洪适对其进行誊抄时已经被折断了，但是上面的铭文还残存着 39 个汉字。根据这一铭文的开头部分来判断，很明显属于冯焕本人的墓碑："君讳焕字平侯……廉除郎中尚书侍……迁豫州刺史郜别……以北鲜卑畔逆……史策书嘉叹赐钱 ❶……守以永宁二年（121 年）四……" ❷

洪适对此段文字进行了评述：119 年，鲜卑人在北方发动叛乱，冯焕被任命为幽州刺史率兵征讨。《冯绲传》称冯焕冤死于狱中后，皇帝赐钱十万由其子将其安葬（安抚其亲属）。在《后汉书》中记载：建光元年（121 年）春正月，高句骊、秽貊叛乱，侵犯玄菟 ❸。朝廷派幽州刺史冯焕率二郡太守讨伐，终不克。

283

《冯绲传》也讲到，幽州刺史冯焕平素嫉恶如仇，得罪了不少人，而玄菟太守姚光素来持强而与周边人不和，因此，二人均遭到奸恶之徒合谋陷害。奸贼伪造皇帝"玺书"下罪诏惩戒二人。同时，也给辽东属国都尉庞奋下了一道伪诏，令他去执行此事。庞奋信以为真，率部抓捕二人。姚光不肯就范，激怒了庞奋，被斩首。冯焕则被关入狱中，身陷囹圄的冯焕试图自杀以明志，其子冯绲认为诏书有诈，劝他上书自讼。冯焕听从儿子建议上书朝廷申诉冤屈，从而让事情真相大白。但是，冯焕并未等到平反昭雪即在狱中病逝❹。

铭文最后部分标出的日期"永宁二年（121年）四月"是冯焕的死亡时间。

评述部分针对标明日期的两种方式作了解释：汉安帝的"年号"在七月时进行了更改，因此永宁二年就成了建光元年。由于冯焕是在四月的时候去世的，所以其墓碑上使用的依然是旧年号。

在墓碑背面刻有十几位官宦将士的名字，并标注了就职地点。洪适指出，这些地点都位于先前豫州的管辖范围内❺，尽管《后汉书》中并无相关说明，但仅凭这一点足以印证冯焕确实担任过豫州刺史一职❻。

《隶释》复制了一篇名为《赐豫州刺史冯焕诏》的铭文在宋朝时期的残存部分❼。

4　　"冯绲，字鸿卿，巴郡宕渠人也，少学《春秋》、《司马兵法》。父焕，安帝时为幽州刺史，疾忌奸恶，数致其罪。时玄菟太守姚光亦失人和。建光元年，怨者乃诈作玺书谴责焕、光，赐以欧刀。又下辽东都尉庞奋使速行刑，奋即斩光收焕。焕欲自杀，绲疑诏文有异，止焕曰：'大人在州，志欲去恶，实无它故，必是凶人妄诈，规肆奸毒。愿以事自上，甘罪无晚。'焕从其言，上书自讼，果诈者所为，征奋抵罪。会焕病死狱中，帝愍之，赐焕、光钱各十万，以子为郎中。绲由是知名。"译者按：［宋］范晔：《后汉书》卷三十八《张法滕冯度杨列传第二十八》，第1280页。

5　　然而在这一问题上还存在某些不清楚的地方，因为在121年的时候依然是按照"幽州刺史"的头衔来称呼冯焕的。他似乎从119年就开始同时兼任着两地官职，但是事实即使真是这种情况也不足为奇。

6　　这些地点中就包括汝南，如今它依然保留着原先的名字（河南省汝南县）。这与豫州所处的地理位置相符。豫州距离朝鲜以及与鲜卑人作战的地域更近，可以从这一点出发解释冯焕在119年之后保留了豫州刺史一职的可能性。

7　　译者按：［宋］洪适：《隶释》卷十五，《隶释·隶续》，第157-158页。

賜豫州刺史馮煥詔

　　当金石学家对其进行抄录复制的时候，刻有上述铭文的石块应该已被折断，因为《隶释》抄录的对应文字是由 17 个竖行构成的，在第 7 字和第 8 字的地方中断了，此外还标明了日期，是元初六年（119 年）十二月。《隶释》在评述中解释道，这一铭文符合汉朝时期通行的官方文件的书写模式❽。该文本余留的部分太过残缺，以至于无法对其进行阐释。开篇部分如下：

　　　　告豫州刺史冯焕……

　　　　今……常为效用边将统御 ❾……

　　　　内以维恩抚喻杜……

　　　　去年，鲜卑连犯郫塞 ❿。

　　　　过掩卒捣毁无距捍……

　　　　率摄太守以下进退 ❶❶……

8　　根据洪适的说明，皇帝的诏书有四类形式：第一种为"册"，是以竹简串连起来制成的，发放对象为诸侯王及"三公"（太尉、司徒、司空）。第二种形式为"制书"，所形成的文字叫"制诏"，此类公函上要盖三公用皇帝行玺，并需要由"尚书令"进行联署，它用于省级的公告文件；第三种形式为"诏书"，对应的文字为"告"（冯焕的任命书就属于这一类型）。最后一种形式为"诫敕"。译者按：经检核未见洪适著述有上述内容，而蔡邕《独断》有此说，未知其致误之由。"汉天子正号曰皇帝，自称曰朕，……其命令一曰策书二曰制书三曰诏书四曰戒书。"参见 [汉] 蔡邕：《独断》卷上，《景印文渊阁四库全书》第八五〇册，第 850 页。

9　　应该是由于文本的残缺才导致了内容表述的突兀感。

10　根据《后汉书·鲜卑》的记载："（元初）五年（118 年）秋，代郡鲜卑万余骑遂穿塞入寇，分攻城邑，烧宫寺，杀长吏而去。乃发缘边甲卒、黎阳营兵，屯上谷以备之。冬，鲜卑入上谷，攻居庸关，复发缘边诸郡、黎阳营兵、积射士步骑二万人，屯列冲要。六年秋，鲜卑入马城塞，杀长吏，度辽将军邓遵发积射士三千人，及中郎将马续率南单于，与辽西、右北平兵马会，出塞追击鲜卑，大破之。"译者按：[宋] 范晔：《后汉书》卷九十《乌桓鲜卑列传第八十》，第 2987 页。

11　很明显，这句话的意思是皇帝将太守及以下官员擢升和降级的权限赋予了冯焕。我们注意到该旨意是根据现代官吏文本通行的标准模式进行编纂的：先是陈述背景形势，并描述需要达到的目标，然后是确切说明具体的行动方式。

根据《四川通志》记载，上述铭文内容曾被刻于当地一面崖壁之上 **⑫**。但是《四川通志》记载的对应标题（"汉车骑将军碑"）似乎表明该题铭为冯绲（他拥有"车骑将军"的头衔）遣人所为。冯绲为纪念其父亲，派遣工匠在家乡的一面山岩壁面上镌刻上皇帝赐冯焕豫州刺史职务，并命他抗击鲜卑时所颁发的诏书内容 **⑬**。

冯绲，字皇卿，冯焕长子，卒于 167 年。金石学家曾指出有两块碑石是属于冯绲的。根据《舆地碑目》记载，其中一块当时位于古賨城以西约 80 华里（约 40 公里）的地方，似乎是两块碑中最先丢失的。其制作时间即为 167 年。另一块碑上的铭文被《隶释》完整地抄录了下来，其标题以篆体写成，具体内容如下 **⑭**：

漢故車騎將軍馮公之碑

即"已经去世的汉代车骑将军冯公的碑石"。

所署日期为永康元年（167 年）十二月。

上述两块碑石以及其他墓葬建筑似乎都已消失不见。

尽管如此，冯绲的神灵依然得到了家乡父老上千年的持续祭拜。在《水经注》编纂成书的那个年代（公元 6 世纪）开始，每年三月，人们都会为冯绲的魂灵献上祭祀之物，并迎接其魂灵"沿着河水深处"游回人间，来到那些聚集在一起祭祀他的官吏们面前 **⑮**。这一习俗几乎一直被原封不动地保持着，直到民国初建时期。冯绲庙如今依然存在。渠县城墙四周由绵延的丘陵环绕，冯绲庙便耸立在其中一座名为"青神山"的小山丘上。但事实上，冯绲的魂灵已并不能再独自享受

---

14 此外，《金石苑》（卷五）也以毫无删节的形式抄录了该铭文的内容，它依据的蓝本是 1104 年发现的文本，我们将在下文中讲到这一文本。

15 《水经注》卷二九《潜水》："县有车骑将军冯绲、桂阳太守李温冢。二子之灵，常以三月还乡，汉水暴长，郡县吏民，莫不于水上祭之，今所谓冯李也。"译者按：［北魏］郦道元撰，陈桥驿校证：《水经注校证》，第 688 页。

12 译者按：［清］常明：《四川通志》卷五十九，第 26 页。

13 还需要提到《隶续》（卷十三，三）中的一个铭文残段"君故豫州刺史……"，它很可能也是与冯焕有关的题刻。译者按：［宋］洪适：《隶续》卷十三，《隶释·隶续》，第 412 页。

286

16　四川省内常常可以看到这样的混淆做法，是对"三教一家"观念的妄用。我们甚至在保宁府一尊观音像的座基上看到了称呼孔子的死后头衔。

17　诏书颁发于1104年9月26日，内容如下："敕渠州汉车骑将军又加封惠应王告牒。"《金石苑》抄录了该铭文的内容。［清］刘喜海：《金石苑》卷三，第6382页。

其庙宇的祭奉了，虽然高高悬挂着的红底金字匾额上依然竖向书写着庙宇的正名："冯绲庙"，但是我们却在入口大门上方看见了另外三个大字："佛教会"❶。在主殿中的一个祭坛上摆放着冯绲的镀金木质雕像，僵硬地坐在两个小鬼模样雕像的中央。我们猜测这两个长着"哲学家面孔"的小鬼应该是来自佛教中的地狱之界，而冯绲应该不会料到死后会得到他们二人的贴身守护吧。雕像前面摆放的牌位上写着如下内容：

仁齊王馮公土主大帝神位

即"仁慈之王冯公、土主大帝的神位"。

在一座侧殿中，神台上方正中摆放着两尊人物雕像，其制作的丑陋程度与两侧的观音菩萨像和普贤菩萨像不相上下。其中的一个人物依然是冯绲，只是这次在旁边给他添加了其妻子的木雕像。

在庙宇院子内一处不起眼的地方，有一面矩形碑石，上面重刻了冯绲墓碑上的文字内容。重刻时间为1104年，也就是民间祭拜冯绲的行为引起官方重视的时候，这一点可以通过一份向冯绲宣赐"惠应王"❶封号的诏书得以佐证，而且，诏书的内容也被刻在了碑石上。

按照被毁坏的原碑石所复制的冯绲墓碑碑石是由砂岩块制作而成的，上方已经裂开了，底部也有了一定程度的损毁。字体为大写隶书，十分适合进行拓片（附图1）。下面便是该铭文的内容：

　　汉故车骑将军冯公之碑。
　　君讳（缺一字）❶，字皇卿❶。幽州君❷之元子也。少耽学问，习父业，治春秋严、韩诗、食氏，兼律大杜❷。弱冠❷诏除郎，还（缺

18　这里很明显少了一个"绲"字，即冯焕长子的名字。

19　根据《后汉书》卷三十八的记载，冯绲的字是"鸿卿"，而非"皇卿"。

20　即冯焕。

287

一字）仕郡曹，历诸曹史、督邮、主簿、五官掾功曹㉓，举孝廉㉔，除右郎中，蜀郡广都㉕长。

遭直荒乱以德绥抚，化沐（缺一字）行，到官四载，功称显著。郡察廉吏，州举尤异，迁犍为武阳令，诛疾强豪，以公去官。部广汉别驾、治中从事，辟司空府侍御史，御史中丞、奉使徐、扬二州㉖讨贼。范容、朱生、徐凤、马勉、张婴等（缺一字）迫州郡，进兵正法。复辟司徒府廷尉㉗、左监正治书侍御史、广汉属国都尉㉘、陇西㉙太守㉚（缺一字）坐问吏（缺一字）旬不分去官。以羌㉛骇动，为四府所表，复家拜陇西太守。上病。辟同产弟征议郎，复治书侍御史、尚书、辽东太守、廷尉、太常、车骑将军。南征五溪㉜蛮夷㉝黄加少、高相、法氏、赵伯、潘鸿等，斩首万级，溺以千数，降者十万人。收捕賨布卅万匹㉞，不费官财㉟，振旅还师。临当受封，以谣言奏河内太守、中常侍左悺弟，坐逊位㊱。拜将作大匠，河南尹，复拜廷尉。表荆州㊲刺史李隗、南阳太守成晋㊳、太原太守刘瓒㊴不宜以重论，坐正法，任左校㊵。后诏书特赏，拜骑校尉，复廷尉。奏中臣子弟不宜典牧州，获过左右，逊位。

永康元年（167年）十二月薨。一要金紫、十二银艾、七墨绶㊶。

将军体清守约，既来迁葬，遗令坟茔取藏形而已，不造祠堂，可谓履真者矣。恐后人能纪知官所吏历，故勒石表绩，以哭来世。

孝桓皇帝以命将军㊷讨此疆夷，有桓桓烈烈之姿，因谥为桓㊸。

21 汉朝时在传记体中惯于指出每个人物在年少时所研习的著作名称。例如下文中将提到的樊敏碑。此外也可以参见沙畹在《亚细亚学报》中发表的文章以及《华北考古图录》中的记载。这个句子的前面部分清楚地指出了冯绲根据某个严姓学派的解释学习了《春秋》（或者由孔子修订的《鲁国编年史》）。樊敏碑文在论及《春秋》时也提到了这一学派。《严氏春秋》或者《严氏论春秋》还出现在了《后汉书》中。但是《先汉书》的传记部分没有提及。*Édouard Chavannes, Quatre inscriptions du Yun-nan (Mission du commandant D'ollone). Journal Asiatique, Août 1909, p.12; Édouard Chavannes, Mission archéologique dans la Chine septentrionale, vol. I, p.104; 106.* 冯绲学习的第二部著作是韩婴所传授的《诗经》，师从食氏。食氏这个名字没有在别处碰到，可能是因为"食"这个姓氏已经基本上废弃不用了。沈钦韩在《后汉书疏证》中心照不宣地将之换成了"仓"字，但是这个仓氏学派也没有在其他任何地方提到。下面说到的"兼律"应该是指他也研习了法律。至于"大杜"，其具体含义不是很清楚。本注释由伯希和提供。译者按：[清]沈钦韩：《后汉书疏证》卷三，《续修四库全书》，上海：上海古籍出版社，2002年，第55页。

22 即达到成人年龄的时候，在中国是20岁（法国为19岁）。

23 这一段中所列举的职位大部分都很难辨识。

24 "举孝廉"在汉朝时是一个头衔，那时候的含义不是今天所说的"举人"。

25 位于成都的东南。

26 这两个州位于大运河所在地区，在扬子江和泰山之间。

27 掌管刑狱的高级官吏。

28   边疆地区的指挥官。

29   秦朝时期建立的郡级行政区划，相当于如今的兰州地区（甘肃）。

30   掌管郡一级行政区的地方行政官。

31   边境区域的蛮族。

32   五溪国位于现湖南和贵州边界的北部区域。哪怕在今天，这个地区依然是匪患频发之地。

33   边境区域的蛮族。

34   "賨布"是秦汉时期朝廷向湖南、四川一带蛮夷征收的作为人头税交纳的麻布。

35   从此处可以看出，在古时候"以战养战"的思想是得到推崇的。

36   太监左悺和他的弟弟。译者按：参见［宋］范晔：《后汉书》卷七十八《宦者列传第
      六十八》，第 2520 页。

37   如今的湖广。

38   成晋。《后汉书》中将第二个字写为"瑨"。译者按：参见［宋］范晔：《后汉书》卷三十九《刘
      赵淳于江刘周赵列传第二十九》，第 1310 页。

39   瓒。《后汉书》中的写法为"刘瓒"。译者按：同上注。

40   根据《后汉书》的记载，冯绲因为升迁遭到了一些同僚的嫉恨和参奏，于是被贬为"左校"。
      译者按：参见［宋］范晔：《后汉书》卷三十八《张法滕冯度杨列传第二十八》，第 1284 页。

41   参见《后汉书》中关于张奂的传记段落。译者按：［宋］范晔：《后汉书》卷六十五《皇甫
      张段列传第五十五》，第 2143 页。

42   "将军"指的是冯绲。《后汉书》中没有提到此处出现的谥号。

43   铭文的内容一定是不全的，还缺少诗文颂词部分及结尾部分，或许还缺少版本记录部分。故
      而可以推断，在对碑文进行重新誊写时，碑石可能已经折断了，而且完整的碑文内容并没有
      相应的拓片记录。此外，我们已经发现了两处专有名词方面的错误，还有可能存在其他的缺
      文或者误读。

汉代墓葬艺术　　　　**L'ART FUNÉRAIRE A L'ÉPOQUE DES HAN**

44　正如我们在下文会看到的，"济远"是宋徽宗于1104年赐予冯绲庙的名字。"济远"的含义为"施援远处"，如果这处不是指冯绲远赴边关征战的情形的话，那么应该是指的对一处古迹的保护。

45　"宕渠"是"渠县"的古时名称。

46　指冯绲的魂灵。

47　指渠县。

48　奉议州，如今为奉议县，属广西省田南道辖地。译者按：原文有误，碑文中奉议郎应为流江知县蒲希尹的虚衔。"奉议郎，七寺丞，秘书郎，太常博士，著作佐郎，国子、少府、将作、军器、都水监承，国子博士……太子诸率府副率，用之。"［元］脱脱等：《宋史》志第一百一十六职官三，第3843页。

继上述重誉的铭文之后，接下来是一段评述内容，是由主持古碑研究重刻的官吏宋人张禀所作。碑文内容如下：

济远❹

冯将军旧碑后序

冯公灵迹异效，渠人受其赐，为日久矣，独墓铭不知所在。

禀自崇宁改元（1102年）来守宕渠❹。下车之始，躬率僚佐敬谒神祠❹。凡有祷祈，无不立应。禀尝感其锡佑显著于渠民者多。

每与流江❹知县、奉议郎❹蒲希尹更访其事实，旌其功德。一日，郡进士李权、赵甫得其（指冯绲）碑于史君乡南阳村，字书点画虽漫灭残缺，然犹仿佛可辨。而李权来告禀曰："冯公墓铭，埋漫于圹土者几千余年，今方得之。岂非神之灵异待公而显乎？"禀甚嘉其言。

而李权当年预乡荐，赵甫登进士第，神之灵效兹为（缺二字）。

自得其铭之后，一郡之内，年谷屡丰，岁无荒歉，人少疾疫。神之降福已昭昭然。

夙夕于此，惧无以报神之所赐。一日，而渠之乡官民吏董察、宣义等，列状（缺二字）神之丰功美绩。曰："应民公，即东汉之名臣，生有功于国，殁有惠于民。固宜褒优，显加爵命。"

禀乃应其诚，而为之申请。蒙朝廷将加王爵❹，先赐庙额曰"济远"。兹可以见神之显效，岂小补哉。

禀窃恐其岁日深远，碑铭漫灭，不足以彰神之休功。遂与县宰蒲希尹，命工增葺其祠堂，勒旧铭于石，以为后人之荣观。

噫！聪明正直，依人而行者，神也。冯公之灵，信亦有所待矣。崇宁三年三月初五日，历下张禀谨序。进士张钧，乡贡进士杜常，进士丁权同摩字，进士任忠亮书丹；将仕郎、州学教授安忱篆额；从事郎、军事推官蒙汲监修，奉议郎、知流江县事、赐绯鱼袋蒲希尹立石，朝奉郎、知渠州军州监管内劝农事、飞骑尉、赐绯鱼袋借紫张禀。

49　正如我们在上文中所谈到的，本诏书是在1104年农历九月二十六日颁发的。在诏书中，皇帝提到了子民的请愿行为："在神灵的庇护下，风调雨顺、有求必应。人民深感其恩德，恐无以感恩，于是上奏皇帝。""惠应王"以及冯绲先前的"昭泽王"封号体现出了他死后得到如此隆恩实属罕见。

关于冯绲碑的注释[50]

除了上述文字以外，我们还可以通过洪适所著《隶续》对冯绲的墓碑甚至墓地有所了解。

根据《隶续》的记载以及《四川通志》的评论，冯绲墓地中可能具有如下内容：

1. 刻有碑铭（即上文所示铭文）的墓碑。
2. 成对设置的两块碑石[51]，上面刻有"六玉"。

这两块碑石被《隶续》所著录，并描摹线图表现。碑面为竖长型，碑顶被磨成了斜面形式。

我们在其中一块碑石背面上[52]的顶端三角楣空间内看到了一只三爪乌及一只九尾狐。下方的玉器图案分列两行，按照从左至右的顺序分别为"琥"、"琮"、"璋"、"圭"、"璜"以及"璧"。

在这六件玉礼器图案的下方，刻绘两只母骡形象，其中一只背上驮有一人。在最下面还有一个牛头图案，应该与渠县境内好几尊左阙正面上所出现的图案是一致的。

在此碑石的正面（附图2）顶端有一只朱雀画像，下方是龟蛇图，两者之间分布着一段铭文，其内容已完全残损无法释读。

附图2 冯绲碑
（根据《隶续》记载复制）

---

50 译者按：碑文为译者根据清嘉庆本《渠县志》卷四十六艺文志中"汉故车骑将军冯公之碑"和张禀"冯公碑记"等内容补充。

51 对称分布于神道的两侧。

52 《隶续》中显示这一碑石背面内容的绘图是复制而成的，没有标明对应的墓地。沙畹在《华北考古图录》卷一中亦对此碑进行了描述和研究。*Édouard Chavannes, Mission archéologique dans la Chine septentrionale, album, No. 196; vol. I, p.253.*

在石碑的正面和背面边缘上，分布一条较宽的装饰带，里面以叶旋涡饰图案表现。

与该碑对称的碑石 ㉝ 在中央部位也刻画着六件玉制礼器。但是，它们采取了不同的排列方式，其中四个是两两成对排列的，剩下的两个按直线形式排列在其下方。似乎是出于疏漏，具有尖状切口的玉片"璋"被一个环状玉片取代了，该玉片与半环形玉片"璜"的方向相反。朱雀雕刻在碑面上方三角形空间内，龟蛇图设置于其下方。碑石的边缘没有任何雕刻装饰。

倘若我们根据渠县石阙的图像设置规律进行推论的话，这一碑石应该是位于右边的，而前面所提及的碑石则应该位于其左边。

53 *Édouard Chavannes, Mission archéologique dans la Chine septentrionale, album, No. 195.* 译者按：［宋］洪适：《隶续》卷五，《隶释·隶续》，第 358 页。

293

沈府君神道碑亭记 ^❶

1 　译者按：碑刻文字特请倪志云
教授结合考察队所获拓片帮助
释读，谨此致谢。

创建汉谒者北屯司马左都侯新丰令交趾都尉沈府君神道碑亭记 ^❷：
余自既冠筮仕 ^❸，斤斤绳墨 ^❹，不暇为流连光景之作。金石文之
资考证者，亦颇好之。岁癸巳 ^❺，莅任兹土。以时翻阅邑乘，如所载
冯公石阙、沈君神道、桓侯戈书，皆将搜剔而出之。顾自道光初元后，
宦此者不三年留，政条多待振举，簿书填委，力弗能以他及。越二年，
遂以治里塘军糈去，差将竣，奉旨平乍了夷哄事讫，署合江者一年，
继以俸满调取引见。至甲辰 ^❻ 冬回任，规模前具，循行，渐以少事，
乃得进绅耆而访之。先是，署任章君普州，访得汉幽州刺史冯公焕神
道碑。张生嘉谷，授徒崖峰场左侧，姑以访事任之。越数月，以得碑
告余 ^❼，亟命驾往观。碑在县西北，距崖峰场十里许，去冯碑约二十里。

2 　很明显此处谈及两座石阙。我们知道，中国传统金石学家眼中只有铭文，所以，他们通常会用"碑"
　　字来指代"阙"。

3 　"筮仕"是古时候的一种习俗，当一名宦吏第一次赴任官职的时候，会通过菁草进行占卜以求吉凶、
　　问天意。

4 　"绳墨"是中国木匠所使用的度繁工具，比喻法度、规矩。

5 　根据后文所标出的碑文刻制时间，此处的"癸巳"应该指的是 1833 年。

6 　1844 年。

7 　从此句开始，后文所讲述内容涉及的是沈府君阙。

其一书云云，右方刻螭[8]衔环，上有狐首[9]。其一书云云，刻如前，在左方[10]。上盖胥完好。宋洪适《隶释》云："二碑盖一人，犹王稚子阙，尽书所历之官。"引证明而可信。碑阴若有字迹，不可辨矣。汉隶[11]二十八字，发笔处具如《隶释》及宋王象之《碑目》考所载。唐张怀瓘谓其"作戚投戟，腾气扬波，非晋魏以来所能仿佛也"[12]。

沈君名[13]无可稽，结衔称"谒者北屯司马"，并见晋司马彪《续汉书志》，载在范书，可据以断为后汉人。《碑目》谓碑在（大竹，《隶释》又）谓在梁山郡大竹县。考今大竹县为唐割县东地分置，既不隶梁山，碑又在县西北，无缘得隶大竹也。又考县为后汉昭烈帝于建安[14]末置，旋省。唐武德初[15]为渠州潾山郡，宋为邻山郡。"梁山"字殆缘"邻山"而误也。蜀石多疏理易泐，此独坚好。又以讹属梁山，故好事者无由多搨，竟如新镌者。余友洪洞[16]刘师陆观察，时守保郡，博雅好古人也，亟搨寄之，如得异宝。越二年，诸城刘燕庭[17]廉访秉蜀[18]臬，笃嗜金石[19]，复搨以寄，登所纂《金石苑》上选。既而琦靖庵节相及各宪寅好诸公，俱属搨搨，年来已数百纸矣[20]。碑立于汉，至唐宋而彰；又历元明，而大著于今。其沉埋荒草野田，既已多历年所。此后遂将与鸿都、阙里、郙阁诸名迹，辉映赏鉴家几席。显晦有时，夫岂偶然。余恐上雨旁风，石不久耐，爰筹款并冯碑阙构亭护之。后之君子，时加葺治，勿致粗工以毡锤损[21]，实余所厚望者。其桓侯戈书，讫不可寻，殆俟后贤表章也。亭既成，为记其颠末如右。

时

道光二十九年岁在己酉冬月吉旦

知渠县事灵石王椿源立石，门下士府学廪生[22]邑人阎检敬书

8　"螭"指的是一种龙的形象。

9　很可能是指的"屋架之兽"的兽面图案。

10　口中衔环的兽头是构成铭文下方盾形装饰图案的内容，在左阙上依然可见。我们在洪适的著作中曾读到，在右阙的对应位置曾经有一个"晦暗的军士"形象。

11　秦汉以后，隶书正式成为通用字体。

12　译者按：［宋］王象之：《舆地碑目》，《续修四库全书》，第569页。

13　阙主人姓名。

14　大约为219年。

15　大约为618年。

16　即今山西省平阳府。

17　刘燕庭为《金石苑》作者。继沙畹之后，我们再次指出其作品的重要学术价值。

18　指四川省。

19　指碑铭学。

20　这段内容体现了传统金石学家的兴趣重心所在。王椿源在其治地遍访古迹，目的在于对古迹上的铭文进行拓片，分发给省内爱好金石的文人欣赏、研究。

21　指按照中国传统方法进行拓片。

22　科举制度中秀才的一个等级。

296

汉代墓葬艺术　　　L'ART FUNÉRAIRE A L'ÉPOQUE DES HAN

Appendix C

高颐碑及樊敏碑

自古以来，高颐碑即在中国金石学界享有盛名。《隶释》和《金石苑》作者均誊写了其碑文内容。不仅如此，在《隶续》和《金石苑》中，还提供了该石碑的图画，描绘了两条盘旋着的"水蛇"（龙）。如今，石碑上的字体已经完全漫漶无法释读，只有通过历代金石学家们传承下来的古代抄本，才能获知相应的铭文内容。而且，残存的铭文内容依然残缺不全，因为，早在宋朝时期该石碑上已有一部分字迹残损而无法辨认。

以下为根据金石著录所整理的石碑残留部分文字内容 ❶：

益州太守高颐碑

君讳颐，字贯方。其先出自帝颛顼 ❷ 之苗胄裔平逢伯陵者。殷汤受命，陵有功，食采齐（缺）乐邑。世为正卿，氏采建姓。至高（缺一字）为桓公 ❸ 将南阳之师，而成鲁（缺）美于《春秋》。讫汉（缺），有

---

1 因为《隶释》这本书很容易查到，所以我们在这里没有将原文展现出来。《金石苑》所记载的碑文分为两个不同的部分，分别对应的是确定的文字和有所疑虑的字迹。或许，在 19 世纪时铭文中的一部分还是可以辨识的，但是《金石苑》的作者也很有可能是根据古代的拓本来辨清字迹的。

2 指黄帝次子昌意之子高阳。*Édouard Chavannes, Les Mémoires historiques de Se-ma-Ts'ien, I, p.37.*

3 春秋时期齐桓公，于公元前 667 年成为霸主。根据《史记》记载，齐桓公在公元前 649 年时命管仲前去平定周室戎乱。周襄王准备以上卿之礼赏赐管仲，管仲推辞说："臣，贱有司也，有天子之二守国、高在。若节春秋，来承王命，何以礼焉？"根据沙畹给出的一条注释，国子、高子是与齐桓公关系亲近的两大家族，在齐国朝廷中官居首位，被天子任命为上卿。可能碑铭中提到的"高"就是指的同一人物。*Édouard Chavannes, Les Mémoires historiques de Se-ma-Ts'ien, I, p.291.*

四城（缺八字）……关外，家（缺三字）❹。道至君❺立（缺五字），
亲仁乐善，游心无藉，无（缺三字）翔（缺十字）仕郡。辟州清塞之
（缺）不渝时（缺），举孝廉（缺九字）……州表蜀郡北部府丞武
（缺）令❻（缺）阿❼郑之（缺二字）赋晏（缺）之（缺）性试守广
汉属国都尉❽，犹宓子之在密❾，配李牧之镇代❿。试守益州⓫太守，
（缺五字）⓬之（缺）罚膺求由之政事，斑芳声于国徽，理高满之危溢，
当登绳职绥（缺）时广运，（缺）未济天降（缺）殃害（缺）贞良。

建安十四年（209年）八月，于官卒。臣吏播举而悲叫，梨庶踊
泣而忉怛。追恩念义，绥经坟侧。因作颂曰：

穆穆我君，帝颛之胄。匡辅齐桓，（缺）无其偶。苗裔流衍，（缺）
彼梁州。惟君立节，卓尔绝殊。学（缺）从政，（缺）无茹柔。宰城
子牧，惠泽沾优。剖符典郡，威德（缺二字）。示民敬让，阅断苞组。
宜享汉辅，（缺）德将舒。乾流（缺）戾，（缺）见陨徂。凡百凄怆，
痛乎何辜。

祚尔后嗣，子孙之模。

4　括号中的数字对应的是所缺的字数。《金石苑》中标明此处缺三字。

5　指阙主人高颐。

6　根据高颐阙上的铭文可知，高颐曾担任"武阳令"。

7　《隶释》记载为"阿"，而《金石苑》记载为"河"。

8　"都尉"是边疆地区主管军事的官职。广汉郡（从成都北部至如今的甘肃地区）这一名字有"汉朝国土扩张"的含义，表明国土正在扩大，逐步将西部边陲的蛮夷部落收归治下，这种情形需要将士官们派住前线做好统筹准备。

9　不知道此处引用的是哪一个典故。译者按：应为表示墓主人犹如孔子门徒宓子贱一样的才能卓著。

10　关于李牧（？－公元前229年）这一人物的生平事迹。参见 *Herbert Allen Giles, A Chinese Biographical Dictionary, p.1077.*

11　高颐被任命为太守的益州是郡而非州。犹如我们所知的北部湾有一个州（交州）以及该州内的一个郡均被称为交趾，参见本文第三章注释。

12　这部分文字太过残缺，无法尝试解释其含义。

《隶释》^⑬和《金石苑》^⑭中同样也给出了樊敏碑的碑文内容。读者可以在我们提供的拓片复制件（图8.3）上看到，碑文的大部分内容依然是可以辨识的。

以下为樊敏碑的碑文：

汉故领校巴郡太守樊府君碑

君讳敏，字升达。肇祖宓戏^⑮，遗苗后稷。为尧种树，舍潜于岐。天顾亶甫^⑯，乃萌昌、发^⑰。周室衰微，霸伯匡弼。晋为韩、魏^⑱，鲁分为扬^⑲。充曜封邑，厥土河东，楚汉之际^⑳，或居于楚，或集于梁。

13　译者按：［宋］洪适：《隶释》卷十一，第128页。

14　译者按：［清］刘喜海：《金石苑》卷一，第6250页。

15　宓戏，即伏羲氏。汉朝时习惯于在墓碑铭文的开始部分为墓主人列举出一份英雄族谱。在武班碑上，死者的直系尊亲属被追溯到了殷商时期的武丁。这里和前面讲到的高颐碑一样，将族谱追溯到了更为远古的时代——传统编年史中"三皇"之一伏羲生活的公元前3世纪。*Édouard Chavannes, Mission archéologique dans la Chine septentrionale, vol. I, p.96.*

16　周朝开国之君周武王的曾祖父。我们知道这个家族实际上是源于岐国（岐山位于陕西西安府的附近），并自称为后稷的后人。

17　"昌"即周文王姬昌，"发"即周武王姬发。分别为周朝的祖先和开国君主。

18　晋国于公元前453年（正式时间为公元前403年）分裂为了三个国家——韩、魏及赵。这个句子中省略了第三个应该是为了押韵的缘故。

19　鲁国在公元前255年被楚考烈王征服。鲁君被贬谪到莒国（现山东省沂州府），保持其爵位至公元前249年。

20　这个短句对应的年代应该是汉朝初建时期。

君[21]缵其绪，华南西疆。滨近圣禹，饮汝茹汸[22]。总角[23]好学，治《春秋严氏经》[24]，贯究道度，无文不睹。于是国君备礼招请，濯冕题纲，杰立忠謇。有夷、史之直，卓、密之风。乡党见归，察孝除郎，永昌长史，迁宕渠令。布化三载，遭离母忧。五五断仁[25]，大将军辟。

光和（178-183 年）之末，京师扰穰，雄狐[26]绥绥，冠履同囊[27]。投核长驱，毕志枕丘。国复[28]重察，辞病不就。再奉朝聘，七辟外台，常为治中、诸部从事，举直错枉，谭思旧制，弹簪纠贪，务锄民秽。患苦政俗，喜怒作律，案罪杀人，不顾倡獗。告子属孙，敢若此者，不入墓门。州里金然，号曰吏师。

季世不祥，米巫凶虐[29]。续蠢青羌[30]，奸狡并起。陷附者众，君执一心[31]。赖无污耻，复辟司徒，道隔不往。牧伯刘公，二世钦重，表授巴郡。

后汉中秋老后身，以助义都尉养疾闾里，又行褒义校尉。

君仕不为人[32]，禄不为己，桓桓大度，体蹈其首，当穷台绳，松侨协轨。

21　指樊敏。

22　汝河为汉水支流。《禹贡》中曾两次提到汝河。汸河为《山海经》中提到过的一条河流。

23　"总角"的意思是指当他还是少儿男的时候。自汉朝开始，有将少男头发梳成发髻的习俗，而且该习俗一直保持到了前不久的年代。

24　参见本文附录 A 中有关注释内容。

25　连续二十五个月，不担任公职，用以代称三年之丧。

26　指偷盗者或者淫邪的君臣。

27　局势到了混乱不堪的地步。汉灵帝统治时期困扰朝廷的动乱局势，主要原因是文官集团和宦官之间的争斗以及"黄巾党"的暴动。此处提到了樊敏帮助镇压暴动者的情节应该是与184 年的"黄巾之乱"有关。

28　在发生了董卓政变及诛杀宦官的事件之后，尽管新君登基，仍然没有解决纷乱的局势。作为生性正直的官吏，樊敏觉得应该远离这些纷争才是。

29　"季世"应该指的是道家。道家弟子是老子的信奉者，而老子的家族姓氏为"李"，有"李子"的意思，其渊源与关于李子树的传说故事有关。至于"米贼"一说，则是对张道陵所创道教的信奉者"五斗米道"的民间称呼。本注释由伯希和提供。 译者按：原碑文"季世"应为末代、末世之意。

30　"青羌"为活动于中国西部的蛮夷民族一支。

31　忠心于拱卫汉室。

32　并非为个人私利，而是为国家利益。

八十有四，岁在汁洽㉝，纪验斯臻，奄曶减形。凡百咸痛，士女㉞涕泠，臣子褒术刊勒铭。其辞曰："於戏与考，经德炳明。劳谦损益，耽古俭清。立朝正色，能无挠倾，咸恩御下，持满亿盈。所历见慕，遗歌景形。书载俊义㉟，股肱㊱干桢㊲。有物有则，模楷后生。宜参鼎铉㊳，稽建皇灵。王路阪险，鬼方㊴不庭。恒戢节足，轻宠贱荣。故（缺）大选，而捐陪臣。晏婴㊵邶殿㊶，留侯㊷距齐。非辞福也，乃辟祸分。"

乱曰：

浑元垂（缺）㊸，

岳渎（缺）分㊹。

金精大佐，

实生贤分。

（缺）欲救民，

德弥大分。

遭偶阳九，

百六会分㊺。

当（缺）遾年，

今遂逝分。

乌呼哀哉，

魂神（缺）分。

建安十年（205 年）三月上旬造。石工刘盛息慄书。

---

33 据顾赛芬所编词典，"岁"在此指"太岁"。"汁洽"（"汁"通"协"）一词，是地支"未"的别名。又据史书所记载东汉建安年号，断定樊敏逝世年代应为 203 年。参见 *Séraphin Couvreur, Dictionnaire français chinois*（法汉常谈），*1894, p.862; Édouard Chavannes, Les Mémoires historiques de Se-ma-Ts'ien, III, p.654.*

34 *Édouard Chavannes, Mission archéologique dans la Chine septentrionale, vol. I, p.203.*

35 "俊艾"，正确的写法应为"俊义"，"俊"是"材干人"的意思，"义"是"材百人"的意思。参见 *James Legge, The Chinese classics, II, p.72; Édouard Chavannes, Les Mémoires historiques de Se-ma-Ts'ien, I, p.153.*

36 "股肱"意为"辅弼大臣"，出自《书经》，可参见 *James Legge, The Chinese classics, II, p.90.*

37　"干桢"，应该是"榦桢"。理雅各《中国经典》所录《书经》中的写法为"桢干"，此处倒了过来是为了压韵的缘故。该词指筑墙所用的主柱，竖在两旁的叫"干"，竖在两端的叫"桢"。尽管《书经》中使用的是其原义，但通常使用的都是其引申义。《今文书经》的章节中自然出现了这三种引语，而编纂该碑铭的时候《古文书经》尚不存在。《后汉书·卢植传》中使用了与本铭文中所出现的不准确写法一样的"干桢"使用的是其引申义。翟理思《古今姓氏族谱》条目中将其翻译为了"支柱"，这一译法是不准确的。本注释由伯希和提供。译者按：[宋]范晔：《后汉书》卷六十四《吴延史卢赵列传第五十四》，第 2119 页。James Legge, The Chinese classics, II, p.625; Herbert Allen Giles, A Chinese Biographical Dictionary. No.1405.

38　"宜参鼎铉"，按照字面意思可翻译为"他适合用作鼎棍，用来将三足鼎拎起来"。"铉"字的意思并没有在从翟理思编写的词典中得到解释，而顾赛芬只是顺带提及了一下，并且将其拼音标作了"kiuang"，这其实只是一个替代词的拼音。"铉"字的本意应为木制的棍具，一般装饰有金属材质，用来从三足鼎的双耳中横贯穿过，从而可以将鼎提起来。然而，我们知道拥有皇家圣王鼎象征着得天下、建立新的朝代，故而"鼎铉"被比喻为三公等重臣。在俄国大祭司巴拉第（Palladius, 1817-1878 年）的词典中已经给出了"参铉"的含义，他给出了准确的、不拘泥于字面意思的翻译——"成为重臣"。本注释由伯希和提供。

39　"鬼方"是一个古词，指的是蛮夷国家，尤其是北方的蛮夷民族。

40　"晏婴"是齐国的名臣，生活在公元前 6 世纪下叶。《左传》记载了襄公二十九年"晏子辞邑"的故事，"邑"指的是邶殿的城邑，参见 James Legge, The Chinese classics, V, p.542.

41　"邶殿"为齐国的城池，故址在今山东省昌邑市西部。

42　"留侯"是一个头衔。汉高祖刘邦于公元前 201 年平定天下，论功行封时，按级颁爵，张良自择齐国三万户为食邑。张良谦请敕封最初与刘邦相遇的故地，刘邦同意，并封张良为留侯。
译者按："始臣起下邳，与上会留，此天以臣授陛下。陛下用臣计，臣愿封留足矣，不敢当万户。"参见[汉]司马迁：《史记》卷五十五《留侯世家第二十五》，第 2042 页。

43　"浑元"，天地混沌之时，即万物诞生的源头。

44　此处缺一字。

45　根据《字源》的解释，"阳九"及"百六"的说法相当于：
阳九 = 天厄，即天降不幸；
百六 = 地亏，即地之戾气。
天地所降不幸属于道家"厄会"众灾会合的一部分，包括 3300 个轮回，跨及 9900 年。参见戴遂良神父翻译《道藏》之《太上灵宝天地运度自然妙经》。这也只是诸多释义中的一种，这些释义从汉朝以来就存在不少相关的例证。另可参见沙畹刊于《亚细亚学报》的文章。Léon Wieger, Textes historiques. p.319; Édouard Chavannes, Quatre inscriptions du Yun-nan (Mission du commandant D'ollone). Journal Asiatique, Août 1909, p.31; 37.

304

Appendix D

考察团 1914 年的考察路线
及考古研究概要

2月1日	从北京（北平）出发，乘坐火车沿京汉铁路前行。
2月2日	到达河南府。考察佛教圣地龙门石窟（沙畹已经针对该址进行过研究并发表了作品）。
2月7日	到达渑池县。1914 年时，从山西向西延伸的铁路终点站正位于该县城。考察团在此组织了以马匹和骡子为运输工具的旅行队，从渑池县出发前往成都。
2月9日	到达陕州。于鼓楼上寻访到两尊铸铁雕像，刻画军士的形象。这样的雕塑形式源于秦朝，但是这两尊看起来应该是唐朝时期所造。考察、研究函谷关的历史变迁。
2月13日	参观西岳圣山上的庙宇——华阴庙。

307

2月16日	在渭南县南部寻访、考察据说是公元前 213 年秦始皇下令"焚书坑儒"时留下的灰烬遗迹。在新丰镇以南找到秦朝始皇帝嬴政的皇陵（公元前 210 年），是中国现存帝王陵墓中规模最大的。
2月18日	到达西安府。对汉帝国古都长安城旧址进行地形地貌考察、研究。长安旧址依然残存有几段城墙和一些似乎是宫殿夯土台基的小丘。考察团一一找到了西汉（公元前 202—公元 8 年）时期的皇家陵园并做了相关记录。参观了周代前面几代帝王（公元前 12 世纪）的墓地。寻访到秦代几处所建桥梁和建筑物旧址。参观了碑林博物馆，该博物馆属于西安府孔庙的一部分。参观了佛教寺庙大雁塔和小雁塔，里面保存着唐代的石碑。
3月3日	从西安府出发。考察了唐代武则天之母的墓地顺陵（707 年）❶。
3月4日	到达乾州。考察了唐高宗的陵墓（683 年）。在沙畹已经研究过的乾陵神道上，发现了一尊精美的大理石麒麟兽雕塑，是在一次大地震中露出地面的。

1　译者按：唐顺陵的初建与扩建、竖碑年代中均应与"707 年"联系不大。

308

从乾州到宝鸡县，兵分两路进行考察：

一队：谢阁兰

3月6日	在兴平县附近的霍去病墓地发现了公元前117年的"人兽相搏"雕塑。
3月7日	在鄠县参观了一处墓地，据说是周代先祖、周文王之父周王季的墓地。
3月8日	参观终南山说经台，传说老子西游时曾在此向弟子尹喜讲授《道德经》。临近著名道观"楼观台"，至今依然用一块唐代的石碑作为标示。根据《史记》记载，秦始皇陵中的几尊"神兽（Chimères）"曾被运往了终南县南部。到此寻访，无果而归。

二队：吉尔贝·德·瓦赞及让·拉尔蒂格

3月8日	在岐山县以北参观了周朝古城。
3月10日	在凤翔府参观了秦穆公陵墓及三良墓遗址，"三良"为"受邀"为秦穆公殉葬的三位秦国贤臣（公元前621年）❷。
3月13日	从宝鸡县出发。借道武关，越过了秦岭。
3月21日	到达了汉中府。参观了韩信拜将坛、张骞之墓及太尉李固之墓。在衙门处看到了属于汉代时期的两根柱子及一个石鼓。

2　译者按：左氏传曰：秦伯任好卒，以子车氏三子奄息、仲行、针虎为殉，皆秦之良也。参见：［梁］萧统选：《昭明文选》卷二十一《咏史》，第43页。

309

从汉中府到保宁府，兵分两路进行考察：

一队：谢阁兰及吉尔贝 · 德 · 瓦赞（金牛道、嘉陵江沿线）

对广元县的两大佛教圣地：千佛崖及皇泽寺进行了考察、研究。皇泽寺的历史可追溯到唐代时期。在昭化县进入了鲍三娘墓进行考察，墓室为拱顶结构，覆盖着饰有浮雕图案的画像砖（公元 3 世纪）。

二队：让 · 拉尔蒂格（大巴山脉及南江大峡谷）

在巴州参观了一处唐代时期的佛教圣地 —— 南龛山。参观为纪念三国时期严颜将军所建庙宇。在石柱村找到了一块竖立的石头，似乎是史前遗下的。

4月7日	到达保宁府。参观了张飞庙、铁塔寺（保存着 745 年铸成的铸铁经文柱）及当地衙门（保存着一个铸造于 704 年的铁钟）。在盘龙山上寻访到一些似乎是古代墓地的洞穴。
4月13日	沿嘉陵江南下，直至蓬州出发去渠县。
4月15日	到达渠县。参观冯绲庙，冯焕之子冯绲是公元 2 世纪汉朝将军。
4月16日至23日	考察了沈府君双阙、冯焕单阙（121 年）以及另外四座不具有题铭的石阙。这七座墓阙保存状态良好，为研究东汉时期的建筑和雕塑艺术提供了重要的史料依据。它们都集中分布在据说是古代城市賨城旧址所在区域周

310

围，在该地还发现了两座覆盖着砖块的尖形穹顶结构的墓室，一尊长有羽翼的坐姿虎形石雕以及属于其他雕像的若干碎块。

4月30日　参观位于潼川附近的道观云台山，四周存留着唐宋时期众多墓葬古迹。

5月2日　到达成都府。参观了蜀汉昭烈帝陵墓（222年）。寻找"文翁石室"未果。

5月14日　从成都出发向东北方向进发考察。在新都县考察王稚子墓遗存（105年）以及其墓地石阙的残存部分（即阙身的一个残块，上面刻有铭文的开头部分）。在唐家寺参观了诸葛亮庙中的"阵法图"（八阵图）。在黄许镇参观了镶嵌着汉上庸长阙残余部分的建筑物。

5月16日　在距离罗江县以北60里的地方参观泰山庙（东岳庙）。

5月18日　到达绵州。参观西山观。西山观中的一些巨大石块上密布着古老的佛教雕刻。考察队在此抄录了多个隋代时期的铭文，其中一篇源自610年，铭文一侧是一些风格奇异的佛龛，佛龛中设有三个人物雕像。此外，还有许多带有铭文的唐代佛龛。其中一个的边缘处雕刻着非常精美的施赠队列的图案。西山观中还保存着一个石碑残块，上面刻有篆体铭文。这一残块来自于寺庙附近的汉代恭侯将军（蒋琬）墓，但是该墓现在的陈设情况显得比较现代。在绵州以南的大佛寺附近，考察团找到了一组唐代时期的佛教群雕，而且在同一面悬崖上发现了一些设有多个墓穴的崖墓。

| 5月19日 | 在绵州和梓潼县之间的地方参观了陈塘关，里面有一处小房子整个是用石块搭建而成的。这一建筑虽然建造于19世纪初叶，但是似乎是建在一个非常古老的石室原址上面的。一篇源于唐代的铭文上记载了这一石室，但这一铭刻原件如今已经找不到了。 |

| 5月20日 | 在梓潼县找到了一组保存状态十分糟糕的石阙，包括李业阙（或碑）（公元30年）的一个残块、蜀汉时期的贾公双阙、杨公单阙以及西门单阙。此外，在李业阙的附近应该是范皮墓旧址的地方，考察团找到了许多砖石残块，证明了该处曾经存在过汉代的地下墓葬。 |

| 5月22日 | 在返回绵州的途中，发现了平杨府君双阙，与子阙一道完整地保存着。这处石阙上保存了大量的雕塑图像。不仅如此，在梁代的时候还被加刻上了一些佛教形象和铭文内容，其中一篇铭文上标注的日期为529年，这在四川境内的佛家雕刻中相对而言属于最为古老的铭文。 |

| 5月26日 | 返回成都府。 |

| 6月11日 | 从成都出发，乘船沿岷江下行。在黄龙溪附近看到了奥隆考察团曾描述过的大佛像。巨大的佛像已经残缺不全，现场只剩下了唐代时期的几处佛龛。在距离江口北面8华里（约4公里）的地方，找到了一面倾斜的砂岩崖面，上面开凿了为数众多的崖墓，展现出其卓越的工艺水准。这些崖墓里面凿有甬道，有时候甚至深达二十余米。在这些墓室中依然残存着许多的画像砖和陶器碎块，甚至还有陶土制作的完整棺材，是以一种完整整体的形式制作而成的。 |

312

6月13日	在江口附近考察了其他的一些墓群。在其中一处坟墓的入口处的门楣上，装饰着一个十分有名的图案——两只猫科动物分别卧在一个环状玉璧的两侧。在另外一座墓中，发现了两尊石棺，上面的装饰浅浮雕线刻画像重现了汉代的图案风格，与山东的图案类似。参观了彭翁山（彭祖山）上的大佛像。根据宋朝时期的一处记载，此地附近有张氏家族的墓地。考察团找寻了一番，却无功而返。
6月14日	在青神县的下游临江处，参观了中寺岩。此处有一面悬崖，上面雕刻着宋代时期的佛教造像以及几处唐朝时期的浅浮雕。
6月15日	到达嘉定府。参观了篦子街一处庙宇，里面供奉着一尊巨大的佛像，其保存状态已经破败不堪，很可能年代十分久远了。
6月16日	在嘉定府的下游地带靠近道士观的地方，参观了一处名为麻王洞的崖壁，上面有一些石刻。壁上设有一个阳台状的突出平台，高高悬挂在岷江上方，里面塑有一尊沉思状的观音像，体现了异常优美的犍陀罗风格。旁边有一处铭文是源自于北周时期的，仅存一个残块。
6月17日	在岷江以北的犍为县附近考察了一组坟墓群，这些建筑的正面部分具有一些装饰图案，与墓阙上的某些图案近似。
6月18日	在嘉定府对面篦子街附近寻访到了好几处崖墓，都设有宽敞的门厅，通过柱子或半露柱之间的门窗与外界相连。

6月20日	从嘉定府出发。在一处被称为"白崖"的崖壁上看到了一些崖墓，其规模超过了前面所见的崖墓，而且保存状态要更好一些。其建筑正面显得颇为壮观，重现了墓阙的建筑布局形式和细节性的装饰元素。在各门厅的内壁上刻有大量的宋代铭文，从而证明这些洞穴从11世纪时就开始为世人所知了。在夹江县附近考察了汉代的杨宗墓双阙。
6月21日	参观了被称作"千佛岩"的依凤崖壁，对石壁上数量众多的佛教摩崖造像进行了研究。这些群雕中包括许多印度教风格的佛龛，里面塑有多个人物形象，其建造年代可追溯至唐代。
6月23日	到达雅州。对高颐墓进行了考察（根据沙畹提供的信息，奥隆考察团已经对该墓进行过考察）。高颐墓中有一对带有子阙的石阙，其保存状态非常好。双阙中的另外一座仅剩一个残块。双阙的前方装饰着一对带翼的老虎。此外，墓地里还有一方很大的碑石以及一些柱体基座的残块。
6月24日	为考察樊敏碑，考察团在芦山县内进行了一次远足。樊敏碑为龟趺碑，上面的铭文依然可以辨识。距离碑石不远处，保存着一个石雕带翼虎以及一个狮形雕的残块，也是属于同一墓地的。
6月27日	从雅州出发沿公路前往打箭炉。
7月4日	到达打箭炉。

314

7月10日	到达泸定桥。
7月22日	到达宁远府。借助测距仪和经纬仪完成了旨在进行地形测量的旅程。
8月7日	在洪门口渡跨过了金沙江。
8月10日	到达丽江府。闻听欧洲战争爆发的消息，结束了此次考察。
8月15日	途经大理府。
8月23日	到达云南府。
8月26日	到达海防（越南）。

汉代墓葬艺术　　　L'ART FUNÉRAIRE A L'ÉPOQUE DES HAN

Bibliography

中文部分·古籍文献

《周易》,《景印文渊阁四库全书》第七册,台北:台湾商务印书馆,1983 年。

[汉] 司马迁:《史记》,北京:中华书局,1959 年。

[汉] 许慎:《说文解字》,北京:中华书局,1963 年。

[汉] 蔡邕:《独断》,《景印文渊阁四库全书》第八五〇册,台北:台湾商务印书馆,
1983 年。

[汉] 戴圣:《礼记注疏》,《景印文渊阁四库全书》第一一五册,台北:台湾商务印书馆,
1983 年。

[汉] 班固:《汉书》,北京:中华书局,1965 年。

[汉] 高诱注,[宋] 姚宏续注:《战国策》,《景印文渊阁四库全书》第四〇六册,台北:
台湾商务印书馆,1983 年。

[汉] 王符:《潜夫论》,《述古堂影宋写本》,上海:上海古籍出版社,1990 年。

[晋] 郭象编:《庄子注》,《景印文渊阁四库全书》第一〇五六册,台北:商务印书馆,
1983 年。

[晋] 常璩著,任乃强校注:《华阳国志校补图注》,成都:巴蜀书社,1987 年。

［晋］陈寿：《三国志》，北京：中华书局，1959 年。

［晋］葛洪撰，周天游校注：《西京杂记》，西安：三秦出版社，2005 年。

［宋］范晔：《后汉书》，北京：中华书局，1965 年。

［梁］沈约：《宋书》，北京：中华书局，1974 年。

［梁］萧统选编：《昭明文选》，北京：京华出版社，2000 年。

［北魏］郦道元撰，陈桥驿校证：《水经注校证》，北京：中华书局，2007 年。

［唐］房玄龄等：《晋书》，北京：中华书局，1974 年。

［唐］张彦远：《法书要录》，《景印文渊阁四库全书》第八一二册，台北：台湾商务印书
馆，1983 年。

［唐］张怀瓘：《六体书论》，《中国书画论丛书，张怀瓘书论》，长沙：湖南美术出版社，
1997 年。

［宋］娄机：《汉隶字源》，汲古阁影印本，［日］宽政十戊午年十一月再刻。

［宋］李石：《续博物志》，北京：中华书局，1985 年。

［宋］洪适：《隶释·隶续》，北京：中华书局，1986 年。

［宋］金履祥注：《书经注》，北京：中华书局，1991 年。

［宋］王象之：《舆地碑目》，《续修四库全书》，上海：上海古籍出版社，2002 年。

［宋］吕大临等：《考古图》，上海：上海书店出版社，2019 年。

［元］脱脱等：《宋史》，北京：中华书局，1977 年。

［明］谢东山编修，张道监纂：《贵州通志》，《天一阁藏明代方志选刊续编》，上海：上海书店，1990 年。

［明］沈德符：《万历野获编》，北京：中华书局，1959 年。

［明］刘若愚著，冯宝琳点校：《酌中志》，北京：北京古籍出版社，1994 年。

［清］冯云鹏、冯云鹓同辑：《金石索》，双桐书屋藏板·清道光十六年跋刊，1836 年。

［清］毕沅辑：《山左金石志》，《石刻史料新编—第一辑》，台北：新文丰出版公司，1977 年。

［清］叶奕苞：《金石录补》，《石刻史料新编—第一辑》，台北：新文丰出版公司，1977 年。

［清］王旭：《金石萃编》，《石刻史料新编—第一辑》，台北：新文丰出版公司，1977 年。

［清］刘于义监修，沈青崖编纂：《陕西通志》，［清］永瑢、纪昀等纂修：《景印文渊阁四库全书》第五五五册，台北：台湾商务印书馆，1983 年。

［清］常明：《四川通志》，扬州：扬州古籍书店，1986 年。

［清］沈钦韩：《后汉书疏证》，《续修四库全书》，上海：上海古籍出版社，2002 年。

［清］张埙、顾志雷：《乾隆兴平县志》，《中国地方志集成·陕西府县志辑》，南京：凤凰出版社，2007 年。

［清］孙星衍：《平津馆丛书》，南京：凤凰出版社影印，2010 年。

［清］赵之谦：《赵之谦补寰宇访碑录》，杭州：浙江人民美术出版社，2016 年。

中文部分·研究论著

黄宾虹、邓实编：《神州国光集》，上海：神州国光社，1909 年。

程俊英等：《诗经注析》，北京：中华书局，1991 年。

徐文彬等：《四川汉代石阙》，北京：文物出版社，1992 年。

高文：《四川汉代石棺画像集》，北京：人民美术出版社，1997 年。

顾森主编：《中国美术史·秦汉卷》，济南：齐鲁书社，2000 年。

梁思成：《梁思成全集》，北京：中国建筑工业出版社，2001 年。

罗二虎：《汉代画像石棺》，成都：巴蜀书社，2002 年。

沈从文：《中国服饰史》，西安：陕西师范大学出版社，2004 年。

刘敦桢：《刘敦桢全集》，北京：中国建筑工业出版社，2007 年。

孙机：《汉代物质文化资料图说》，上海：上海古籍出版社，2008 年。

咸阳市文物考古研究所：《西汉帝陵钻探调查报告》，北京：文物出版社，2010 年。

汉宝德：《明清建筑二论·斗栱的起源与发展》，北京：生活·读书·新知三联书店，2014 年。

320

日文部分

關野貞「後漢の石廟及び画像石」『国華』（東京、國華社、一九〇九）227 号。

朝鮮総督府蔵版，關野貞等編，「朝鮮古跡圖譜」（東京、國華社、一九一五）巻一、巻二。

關野貞「支那山東省に於ける漢代墳墓の表飾」『東京帝國大學工科大學紀要』（東京、東京帝國大學、一九一六年三月）第八冊第 1 号。

Sentarō Sawamura（萨瓦穆拉），The Cave Temples of Ghatothkach in Western India（西印度的迦多铎卡伽石窟）「国華」（東京、國華社、一九一八）341 号。

西文部分 · 研究论著

Berthold Laufer, *Chinese grave sculptures of the Han period. New York, Leroux, 1911.*

Berthold Laufer, *Chinese pottery of the Han Dynasty. Publication of the East Asiatic Committée of the American Museum of Natural History. Leyden, 1909.*

Camille Imbault-Huart, *La poésie chinoise du XIV au XIXe siècle. Paris: E.Leroux, 1886.*

Ch'ung Wang, Alfred Forke, *Lun-heng. Leipzig: Harrassowitz, 1907.*

De Groot, *Religious system of China. Leyden: E.J. Brill, 1894.*

Édouard Chavannes, *Les Mémoires historique de Se-ma-Ts'ien. Paris: Ernest Leroux, 1893.*

Édouard Chavannes, *La sculpture sur pierre en Chine au temps des deux dynasties de Han. Paris: Ernest Leroux, 1893.*

Édouard Chavannes, *Mission archéologique dans la Chine septentrionale. vol1, Hachette Livre–Bnf, 1909.*

Édouard Chavannes, *Le T'ai Chan. Essai de monographie d'un culte chinois. Paris: Ernest Leroux, 1910.*

Frank H. Chalfant. *Early Chinese writing. Memoirs of the Carnegie Museum. Vol. IV, No.1. Pittsburgh: Carnegie Institute, 1906.*

G. Maspéro, *Égypte（collection Ars una, Species mille, Histoire générale de l'Art）.*

汉代墓葬艺术　　**L'ART FUNÉRAIRE A L'ÉPOQUE DES HAN**

Paris: Libairie Hachette et Cie, 1912.

Herbert Allen Giles, A Chinese Biographical Dictionary. London: Bernard Quaritch Ltd./Shanghai: Kelly & Walsh, 1898.

Henri d'Ollone, Les derniers Barbares. Paris, Première édition: Pierre Lafitte & Cie, 1911.

Henri d'Ollone, In Forbidden China. The D'Ollone Mission 1906-1909, Boston, Small, Maynard and Company, 1912

James Legges, The Chinese classics. HongKong: At the Author's/London: Trübner, 1861.

Léon Wieger, Textes historiques. Ho Kien Fou: Imprimerie de Hien-hien, 1929.

Osvald Sirén, Chinese Sculpture from the Fifth to the Fourteenth Century. London: Ernest Benn, Limited, 1925.

Séraphin Couvreur, Dictionnaire français-chinois. Ho Kien Fou: Imprimerie de La Mission Catholique, 1884.

Séraphin Couvreur, LI KI. Sienhsien: Imprimerie de la Mission Catholique, 1913.

Auteur du texte: Stephen Wootton Bushell, Traducteur: Henri d'Ardenne de Tizac, L'art Chinois. Paris: Librairie.Renouard, H. Laurens, 1910.

西文部分 · 研究论文

Aurel Stein, Central-Asian Relics of China's Ancient Silk Trade. T'oung-pao, Vol.20, No.2. Leiden: Brill Publishers, 1920.

Carl W.Bishop, Notes on the Tomb of Ho-Ch'ü-ping. Artibus Asiae, No.1, 1928.

Colborne Baber, Colborne Baber. Travels and Researches in western China. Royal Geographical Society Supplementary Papers. London: John Murray. 1,part1, 1886.

Édouard Chavannes, Les Pays d'Occident d'après le Wei Lio. T'oung-pao, vol.6, No.5. 1905.

Édouard Chavannes, Trois Généraux Chinois De La Dynastie Des Han Orientaux. T'oung-Pao, vol7, No.2. 1906.

Édouard Chavannes, Quatre inscriptions du Yun-nan (Mission du commandant D'ollone). Journal Asiatique, Août 1909.

Henri Havret. La Stèle Chrétienne de Si-ngan-fou. Chang-Hai: Imprimerie de la Mission Catholique, 1895.

Henri Maspero, Le Songe et l'Ambassade de l'Empereur Ming. Bulletin de l'École française d'Extrême-Orient. Tome 10, 1910.

Henri Maspero, Rapport sommaire sur une mission archéologique au Tcho-Kiang. Bulletin de l'Ecole Française d'Extrème-Orient. Tome 20, 1914.

Jean Lartigue, Victor Segalen, premier exposé des Résultats Archéologiques obtenus Dans la Chine Occidentale par la mission Gilbert de Voisins. Journal Asiatique, mai-juin 1916.

324

Jean Lartigue. Au Tombeau De Houo K'iu-Ping. Artibus Asiae, Published by: Artibus Asiae Publishers, Vol.2, No.2. 1925.

John C.Ferguson, Tomb of Ho Ch'ü-ping. Artibus Asiac, Published by: Artibus Asiae Publishers, Vol.3, No.4. 1928.

Karl Hentze. Les influences étrangères dans le monument de Houo-K'iu-Ping. Artibus Asiae, Vol.1, No.1. 1925.

Léopold De Saussure, Les Origines De L'Astronomie Chinoise. T'oung-pao, Vol.20, No.2. 1920.

Marcel Dieulafoy. Les piliers funéraires et les lions de Ya-tcheou fou. Comptes rendus des séances de l'Académie des Inscriptions el Belles-Lettres, 54ᵉ année, No. 5, 1910.

M.Thomas Torrance. Burial customs in Sze-chuan. Journal of the North China branch of the Royal Asiatical Society, 1910.

Matthias Tchang, Tombeau des Liang, famille Siao. Variétés sinologiques 33. Sienhsien: Imprimerie de la Mission Catholique, 1912.

Marcel Granet, La Vie et la Mort. Annuaire de l'Ecole pratique des Hautes Etudes, 1920.

Paul Pelliot, Chine Bulletin de l'Ecole française d'Extrème-Orient. Tome 3, 1903.

Paul Pelliot, Meou-tseu ou les Doutes Levés. T'oung-pao, Vol.19, No.5. 1918.

Paul Pelliot, Note Sur Les T'Ou-Yu-Houen Et Les Sou-P'I. T'oung-pao. Vol.20, No.5. 1920.

Paul Pelliot, Notes sur quelques artistes des Six Dynasties et des T'ang. T'oung-Pao, Vol.22, No.4. 1923.

Paul Pelliot, Les Statues en laque sèche dans l'ancien art chinois. Journal Asiatique.

325

Vol.102, 1923.

Paul Pelliot. Reviewed Works: Bildwerke Ost-und Südasiens aus der Sammlung Yi Yuan. Artibus Asiae, Vol.1, No.2. 1925.

Parmentier Henri, Anciens tombeaux au Tonkin. Bulletin de l'Ecole française d'Extrême-Orient, Tome 17, 1917.

Victor Segalen, Le tombeau du fils du roi de Wou (Ve siècle avant notre ère). Bulletin de l'École française d'Extrême-Orient, Tome 22, 1922.

Victor Segalen, Augusto Gilbert de Voisins, Jean Lartigue, Mission archéologique en Chine (1914 et 1917). Atlas, Tomes I et II, Paris, Geuthner, 1923 et 1924.

List of Illustrations

第二章

第三章

第四章

第五章

330

第六章

第七章

333

第十章

334

第十一章

第十二章

第十三章

第十四章

第十六章

附录 A

附录 B

337

汉代墓葬艺术   L'ART FUNÉRAIRE A L' ÉPOQUE DES HAN

Postscript

《汉代墓葬艺术》一书的翻译工作，始于 2015 年的一次学术考察。当时任教于伦敦大学亚非学院的倪克鲁（Lukas Nickel）教授与笔者一起在四川乐山、渠县等地调查石阙、崖墓等汉代遗存时，谈及 100 年前法国谢阁兰考察队在川陕地区的考察活动，唏嘘于国内除早期翻译出版的一本万余言的《中国西部考古记》外，并无当年考察所获重要图像资料和后续研究成果的译介。在渠县的考察尚未结束时，倪克鲁便结束了他的春假返回伦敦，而我也在一周后回到重庆。几天后意外地收到了他夫人 Geraldine Ramphal 从家乡寄来的礼物: 1935 年出版的谢阁兰《汉代墓葬艺术》一书。

谢阁兰的考察活动，是西方学者第一次以近代考古学方法对中国西部地区汉代墓葬遗存进行调查、研究的科学考察。经历百年之后，记录的很多遗产现已残损、消失，一些陵墓遗存周边环境、石刻位置、保存状况已发生很大变化，其著录便显得尤为重要，至今仍具有珍贵的参考价值。而且，谢氏考察一改中国传统金石学研究的局限，充分利用考古学、

339

美术史以及建筑学和文献学方法，系统探讨了陵墓石刻的艺术特点和成就，并结合陵墓布局、丧葬习俗、历史背景，对陵墓石刻所蕴含的思想观念做出独到的研究。这本著作，虽有学术视野和时代的局限，但作为早期中国汉代墓葬艺术研究学术史的重要部分，仍不失其时代意义和历史价值。

翻阅之后，便萌发了将其翻译出版的念头。当年8月，与倪克鲁又在第四届古代墓葬美术会议上相逢。发言和讨论会上谈起这本著作和翻译构想，迅速得到了与会各位学者的赞同，遂定下了工作计划。

返回重庆即着手工作，至今已逾4年。李海艳博士旅居法国，与笔者工作讨论、修改通常跨越时差或间隔数日，但仍无碍翻译工作的沟通，一年后便基本完成了文字内容的初步翻译。随后，便因为日常工作的原因，进展时断时续，甚至工作一拖数月处于空置状态。2019年，恰逢谢阁兰去世100周年，法国吉美博物馆特此举办专题展览作为纪念。在此背景下，又重拾书稿，经过反复讨论，修订和重写，增补又删减，校对、核实，终于在今年春夏之际，重庆最宜人的季节里，经过近四个月的闭门修改、整理，在今天最后一次从头至尾校读完《汉代墓葬艺术》。

工作完成片刻轻松之后，便是一份惴惴不安的心情。虽然本书的翻译，经过大量的文献检索和延伸阅读，尽力确保内容的准确和文字得体通顺，但是，作为文学家、诗人的谢阁兰行文流畅，文辞精妙，汉译文恐难完全忠实表达其原意。文中的疏漏、谬误，敬请读者指正。

业师霍巍先生得知译稿即将付梓，欣然作文为序，对我们的工作是莫大的鼓励。谨在此书出版之际向老师致以真诚的谢意。

巫鸿（Wu Hung）先生、罗世平先生、朱青生先生以及张建林先生，均对本书的出版给予大力支持并慨然推荐，特此致谢。

在此，感谢巫鸿先生邀请笔者赴芝加哥大学访问学习。蒋人和（Katherine R.Tsiang）教授、林伟正教授以及芝大各位老师、同学的帮助和支持；芝加哥大学东亚艺术研究中心丰富的文献收藏，舒适的工作环境，是翻译工作顺利完成的极大支持。

众多先生和同好，在本书翻译过程中给予鼓励、提供帮助、审读书稿并核查、修改谬误。倪志云、郑岩、张总、唐长寿、杨爱国、黄晓芬、森下章司、宁强、雷玉华、霍宏伟、蒋晓春、苏奎、王煜、张宇、李林、张小涛、蒋刚、陈文爽、张清文、耿朔、姜彦文、陈宇腾、徐呈瑞、崔海瑞等先生，特此向他们表达诚挚的谢意。

当然，还要再次感谢倪克鲁伉俪促成本书的翻译，以及倪克鲁教授为译者查找的文献和图像资料。

法国驻成都领事馆文化专员白洛华（Flora Boillot），文化项目官员苏萌萌，为我们的工作提供支持，帮助联系保存有谢阁兰档案的吉美博物馆、法国国家图书馆。感谢他们的无私帮助。

也要感谢李泽龙同学，以及文皓月、陈佳星、谭画、林恬同学，在本书翻译过程中持续不断地帮助查找、核实文献资料，整理文档。

感谢文物出版社张征雁先生促成本书的出版；感谢张玮、张朔婷两位编辑的支持，为本书的编辑甚费心力；彭弢先生，欣然为本书写本标题，汪泓、汪宜康先生及黄炜杰，为本书完成精美的封面和版式设计。在此向他们表示诚挚的谢意！

感谢家人在我们翻译、编写工作中给予始终如一的鼓励和耐心，把爱和感谢献给他们。

译者
2019.9.9